Del vivir con un interés espiritual por el ministerio del Evangelio

por

Brian Drayton

segunda edición
REVISADA Y EXPANDIDA

Traducción de

Susan Furry y Benigno Sánchez-Eppler

raicescuaqueras.org

Encomios sobre *Del Vivir con un interés espiritual por el ministerio del Evangelio*

He aquí una lectura requerida para todos los cuáqueros. Desde Samuel Bownas (1676–1753) no hemos tenido otro cuáquero que haya escrito algo tan útil y tan sincero sobre la vida interior y exterior de quienes sienten un llamado "crónico" al servicio del Evangelio, llamado o vocación que se convierte en el propósito en torno al cual gira y se organiza todo lo demás en la vida. El llamado puede ser ejercido como un don en el ministerio vocal, o en la hospitalidad radical, o en cualquier otro servicio religioso, y Drayton señala que tanto el individuo quien lleva en sí el llamado, como la junta mensual o comunidad a la cual se le ha confiado este don, van a enfrentarse con oportunidades y desafíos específicos. En la segunda edición revisada, Brian Drayton describe esas oportunidades y desafíos con ejemplos de cómo han sido ejercidos y abordados por otros cuáqueros, tanto del pasado como del presente. Si sientes un interés espiritual continuo por algún ministerio público, si en tu junta mensual o iglesia de los Amigos hay uno o más Amigos que lo viven o que podrían sentirse impulsados si recibieran ayuda para nombrarlo, o si quieren entender esta experiencia del ministerio en la Sociedad Religiosa de los Amigos, este es el libro que hay que leer.

— Lloyd Lee Wilson, Junta Anual de Carolina del Norte (Conservadora) y autor de *Essays on the Quaker Vision of Gospel Order* and *Radical Hospitality*

Este libro es una carta de amor a la Sociedad Religiosa de los Amigos escrita por uno de nuestros más experimentados y fieles ministros. Espero que recibamos su llamado a la santidad como un mensaje para nuestro tiempo. La vitalidad de este libro brota de los hondos manantiales de Espíritu, y espero leerlo una y otra vez como fuente de renovación espiritual en los años venideros.

— Cathy Whitmire, miembro de la Junta Anual del Pacífico Norte y autora de *Plain Living, A Quaker Path to Simplicity*

Desde su primera publicación, este libro abre puertas a la compleja profundidad espiritual que crece a través de la fidelidad al llamado de Dios a vivir en la luz y vida de Cristo obrando en cada uno de nosotros, y, al vivir de esa manera, también anima a otros a crecer en esa Vida. La segunda edición se ha enriquecido con una mejor estructura, y actualizaciones obtenidas durante quince años de más experiencia.

Brian Drayton entreteje su dedicación personal como ministro con pasajes de las Escrituras y fragmentos bien escogidos de los escritos de los Amigos de siglos anteriores. El resultado es un claro y sentido nutrimento espiritual de la Luz dentro de nosotros. El libro también ofrece útiles sugerencias para abordar desafíos específicos encontrados en el ministerio. Drayton se dirige en particular a cuáqueros llamados al ministerio hoy en día, y a las juntas [o iglesias de los Amigos] que los apoyan. Sin embargo, las ideas y el estímulo compartidos son relevantes para todos los que nos sentimos llamados a poner los dones espirituales al servicio de Dios, incluso otros servicios que van más allá del ministerio vocal.

Este libro representa un abundante tesoro. Muchos párrafos están llenos de inspiración, sus palabras colmadas con lo bello de la Verdad. Después de leer el libro de Brian por primera vez, lo leí una y otra vez como ejercicio devocional para reflexionar y orar cada vez que un pasaje me ponía en contacto con la verdad de Dios. Me detenía a menudo, y crecía en el gozo.

— Susan Smith, miembro de la Junta Anual de Ohio
y autora de *Unity in Business – Another Fruit*

Primero me dirijo a vosotros, mis muy queridos y honrados hermanos en Cristo quienes ejercéis el ministerio: ¡Oh! Sentid la vida en vuestro ministerio. Que sea la vida vuestra comisión, vuestra fuente y tesoro en todo momento. Si así no fuera, bien sabéis que no se puede engendrar a nadie para Dios, porque nada puede dar vida a la gente ni vivificarla para con Dios, sino la vida de Dios. Tiene que ser un ministerio en la vida, que brota de la vida, lo que vivifica a cualquier pueblo para Dios. [...] ¡Oh!, ¡que hubiera más tan fieles obreros en la viña del Señor! Nunca ha hecho más falta desde el día de Dios.

— William Penn, 1691

¡Oh!, mi querida hermana, ¡en qué pasmoso lugar está el ministro en el sagrado oficio! Me hace pensar en lo que la Majestad del Cielo dijo a Moisés: «quita el calzado de tus pies, porque el lugar en que tú estás, tierra santa es». En verdad, tenemos que estar bien descalzos, por así decirlo, para recibir y comunicar mensajes de gracia. Y, por mi parte, de vez en cuando descubro que la preparación hace tanta falta como si nunca antes la hubiera conocido.

— Sarah (Lynes) Grubb, 1863

QuakerPress of Friends General Conference
www.fgcquaker.org
email: ecommunications@fgcquaker.org

Impreso en los Estados Unidos de América

Diseño y maquetación de David Budmen

Spanish Edition:
ISBN 978-1-7334126-6-7 (paperback)
978-1-7334126-7-4 (ebook)

Contenido

Del vivir con un interés espiritual por el ministerio del Evangelio

Prefacio a la primera edición

Conocí por primera vez a Brian Drayton en la Junta Anual de Nueva Inglaterra en 1983, cuando Bill Taber presentó una serie de estudios bíblicos sobre «Los profetas y la conexión cuáquera». A partir de su encuentro en esa ocasión, Bill y Brian sostuvieron una larga relación basada en su interés mutuo en el ministerio vocal, y en su cometido a la fidelidad en nutrir y vivir el llamado al ministerio. Bill pidió la colaboración de Brian durante varios años en la dirección de una serie de cinco talleres durante fines de semanas en Pendle Hill sobre el tema de los viajes en el ministerio; dirigieron un taller sobre el mismo tópico en la Reunión de la Conferencia General de Amigos. De esta manera Bill Taber alentó y cultivó el don de ministerio y de interpretación de la espiritualidad cuáquera que reconoció en Brian.

En el otoño del 2004 Bill y yo tuvimos la oportunidad de leer el borrador de este libro —*Del vivir con un interés espiritual por el ministerio del Evangelio*— y de alentar a Brian en este proyecto. Durante mucho tiempo habíamos sentido que la voz de Brian, con su interpretación de la espiritualidad cuáquera merece escucharse ampliamente entre los Amigos. Estoy segura que Bill se uniría con mi entusiasta recomendación de esta obra a los Amigos en todo el espectro de la teología y práctica cuáquera.

Para quienes se confunden o se desencantan con la franqueza con la que Brian emplea el término tradicional «ministerio del Evangelio», quizá resulte útil destacar la definición que Brian brinda en su introducción: «El ministerio del Evangelio es un servicio cuya meta es alentar, apoyar, impulsar o invitar a la gente para que busquen y respondan a la guía, enseñanza y eficacia de esa Luz y Vida obrando dentro de todos, ahora mismo».

Brian propone una consideración muy completa de todos los aspectos y ramificaciones del ministerio vocal en la adoración no-programada, o adoración en espera, entre los Amigos. Posee buen sentido de los numerosos matices del tema, lo que ha de ser valioso tanto para quienes no conocen la historia y experiencia del ministerio vocal en la Sociedad Religiosa de los Amigos, como para quienes conocen bien y reverencian esa tradición. Esta amplitud de alcance se debe al notable don de Brian para conectar el espíritu y lenguaje de los primeros Amigos con el espíritu y lenguaje actual, de forma que nos da acceso a nuestra historia y nos nutre.

Sin embargo, esta obra es relevante no solo para quienes viven con un interés espiritual en el ministerio. Muchos de los detalles pueden aplicarse a cualquier Amigo bajo el peso de otro interés espiritual. Esto les servirá a los numerosos Amigos que viven por un periodo determinado de tiempo bajo cualquier interés espiritual en el sentido cuáquero —ya sea por la paz, por el medio ambiente, por la justicia social—. Puede ser particularmente útil a los Amigos que llevan en sí un interés por nutrir la vida espiritual de los individuos o de la junta entera, de formas que a menudo no incluyen el ministerio vocal en la reunión de adoración.

La obra de Brian también resulta valiosa para cualquier Amigo por diversas razones. Instruye en la vida de devoción y oración —aclaración del proceso que rara vez se ve en los escritos de los Amigos. Ofrece un argumento accesible sobre la necesidad de «una exploración profunda de los recursos del cuaquerismo como principal senda espiritual». Toca en la interioridad del proceso de la obra de Dios en el corazón, al describirla de forma que entrelaza la experiencia cuáquera de generaciones anteriores con su propia experiencia y la de otros Amigos hoy. Brian ilumina el proceso de la obra interior de Cristo en el corazón, el meollo del entendimiento cuáquero del cristianismo. Encuentro aquí un entendimiento espiritualmente abarcante y cimentado del cuaquerismo, en especial, del cuaquerismo no programado de hoy. Describe los numerosos retos que enfrenta, y lo relaciona a una consideración del ministerio.

Esta obra brota de una vida de fe, arraigada y cimentada en el experimento continuo de Brian con la fe aplicada en su propia vida. Desde su experiencia personal, presenta un escrutinio profundo de la vida interior de manera poco usual en los escritos cuáqueros contemporáneos. En su alcance interior es comparable a las reflexiones de los primeros escritores de diarios cuáqueros sobre su condición espiritual, presentado en un lenguaje más accesible a lectores modernos.

Ofrece la gracia y utilidad de un lenguaje para describir la vida interior —lo que Bill Taber denominaba el paisaje interior— sensible, perceptivo, penetrante, con un tipo de precisión que proviene de un conocimiento nacido de la experiencia.

Brian Drayton ofrece a los Amigos una explicación fiel y profunda de la espiritualidad auténtica cuáquera. Sé que voy a referirme a sus palabras en el futuro para despertar mi propia atención al Guía Interior, y para escuchar de nuevo su llamado a la fidelidad. La lectura de este texto me ha servido de mucho, y considero que será igual de útil para un gran número de Amigos.

— Fran Taber
Octubre de 2005

Nota sobre la edición revisada

Cuando llegó la oportunidad para revisar y reimprimir este libro, pedí a algunos de mis «ancianos consejeros para la escritura» que sugirieran cambios. La mayoría me alentó en el proyecto, aunque me advirtieron que tuviera mucho cuidado con lo que cambiaba.[1] He tratado de tener cuidado, pero durante los quince años desde la publicación de la primera edición de este libro, he aprendido algunas lecciones que sentí que debía incorporar lo mejor posible.

La primera edición se escribió cuando pude encontrar algún retazo de tiempo; por eso tomó la forma de ensayos breves separados, y con poca «fluidez». Esto concordaba con lo que esperaba de este libro, que se usara, no como un tratado, o reporte sistemático y acabado, sino como un compañero, con cada capítulo abriéndose a una conversación con el lector. He tratado de mantener ese tono, aunque he organizado los capítulos en grupos temáticos, y a fin de ayudar a centrar la atención en cuestiones o temas clave en cada sección del libro, he añadido (según la sugerencia del editor) una guía de estudio.

He tenido muchas más experiencias: con grupos de Amigos en el ministerio, con ancianos consejeros y con quienes han recibido la atención de ancianos consejeros, con la observación de los nuevos (a menudo más jóvenes) mientras comienzan en la obra, y mi propia experiencia al vivir con las guianzas que yo mismo he recibido. Por lo general, estas lecciones se reflejaron, cuando fue posible, en grandes o pequeños cambios en todas partes del libro. En pocos casos, he insertado materia adicional (por ejemplo, sobre la comunidad de ministros, o sobre el ojo del ministro), y he suprimido o reformado algunos aspectos (por ejemplo, la controversia sobre «los ministros reconocidos»).

He sentido con creciente urgencia un interés espiritual por la necesidad de que los Amigos consideren los dones espirituales en sus juntas como diferentes manifestaciones de la obra de un mismo

1 A uno de ellos le cité un pasaje de *El Señor de los anillos* de Tolkien: «Se dice, no vayas a los Elfos buscando consejo, porque dirán tanto No como Sí». Siempre es de esa manera con el consejo de los sabios.

Espíritu, y de que cultiven estos dones y vivan en ellos en esa luz — apoyo mutuo, necesidad mutua, «propiedad de la comunidad», en vez de asuntos de incumbencia individual—. Por esta razón, he incluido en el Apéndice 1 cartas dirigidas a dos juntas para cumplir con este interés espiritual. Me parece que hacer esta unidad en el Espíritu una realidad práctica puede ayudar a los Amigos a indagar más profunda y abiertamente en el proceso del Evangelio, es decir, en el poder de Dios obrando por nuestra liberación. Basado en el logro de la inmersión en Espíritu Santo y fuego[2] podemos vivir, dar testimonio, y hablar con la autoridad de la experiencia que no es solo nuestra. Y cuando en las juntas aprenden y reconocen la unidad de todos los dones, cada una con sus propias formas características de aprender y de obrar, los Amigos se sentirán menos renuentes de lo que se sienten en este momento, a dar un paso adelante para adentrarse en la vida experimental del ministerio del Evangelio.

Por supuesto, este pequeño libro no es una enciclopedia, ni pretende abarcarlo todo. He podado y actualizado la bibliografía, y aliento al lector a que busque por ahí otros compañeros en su viaje espiritual, porque esos libros ofrecen sabiduría que he recibido con gratitud. Por último, algunos de los temas y cuestiones que este libro aborda también se han desarrollado en mi propio «taller», el blog Amor Vincat («¡que el amor tenga la victoria!» amorvincat.wordpress.com). Los visitantes son recibidos con beneplácito allí, donde alguna parte de mi continuo aprendizaje se va haciendo visible.

— Brian Drayton
15 de marzo de 2019
414 Pettingill Road
Lyndeborough, NH 03082
drayton.be@gmail.com

2 Mateo 3:11. TR.

Introducción de los traductores

¿Por qué traducimos este libro?

El mundo cuáquero se compone de varias ramas que han desarrollado diferentes formas de vida, fe y práctica. Estas diferencias se derivan de una gran variedad de enfoques teológicos diseminados de varias maneras. A mediados del siglo XIX la Sociedad de los Amigos en los Estados Unidos sufrió divisiones que se pueden resumir por sus distintos énfasis sobre la autoridad de las Escrituras, la adoración silente, y la prioridad de la dirección del Espíritu Santo. A fines del siglo XIX y principios del siglo XX, en la rama teológicamente más apegada a las Escrituras, el desarrollo del sistema pastoral y la adoración programada tuvo retoños en varias partes de África, de América del Sur, América Central, y el Caribe.

En el ámbito de las misiones en Latinoamérica, excepto en muy pocos casos (como el *Diario* de George Fox) las traducciones de los clásicos del cuaquerismo resultaron limitadas o casi inexistentes. Esto se entiende precisamente porque el auge del cuaquerismo programado y pastoral depende, en gran medida, del entrenamiento de pastores y líderes de manera formal e institucionalizada. Con este tipo de liderazgo, se dependía de los pastores y los misioneros para formar a los miembros e instruirlos sobre la historia y la tradición de la Sociedad Religiosa de los Amigos.

A fines del siglo XX, la Sección de las Américas del Comité Mundial de Consulta de los Amigos (CMCA, por sus siglas en español) había llegado a un crítico momento de integración de los Amigos latinoamericanos en el funcionamiento de la organización. La Conferencia de Los Amigos de las Américas en Wichita, Kansas en 1977 incluyó representantes de todos los grupos latinoamericanos que se pudieron identificar, y por primera vez tales representantes no eran misioneros, sino miembros del liderazgo nacional. Las sesiones plenarias incluyeron interpretación simultánea por primera vez. Aun más importante, los representantes latinoamericanos se reunieron aparte para organizar el Comité de los Amigos Latinoamericanos (COAL), como parte integral de la Sección de las Américas del CMCA.

Después de esa conferencia, la Sección de las Américas comenzó su práctica de interpretación consecutiva en las sesiones de acuerdos para facilitar la plena participación de representantes latinoamericanos. Además, se empezó a fomentar la traducción al español de gran parte de las publicaciones del organismo. Este esfuerzo ha rendido fruto en el desarrollo de la comprensión mutua entre los Amigos del norte y del sur del continente.

Los traductores de este libro comenzamos a trabajar juntos a mediados de la década del 1990, respondiendo a un llamado del Espíritu a participar en los esfuerzos del CMCA para aumentar las oportunidades de participación de los Amigos latinoamericanos, y en especial para dar a conocer, de manera directa, los textos fundacionales del cuaquerismo.

Considerar el trabajo de traducción como un llamado al ministerio del evangelio se deriva en parte de la tradición wilburita de nuestra junta anual (Nueva Inglaterra), con sus patrones de liderazgo mucho menos profesionalizados. Todos tenemos que participar en todas las funciones en las que el Espíritu Santo guía la vida de la Iglesia. El liderazgo depende de la formación y función de los Amigos que han sido llamados a servir y tienen dones por desarrollar, aunque sin una formación profesional ni un cargo remunerado.

Con el paso del tiempo los traductores hemos llegado a especializarnos en textos cuáqueros de los siglos XVII y XVIII, haciendo hincapié en que todos esos textos pertenecen a los cuáqueros de todas las ramas porque fueron escritos antes de las separaciones del siglo XIX. Reconocemos que el inglés antiguo de la época fundacional es difícil aun para la mayoría de lectores de inglés, y nuestra creciente familiaridad con lo peculiar de ese lenguaje nos ayuda a ofrecer acceso a esa literatura tan importante para el entendimiento de los comienzos del cuaquerismo. Para cumplir con lo que sentimos como encargo espiritual de traducir dentro de esos límites, generalmente hemos dicho que otros traductores pueden trabajar en filones más recientes, excepto en aquellos casos en que nos sentimos especialmente llamados por el Espíritu a cierta obra moderna. La obra de Brian Drayton que aquí traducimos nos parece parte de nuestra veta, por su manera de considerar la obra del Espíritu en el ministerio del evangelio, y también por su expresión que otros llamarían «anacrónica», y que consideramos como parte de la fluidez del lenguaje cuáquero de nuestros fundadores.

Brian Drayton *vive* el cuaquerismo en Nueva Inglaterra; tiene formación moderna, tanto científica como pedagógica, con un interés vital en los retos ecológicos de nuestros tiempos. Ha estudiado lenguas clásicas. Se nutre en la lectura y estudio de los diarios y epistolarios de ministros cuáqueros de los siglos XVII y XVIII. Como puede observarse a todo lo largo de este libro, Brian Drayton habla desde su propia experiencia en la formación y práctica del ministro cuáquero de hoy, y lo hace destacando que se siente acompañado de unos pocos contemporáneos, y de los ministros de siglos pasados que le prestan el ejemplo, la cosmovisión, y el lenguaje de un cuaquerismo tradicional que Brian hace suyo. Injerta ese legado a su vida de ministro actual con gran vitalidad e integridad.

No es cuestión de abogar por lo tradicional porque al defender cualquier parte de la tradición ya se le da cierta validez a quienes descartan los ejemplos pasados como anacrónicos. Por su parte, Brian Drayton, sus ancianos consejeros, y quienes compartimos la conexión viva con los que desarrollaron y practicaron cualquier hábito viviente de nuestra vida espiritual, nos adentramos tanto en la experiencia vivida como en el lenguaje que refleja lo vivido. El cuaquerismo ha tenido periodos y enclaves de separatismo pietista, y de alta peculiaridad lingüística. Una parte de sus tristes separaciones tiene que ver con momentos en que los más activos han querido zafarse de esos formalismos separatistas. Aunque también ha habido miembros activos que sin aislarse han seguido inmersos en el lenguaje y la integridad espiritual de sus antepasados. Como es el caso de Brian Drayton, gran parte del ímpetu y constante renovación de nuestra vida como cuáqueros, y de nuestro ministerio se lo debemos a las formas en que el Espíritu Santo ha facilitado nuestros encuentros con los Amigos fundadores, con sus testimonios, sus urgentes metáforas e imágenes, en fin, con sus formas de expresarse.

La obra de enseñanza de Brian Drayton se basa en los grandes proyectos de formación ministerial del siglo XVIII. Este ministerio es radicalmente cristiano, y radicalmente gratuito. Depende más de la relación del ministro con sus ancianos consejeros y su junta para discernir la dirección del Espíritu Santo que de cualquier certidumbre profética del individuo, o cualquier capacitación profesional. Brian describe gran variedad de los aspectos de su llamado al ministerio y de sus esfuerzos para enfrentarse a sus retos, y ofrece aliento y muchos consejos a otros ministros. Con su humildad característica, omitió el aspecto clave del *Ministerio Libre del Evangelio*: principio cuáquero desde el comienzo de nuestro movimiento. En inglés este ministerio tradicional es «*free*» en varios sentidos —libre y gratis. Por insistencia de los traductores Drayton le sumó al capítulo cuatro una descripción de este aspecto vivido en su propio ministerio—quizás el reto más útil para muchos ministros que han descubierto que el ministerio remunerado conlleva desafíos y cadenas que pueden oprimir el espíritu.

El acento cuáquero

El inglés de Brian Drayton tiene «acento» de cuáqueros de los siglos XVII y XVIII, y es más que un acento. Brian escucha algo en el lenguaje de los Amigos de hace doscientos años –una forma de expresar conceptos sobre la vida espiritual que él desea reinsertar y mantener en el uso actual. Con el mismo esmero que dedicamos a los textos cuáqueros fundacionales, hemos trabajado para transmitir esta peculiaridad, que a veces resulta un español tan peculiar como el inglés de los ministros de antaño. Esto requiere atención especial de los lectores, y reconocimiento que la rareza del texto moderno responde a la rareza lingüística cuáquera del pasado.

Queremos destacar recursos lingüísticos que hemos ido adaptando para captar ciertas particularidades en el lenguaje cuáquero de Brian Drayton. En muchos casos las opciones son las mismas que utilizamos en nuestras traducciones de los textos fundacionales; en otros casos hemos tenido que desarrollar alternativas específicamente aplicables para este libro.

Voz pasiva teológica

En inglés, la voz pasiva predomina en muchos casos en que no hay un agente específico de la acción del verbo o no queremos especificar tal agente. (En un ejemplo frecuente, cuando alguien se equivoca y quiere evadir su responsabilidad, dice: «Un error fue cometido» en vez de: «Cometí un error». No existe en inglés la alternativa de decir: «Se cometió un error».) Esto es una peculiaridad del inglés que puede hacer que el lector pase por alto otra función de la voz pasiva, que identificamos como «la voz pasiva teológica», conjugación en donde la criatura es afectada por la acción de Dios. Por ejemplo, «Fox fue enviado a subir Pendle Hill». La forma activa es: «Dios envió a Fox a subir Pendle Hill». En español, la forma más común de la voz pasiva es la conjugación impersonal con se: «Se envió a Fox a subir Pendle Hill», frase idiomática que no refleja la importancia de *quien hizo* el envío.

Los cuáqueros angloparlantes emplean este tipo de voz pasiva para evitar la mención específica de Dios, por quien estas cosas fueron hechas. Existen dos motivos que explican el uso de la voz pasiva teológica: 1) Por cuestión de respeto, el cuáquero se siente renuente a nombrar a Dios en palabras explícitas; 2) insistimos en que la criatura no es el agente principal de estas acciones. La voz pasiva teológica señala un hábito de rendirse a Dios y de restarle énfasis a la iniciativa humana, al destacar que la acción es ejercida sobre la criatura por Dios. La importancia de Dios llega a sentirse aún más en la omisión del referente directo. (Es como el realce de la presencia de Dios en el Templo de Jerusalén expresada, precisamente, por la ausencia de una efigie.) Consentir a la voluntad de Dios mediante esa pasividad es lo más activo que puede hacer el alma cuáquera.

Vocabulario idiosincrático cuáquero

En muchos casos hemos indicado vocablos idiosincráticos en el texto, o en notas al pie de la página. Aquí presentamos algunos pocos que requieren una consideración más detallada.

1. Anciano, anciano consejero, ancianía, ancianar

Este grupo de palabras se refiere a individuos que han madurado en la Verdad, que están alerta a los impulsos del Monitor Interior, y que ejercen con ternura su interés espiritual hacia la junta, los ministros de la junta, y todos los miembros y visitantes. Más tarde este interés espiritual fue reconocido como función dentro de la junta. Se expresa en varias maneras, por ejemplo, en el cuidado de las reuniones de adoración, en el cuidado pastoral de todos, y en la atención especial a los ministros y su desarrollo. En inglés se usa la palabra bíblica *elder*, y derivado de este vocablo ha surgido un verbo *to elder* y un sustantivo abstracto, *eldership*. Como traducción usamos «anciano consejero» o con más brevedad «anciano». Hemos adoptado como calcos semánticos el verbo «ancianar» y el sustantivo «ancianía». Para más consideración de este papel importante véase el Capítulo 16.

2. Centrar, Centrarse

El verbo «centrar» es una de las palabras que indican el proceso de traer todo el ser a un lugar de atención sosegada ante Dios. También incluye el sentido de vigilia, de atención alerta enfocada en lo divino. Isaac Penington nos ofrece dos frases que amplían el significado: «todo en el reino, toda cosa espiritual, brota de Cristo, que es su centro»[1] y «húndete hasta la semilla que Dios siembra en tu corazón».[2] El verbo «hundir» señala cierta moción hacia abajo, hacia lo humilde y lo estable. Esta connotación se refleja además en una frase difícil de traducir, aunque común en inglés, *center down*, en la que se usa *down* como adverbio para indicar los mismos conceptos de estabilidad, humildad —abajo.

3. Interés espiritual, Interés, Llevar en sí un interés espiritual

El *Glosario cuáquero* publicado por el Comité Mundial de Consulta de los Amigos (segunda edición, 2000) ofrece las siguientes traducciones para el término *concern*: «inquietud, interés (espiritual), preocupación profunda, carga (irresistible), asunto (religioso)». La lista en sí demuestra la dificultad de traducir este concepto cuáquero tan idiosincrático. Se refiere a un llamado o encargo que Dios le da a una persona para que preste atención especial en oración a algún tema porque Dios quiere que tal persona haga algo —puede ser una sola acción o una obra que perdura toda la vida. Generalmente el individuo consulta con su junta o con varios Amigos para que lo ayuden a discernir la voluntad de Dios. Cuando el Amigo acepta el encargo como una obra de largo plazo, decimos que «lleva el interés espiritual en sí».

4. Lugar

En inglés se puede indicar una condición o proceso espiritual como un lugar, aunque no se refiera a una localización física, sino a algo que está

1 www.raicescuaqueras.org > colecciones > Fe y práctica cristiana > 162

2 www.raicescuaqueras.org > autores > Isaac Penington > La Luz Interior y otras selecciones > "Consejos para el alma jadeante" > p. 3

sucediendo en el alma. El uso de «centrar» es un ejemplo de esta tendencia porque parece referirse a una moción, pero no es moción física, sino algo que está pasando espiritualmente. Brian Drayton usa esta metáfora con frecuencia, en frases como «tu propia experiencia con Dios es el lugar donde se desarrolla la integridad esencial en tu servicio» (Capítulo 7), y «Aquí en la expectación reverente esperas ser instruido por el Señor» (Capítulo 9).

También hay un ejemplo extenso de John Woolman: «El lugar de la oración es preciosa morada, pues ahora yo vi que las oraciones de los santos eran preciado incienso. Y una trompeta me fue dada para que proclamara este mensaje, para que los hijos lo escucharan y recibieran el convite a entrar en este precioso lugar, donde las oraciones de los santos suben como incienso preciado ante el trono de Dios y del Cordero. Vi que esta morada es segura, de sosiego interior, aún en medio de grandes conmociones y disturbios en el mundo. En este día la oración en sumisión pura es lugar precioso. Ya sonó la trompeta; se lanza a la iglesia el llamado de entrar en el lugar de la pura oración interior, allí tiene su morada segura».[3]

5. Sentar, sentarse, asentarse

Este es un uso peculiar de los cuáqueros tradicionales que Brian Drayton adopta. El verbo «sentar» con el significado de «adorar» es poco usado entre cuáqueros modernos; sin embargo, a veces sí se usa. Aunque físicamente la persona o las personas estén sentadas, este verbo se refiere a la actitud del alma que está sosegada, receptiva, centrada en Dios. Se emplea con más frecuencia cuando un grupo pequeño se sienta para adorar, a veces de manera espontánea, o en alguna ocasión concertada con anticipación, por ejemplo, cuando un ministro hace una visita familiar.

Lenguaje bíblico

Gran parte del vocabulario y las imágenes de los cuáqueros fundadores y de Brian Drayton provienen de la Biblia. No es que citen la Biblia como autoridad para probar un argumento, sino que el lenguaje bíblico

3 www.raicescuaqueras.org > autores > John Woolman > *El diario de John Woolman* > capítulo 10, p.144.

se reinserta con toda su resonancia, a veces inconscientemente. Siempre que escuchamos un eco bíblico, en vez de inventarnos una traducción al vuelo, lo buscamos en una concordancia. Cuando lo encontramos, incorporamos las correspondencias en la traducción, e indicamos esas citas en notas al pie de la página. Sabemos que no hemos identificado todos los ecos. Debemos hacer hincapié en que ni Brian, ni los Amigos históricos consideraban necesario especificar citas en la mayoría de los casos. Para ellos, la Biblia es otro lenguaje natural, no una fuente de versículos sueltos para emplear como corrobación.

Utilizamos la versión Reina-Valera 1960, a menos que se especifique algo diferente. Otras versiones a veces ofrecen mejor correspondencia con la frase en inglés.

Notas al pie de la página

Notas señaladas por «TR» son de los traductores, tanto las citas bíblicas como cualquier otro comentario.

Las notas que no marcamos con «TR» son aquellas en las que Brian Drayton mismo ha identificado la cita o ha escrito el comentario.

Susan Furry
Benigno Sánchez-Eppler

Introducción

Querido Amigo o Amiga:

No tenemos más tiempo que este momento presente para dar testimonio del poder de la Luz que crea de nuevo el corazón humano, y de esta manera transforma el hacer, el ver, el hablar. Las sendas del cuaquerismo fueron descubiertas y habitadas para que pudiéramos vivir libre y apasionadamente, fieles al Espíritu que se mueve según sus propios designios. El camino hacia esa libertad y esa disponibilidad radical es cuestión de práctica, aunque también de aprendizaje, y nos hace falta toda la ayuda que podamos obtener de nuestra comunidad, además de la que proviene del líder esencial, la Luz de Cristo experimentada adentro.

En este proceso de aprender y recibir ayuda, no podemos pasar por alto el poder de las palabras y las ideas que asisten a los individuos y a las comunidades para seguir adelante, aunque la meta no sea palabras poderosas, sino vidas más y más llenas con el poder de Dios. Un ministerio vibrante, diverso, y consagrado siempre ha contribuido de manera vital al testimonio de los Amigos en el mundo, y a la salud de la vida espiritual cuáquera. Sin embargo, en la actualidad entre los Amigos no programados, hay poco entendimiento del ministerio como un llamado, un interés espiritual de largo plazo.

El ministerio del Evangelio habla desde una experiencia interior viva del Espíritu de Cristo en sus luchas para salir a la luz en cada uno de nosotros, para el refrigerio de la vida en quienes lo escuchan. Este tipo de ministerio vocal siempre ha sido un alimento esencial para un testimonio espiritual vital —para alentar y apoyar a la comunidad recogida, para recoger a otros a la comunidad, y para volver a otros al testigo de Cristo en el corazón, sean miembros de los Amigos o no.

Sin embargo, nos hace falta aprender mucho sobre cómo nuestro ministerio puede crecer en diversidad y poder en nuestro propio momento, y pienso que, en parte, esto significa aprender de nuevo sobre el ministerio del Evangelio como un servicio al que algunos de nosotros estamos consagrados, de manera explícita y obediente durante un largo periodo de tiempo. Hay muchos buenos escritos sobre «el ministerio vocal en la reunión de adoración», pero muy pocos tratan de lo que los Amigos han reconocido históricamente como un llamado a este servicio. El ingrediente clave omitido es el elemento del tiempo: es decir, lo que ocurre —y debe ocurrir— si un Amigo continúa en este servicio correcta y fielmente durante años y años.

He llegado a la convicción de que explorar esta experiencia también representa una manera de entender algunos aspectos fundamentales de la práctica y la teología cuáquera. El ministerio del Evangelio se entiende debidamente como un complemento a todos los demás tipos de servicio religioso que surgen en una comunidad guiada por el Espíritu.

Además, es importante darse cuenta de que, en el cuaquerismo tradicional, el ministerio del Evangelio es mucho más que «predicar y enseñar» según se entiende, por lo general, en otras tradiciones cristianas. Los Amigos creen que la adoración es un acto sencillo y poco ceremonioso que puede «prorrumpir» cuandoquiera y dondequiera que un Amigo toma consciencia de la Presencia asombrosa. El ministerio tradicional está arraigado en ese punto de vista, y el ministro siempre está alerta a las «oportunidades» en las que esa Presencia se puede sentir y buscar —en hogares, lugares de trabajo, mercados, prisiones, y casas de reunión. En tales oportunidades, es posible que las palabras sean dadas, como acogida, aliento, gratitud, arrepentimiento o gozo. Tradicionalmente el ministerio ha formado parte de la distintiva «práctica de la presencia de Dios» entre los cuáqueros. Y quizás únicamente entre los Amigos, el conocimiento interior del ministro toma en serio el entendimiento de que hay momentos cuando las palabras no son apropiadas, el reconocimiento de que, si sentimos que ya llegamos al destino del viaje, ya recogidos en la dulce presencia del Maestro, los humanos siervos de la Palabra viva pueden retirarse mientras el Maestro obra. Por esta razón, una exploración de lo que significa llevar en sí este interés espiritual durante un largo periodo de tiempo puede arrojar luz sobre cuestiones espirituales que quizá se presenten siempre que alguien lleva en sí cualquier otro interés espiritual por muchos años.

La más notable discusión del ministerio se encuentra en *Una descripción de las cualificaciones necesarias para un ministro del evangelio* (1750) de Samuel Bownas.[1] He recibido ayuda importante de

1 Bownas, *Descripción* [accesible en raicescuaqueras.org]. TR.

este pequeño libro. Sin embargo, Samuel Bownas presupone muchos aspectos de su público, y en nuestros días suponer lo mismo sería un error. Por ejemplo, escribe para cuáqueros que están familiarizados con la idea de un llamado al ministerio, con las actividades diversas de los ministros en intervisitación, visitas a familias, oportunidades, etcétera; para cuáqueros que conocen la Biblia y están acostumbrados a ver sus propias vidas espirituales como una continuación de la historia bíblica; para cuáqueros que dan por sentado que los Amigos han de ser evidentemente distintos de los demás a su alrededor; para Amigos que conocen los ritmos cuáqueros de adoración y asuntos del día, de la semana, del mes, y durante todo el ciclo anual. De esta y otra manera, la cultura cuáquera en la que Bownas escribió no es la cultura en que la mayoría de nosotros vivimos.

Nuestro mundo difiere mucho del mundo en que Bownas vivía y adoraba. Durante los doscientos cincuenta años que han pasado, hemos visto un aumento en el prestigio y los logros de la ciencia y la tecnología, el desarrollo del capitalismo y el socialismo, además de una acumulación asombrosa de riquezas en el Norte, con muchas de esas riquezas desviadas a la producción de armamentos sanguinarios, por una parte, y, por la otra, la espiral del vacuo consumo.

Aun en los Estados Unidos de América, la nación en el mundo desarrollado donde más se asiste a la iglesia, la mentalidad más y más común —atrincherada en las iglesias como en otras partes de la sociedad— es un punto de vista principalmente secular, o su variante, la «religión nacional americana». Además, el consumismo es un elemento clave en la ideología moderna. Un elemento esencial en esta psicología es la libertad total de elección; deseamos personalizar nuestra religión de la misma manera en que podemos personalizar un sistema de sonido electrónico para nuestro hogar, mezclando varios componentes según nos plazca.

Bajo estas condiciones, la labor espiritual requerida de un Amigo que siente un interés especial en el ministerio es, de varias formas, muy diferente a lo que se enfrentaban sus antecesores.

Aunque espero que alguna parte de lo que sigue pueda ser valioso para cualquier persona que quiera entender la senda cuáquera, tengo una particular preocupación por los Amigos en juntas no programadas que están dispuestos a considerar la posibilidad de que el ministerio del

Evangelio es para ellos un «interés espiritual» central y de largo plazo, o que puede llegar a serlo.[2]

Es probable que, de un momento a otro, alguien en medio de la adoración sea impulsado a ponerse de pie con un mensaje para la reunión, y tal abierta posibilidad es un precioso aspecto de nuestra práctica. Como dicen los libros de disciplina: «No des por sentado que el ministerio vocal nunca será tu responsabilidad».[3] Sin duda, creo (y espero) que las consideraciones aquí escritas puedan tener valor y relevancia para *cualquier* Amigo.

Sin embargo, ha sido parte de nuestra experiencia desde el principio del movimiento cuáquero, que para algunas personas el ministerio vocal llega a ser un interés espiritual que se lleva en sí durante mucho tiempo, quizá durante toda la vida, y que la presencia de estos Amigos con el interés en el ministerio del Evangelio es un elemento esencial que nutre la fidelidad del cuerpo entero:

> Sin embargo, nosotros sí creemos y afirmamos que algunos son llamados más específicamente a la obra del ministerio, y por lo tanto son capacitados por el Señor para este propósito aquellos que son responsables de enseñar, exhortar, amonestar, supervisar y cuidar a sus hermanos.[4]

No empleo el término «ministerio del Evangelio» principalmente por mantener la continuidad con el lenguaje de tiempos anteriores, sino para hacer hincapié en algunas características significativas del ministerio según lo han entendido los Amigos. El Evangelio es el

2 Los ministros del Evangelio, cuyo don era el don de expresión en palabras, sentían que era parte de su deber dejar constancia de sus experiencias mientras se esforzaban por ejercer su don fielmente. Como resultado, algunas etapas de la historia cuáquera han dejado mucha información sobre el crecimiento, el cultivo y los escollos en el ejercicio de los dones en el ministerio vocal. Esto refleja el papel central que el ministerio ha desempeñado entre nosotros durante toda la historia del movimiento cuáquero. Por otra parte, otros Amigos, con otros dones indudables, no nos han dejado este tipo de documentación de su ciclo vital en el ministerio. Puesto que los Amigos todavía no han corregido esta falta de equilibrio, a menudo nos referimos a la gran colección de historia sobre los ministros vocales como punto de partida para especular o extraer analogías sobre otros tipos de ministros. ¡Ojalá que pudiéramos subsanar este vacío de nuestra historia! Sin embargo, la historia de estos ministros conlleva instrucción importante para cualquier persona que vive bajo un interés espiritual, y es un tesoro que no hemos aprovechado lo suficiente.

3 Junta Anual de Londres, 1964, 702 Consejos, núm. 2 [accesible en raicescuaqueras.org]. TR.

4 Barclay, *Apología*, X, xxvi [accesible en raicescuaqueras.org]. TR.

«poder de Dios para salvación»;[5] es la Vida y Luz de Cristo obrando en maneras características[6] para sacarnos del cautiverio espiritual hacia la libertad. El ministerio del Evangelio es un servicio cuya meta es alentar, apoyar, impulsar o invitar a la gente para que busquen y respondan a la guía, enseñanza y eficacia de esa Luz y Vida obrando en todos, ahora mismo. No consiste solo en pronunciar palabras en las reuniones de adoración, sino, bajo un sentir de obediencia a las mociones del Espíritu, usar palabras, hechos, o lucha silente para ayudar a otros (y a nosotros mismos) a seguir adelante hacia la vida más abundante que Jesús quería para sus discípulos, sus amigos. Este ministerio puede tomar muchas formas, como se explora después; sin embargo, la meta siempre es la misma:

> El propósito principal del ministerio del Evangelio es volver los hijos de los hombres hacia la gracia de Dios dentro de sí mismos, lo que les enseña a procurar su propia salvación, y buscar con esmero al Señor por sí mismo.[7]

En este libro encontrarás ensayos breves sobre varios tópicos. Espero que te adentres en ellos según sea necesario, como si leyeras las cartas de un amigo. El lector descubrirá muchas historias y ejemplos del cuaquerismo de los tres siglos pasados. No obstante, quiero destacar que este no es un libro nostálgico. Escribo lo mejor que puedo basándome en la experiencia contemporánea y vivida, tanto la mía como la de muchos otros Amigos que conozco. Sin embargo, nuestra experiencia se basa en las vidas y el testimonio de un gran número de vidas antes que las nuestras que han labrado el camino cuáquero, y todavía ofrecen lecciones importantes para la vida actual. Estos ministros anteriores son nuestros contemporáneos y compañeros en el Espíritu, y la continuidad de hermandad es para nosotros tanto fuente de fortaleza como de reto.

Mi lenguaje y mi testimonio es cristiano. Los Amigos no imponen, ni deben imponer, normas doctrinales; no obstante, estoy convencido que el cuaquerismo es un «cristianismo alternativo», radical e innovador.[8]

5 Romanos 1:16. TR.

6 Es decir, el Espíritu de Cristo no es cualquier espíritu, y donde obra produce efectos específicos que dan testimonio de su fuente.

7 Griffith, 1779, p. 128.

8 Punshon, 1982.

Hoy en día es menester expresarse con franqueza al describir nuestro entendimiento de la vida bajo la guianza del Espíritu de Cristo —y lo que caracteriza a ese Espíritu en contraste con otros—. «Considerad si vuestro Cristo es el mismo que ha sido por los siglos de los siglos, o si ha cambiado según los tiempos».[9] Lo más mínimo e imprescindible es un discipulado intencional, reflexivo y directo bajo ese Espíritu.

Nuestra experiencia levantará cuestionamientos y conflictos. Jesús no dijo: «Bienaventurados los que ya han resuelto todo». Con algo de inocencia, tenemos que aceptar tanto las bendiciones y la claridad que recibimos, como también la experiencia de la ignorancia. Cuando demos cabida al Espíritu de Cristo, y tome fuerza y plenitud adentro, tendremos más capacidad para decir y vivir lo que conocemos, y esperar que venga lo demás. Esta experiencia de obediencia y apertura siempre ha estado en el meollo de la experiencia del ministerio del Evangelio, al igual que de la práctica cuáquera en general, y el ministro tiene que estudiar con paciencia y persistencia ese camino y sus misterios —crear, sanar, sufrir, regocijarse, morir y renacer.

El lector se dará cuenta que en mi propia prosa me refiero a Dios de varias maneras. No atribuyo género a Dios, aunque cuando estoy pensando en Cristo, a veces empleo pronombres masculinos, a veces no. No he alterado el lenguaje de las citas excepto para abreviar algunas (indicándolo en la forma acostumbrada, con elipses), y en ocasiones para suplir palabras que faltan [indicadas por corchetes] para brindar mayor claridad.

> *Tú, que vadeas profundo por el bien de las almas, esto se ha escrito principalmente por amor a ti, para que puedas ver que otros han ido por el mismo camino antes que tú, y puedas recibir aliento para que no te hundas bajo tu carga. Descubrí en el tiempo del Señor (como también descubrirás si te aferras a tu camino con paciencia) que la tribulación crea paciencia, la paciencia experiencia, y la experiencia esperanza.*
>
> —John Griffith, 1779[10]

— Brian Drayton
15 de marzo de 2019
414 Pettingill Road, Lyndeborough, NH 03082
drayton.be@gmail.com

9 Nayler, *Fragmentos*, p. 37 [accesible en raicescuaqueras.org]. TR.
10 Griffith, 1779, p. 118.

PARTE I

Cimientos

CAPÍTULO 1

El dilema del ministerio del Evangelio en el siglo XXI

TODA PERSONA que siente un interés espiritual hacia el ministerio del Evangelio en estos días —es decir, hacia el ministerio que nace de la vida en el Evangelio, según los Amigos lo han entendido, ministerio que proclama esa vida, y se esfuerza por llegar a esa vida, tal persona se enfrenta a diversos retos que pueden resultar desalentadores, y poner en duda la idea misma de tal interés espiritual. Algunos de estos retos pertenecen específicamente a la cultura moderna cuáquera. Otros reflejan la sociedad más amplia. Muchos retan desde sus raíces la vida misma de fe. Quizás otra manera de decir esto es que a menudo no estamos seguros de lo que es el Evangelio, ni si se debe predicar o alentar tal vida; tenemos una visión restringida de lo que puede ser el Evangelio. A cada Amigo, en especial, a quienes hablan en el ministerio, le corresponde reconocer y bregar honestamente con estas tensiones, con intelecto, corazón y alma, porque en estas tensiones yacen un sinfín de los retos espirituales que todos tenemos que enfrentar. Los siguientes son los que considero más urgentes; sin duda, tú pensarás en otros que puedes añadir.

1. Tendencia a restringir el espacio en que opera la actividad divina en nuestras vidas

Como grupo, los Amigos están tan infectados como la mayoría de los miembros de nuestra sociedad con una fuerte confianza en la razón y el poder humano. Constantemente analizamos las mejores ideas y opiniones que encontramos en el trabajo o en nuestra vida social y política, y tomamos decisiones con lo que podría llamarse seriedad, con una visión bastante opaca sobre cómo cada decisión se deriva y depende de la vida divina del Espíritu Santo. No hacemos esto porque no nos importa la vida divina, sino porque tendemos a buscar guianza divina solo en momentos de alta tensión, o en decisiones importantes sobre grandes cuestiones. Sin embargo, nos olvidamos de la probabilidad de que nuestro discernimiento sea mejor si llegamos a tales cuestiones importantes después de practicar con pequeñeces tanto en nuestras juntas como en nuestras vidas cotidianas.

2. La fragmentación del movimiento cuáquero

Las divisiones entre los Amigos son tendencias históricas de casi doscientos años. En lugares como Gran Bretaña o Kenia las variaciones teológicas se mantienen en equilibrio inestable dentro de las juntas anuales, aunque en las Américas estas tendencias se manifestaron en agrupaciones de juntas anuales como la Junta Unida de Amigos, la Iglesia Internacional Evangélica Amigos, y la Conferencia General de los Amigos. Estas asociaciones se instituyeron como respuesta a un sincero deseo de contar con un testimonio eficaz y apoyo mutuo, y como un gesto parcial hacia la unidad. También, en cierta medida, han institucionalizado una condición partidista. Cada «rama» ha desarrollado sus preferencias respecto a lenguaje religioso, literatura, costumbres, y estructura institucional.

Para muchos Amigos, y tal vez especialmente para la mayoría de los Amigos no programados, tomar consciencia de esta notable diversidad ha dificultado expresarse con un mínimo de confianza sobre la relación entre nuestra vida subjetiva, las afirmaciones y descubrimientos centrales del cuaquerismo, y la vida del mundo más amplio. El respeto por la experiencia individual, un valor fundamental entre cuáqueros desde los primeros tiempos, ahora está acompañado por desarrollos modernos que diluyen o eliminan las conexiones con nuestra tradición religiosa, incluso la respuesta posmoderna a un mundo diverso. Se nos hace difícil o imposible hablar con el gozo y la confianza que brotan de una experiencia compartida de la obra de Cristo en nosotros y a través de nosotros. Los primeros Amigos también incluían una notable diversidad, sin embargo, sí sentían unidad, no principalmente en las creencias sino en el entendimiento de su centro: la Luz de Cristo que era la clave de su experiencia.

3. Una visión secular del tiempo

La gente siempre tiende a estar tan inmersa en los negocios, la familia, u otros asuntos, que no reservan tiempo considerable para la oración y la reflexión. Este padecimiento no es solo del siglo XXI; ha sido un aspecto persistente de la vida humana. Las fuentes de esta ocupación excesiva son múltiples, más allá de cierto punto no es cuestión de necesidad. Al contrario, en la actividad sentimos nuestra realidad. En ciertos tipos de actividad establecemos o reforzamos nuestra importancia para los demás, o elaboramos un argumento para convencernos a nosotros mismos sobre nuestro propio valor. Además, es innegable que la actividad en sí a veces nos genera un escape para huir de nosotros mismos, así como un escape para no enfrentarnos a esa actividad que los Amigos denominan la Verdad, que con toda probabilidad se encuentra más en el silencio y la quietud.

Aunque estas cosas no son nuevas, lo más probable es que la sociedad moderna ha creado más medios de distracción y actividad vacía que nunca. ¡Cuán grande es el miedo dentro de nuestra cultura a no poder ejercer todas las elecciones posibles, o a tener que aceptar la más mínima restricción de nuestra libertad! Se considera un bien positivo tener siempre a nuestro alcance a las amistades, la familia, el trabajo y el mercado; en las actividades de comunicación y participación en la cultura encontramos defensa contra nuestro miedo a la soledad.

Sin embargo, una mente hiperactiva es lo más capaz de aniquilar, de manera rápida, cualquier interés espiritual y el crecimiento de la capacidad de ser fiel llevándolo encima. Los hábitos de exceso de actividad, exceso de estímulo y exceso de comunicación pueden mantenernos espiritualmente atrofiados, coartando las facultades de oración y reflexión. Estas distracciones pueden servir de escudos para excluir aspectos más importantes que preferimos no abordar.

4. La actitud del consumidor hacia la religión

Desde el comienzo del movimiento cuáquero, los que se han incorporado a la Sociedad de los Amigos han traído consigo todo tipo de equipaje —personal, social, teológico. Puedo dar testimonio personal sobre esto. Por lo general, nosotros los inmigrantes hemos desempacado estas valijas de forma que afecta al cuaquerismo al que nos unimos, o por lo menos el cuaquerismo que fuimos capaces de experimentar.

Sin embargo, en los últimos cien años se ha visto un extraordinario doble cambio. Por una parte, la proporción de «Amigos convencidos» ha llegado a ser mucho más que la proporción nacida dentro de la tradición (en algunas juntas anuales es el grupo decisivamente más grande). Por otra parte, los cuáqueros, sin importar su origen, han llegado a integrarse mucho más completamente a la cultura circundante, que a su vez ha llegado a ser ecléctica y orientada al consumismo extremo, incluso respecto a la espiritualidad y la religión.

La intensificación resultante de una búsqueda personal en medio de un mercado global ha hecho posible que los Amigos busquen con esmero dentro de un gran número de diferentes tradiciones por el conocimiento y las prácticas que les den cierto sentido de consuelo, discernimiento o renovación. En mi caso, estoy agradecido por haber podido aprender de varias tradiciones, incluyendo aquellas en las que me crie antes de encontrar a los Amigos.

Sin embargo, este eclecticismo tiene costos además de beneficios, especialmente con relación al ministerio en la adoración no programada. Una de las consecuencias más deplorables ha sido la pérdida de una exploración profunda de los recursos del cuaquerismo como senda espiritual importante que impone requisitos en el practicante, impulsándolo a salirse de su comodidad, en vez de ser una construcción conforme a sus preferencias personales. En tiempos anteriores, los cuáqueros hablaban de la Cruz, de la muerte del ser, cuando describían cómo el Espíritu los había guiado a salir más allá de sus propias preferencias y costumbres. Los Amigos modernos se sienten menos cómodos con este lenguaje; sin embargo, la realidad vivida es el cimiento de cualquier afirmación de que estamos experimentando cierto aspecto de la Verdad divina, y relacionándonos con un Dios vivo que no es creado a nuestra propia imagen. Requiere tiempo para comprender todo lo que implica el entendimiento cuáquero de la vida del alma, y los recursos que ofrece en medio de los retos de la vida. Entrar en «aquella vida y poder que quita toda ocasión de guerras»[1] —alcanzar esa vida, hacerla tuya, es obra de toda la vida—.

1 George Fox, *Uno hay*, p. 9 [accesible en raicescuaqueras.org]. Fox, *Diario*. p. 39 [accesible en institutoalma.org]. TR.

Cuando buscamos esa Vida, luchamos con ella, aprendemos de ella y la encarnamos —de esa Vida emanan las palabras que nutren, guían, amonestan y alientan el alma.

5. Incertidumbre sobre el liderazgo; las comunidades sin experiencia en cuidar los dones y los llamados

Nos sentimos incómodos con la idea del liderazgo, y no estamos claros sobre cómo debe manifestarse el liderazgo entre los Amigos. Existen numerosas razones que causan nuestra desazón. Una fuente del problema se basa en una idea falsa sobre lo que representa el liderazgo o la autoridad. A menudo, se relaciona en nuestras mentes con el ejercicio del poder o la influencia, como se observa en la jerarquía de una corporación o en la política.

No cabe duda de que algunos Amigos quienes han llegado a posiciones de autoridad, en ocasiones la han ejercido injuriosamente. James Jenkins, un Amigo inglés del siglo XVIII describe cómo algunos ministros de los Amigos (además de muchos de los ancianos) asumían un tipo de tono autoritario que él con razón consideraba repugnante:

> Me he dado cuenta que en la Junta Anual tuvimos la compañía de Samuel Emlen, Nicholas Waln, George Dillwyn, y John Pemberton [todos visitantes de América] [...] que, aunque a menudo predicaron entre nosotros excelentemente, sin embargo, en las reuniones de disciplina, con frecuencia tomaban la iniciativa [...] en ese tipo de intromisión dictatorial en los asuntos de las juntas, que raramente se toma por extranjeros modestos —incluso soltaban comentarios personales, respuestas a menudo bruscas y a veces descorteses, y si esto provocaba alguna respuesta de censura o reprimenda, se ponían de pie y se defendían los unos a los otros, con toda la fidelidad y el celo de una verdadera conspiración.[2]

Con mayor frecuencia, una arrogancia menos siniestra causaba daño a individuos y juntas, y perjudicaba la credibilidad del ministerio. Por ejemplo, James Jenkins describió a Catherine Phillips, ministra prominente:

2 Jenkins, 1984, p. 184.

> Como una gran autócrata, a veces gobernaba, y a veces sin éxito intentaba gobernar […] A una austeridad de conducta que la hacía parecer dominante, añadía una acidez de temperamento que deshonraba a la mujer, y proyectaba una importancia arrogante que (por lo menos pensaba yo) un humilde ministro del Evangelio no podía asumir.[3]

Además, los abusos que ocurrían en épocas pasadas no son del todo desconocidos en su modalidad moderna entre los Amigos hoy. La gente es propensa a preferir salirse con la suya cuando pueden lograrlo, y como criaturas jerárquicas nos adaptamos con mayor facilidad a los evidentes o encubiertos hábitos de mando o control. Sin embargo, tales abusos no son por lo general el problema más serio que una junta enfrenta respecto a la identificación y apoyo de los dones. A menudo, nos pasamos de cautelosos e inseguros en cómo proceder. Tal vez las juntas no vean la necesidad de ejercer cuidado alguno de los dones de sus miembros, o puede ser que tengan miedo de que, al prestar atención a los dones, alienten el crecimiento de distinciones, jerarquías, preferencias o egoísmos indeseables. Además, vemos cómo al encargarnos decididamente a cuidar los dones entre nuestros miembros podemos ocasionar juicios equivocados, o incluso conflictos.

Es una gran desventura que por tales razones seamos renuentes a aceptar y nutrir los dones que pueden servir a la vida del Espíritu entre nosotros. Como resultado, un gran número de dones no se cultiva ni se disciplina, como pudiera hacerse, y la vida de la junta merma por tal descuido.

> ¿Acaso importa que en gran parte hemos perdido la dimensión corporativa del ministerio? Pienso que la respuesta es un contundente «¡Sí!» Porque la ausencia de la participación del cuerpo y de la responsabilidad mutua devalúa el don y disminuye la eficacia del ministro. Socava la seriedad y veneración en el reconocimiento de un don que Dios ha dado al grupo. Todos quedamos *espiritualmente empobrecidos*.[4]

Sin embargo, todo depende de mantener en nuestras mentes el reconocimiento que la autoridad espiritual, según lo enseña el Evangelio, se deriva del amor de Dios, y toma la forma de servicio:

3 Jenkins, 1984, p. 118.
4 Grundy, 1999, p. 14.

> Jesús los llamó y les dijo: Sabéis que los líderes de los gentiles se enseñorean de ellos, y los que son grandes ejercen sobre ellos autoridad. Entre vosotros no será así, sino que cualquiera que quisiera hacerse grande entre vosotros será el que os sirve, y cualquiera que quiera ser el primero entre vosotros será vuestro siervo. De la misma manera, el Hijo del Hombre no vino para ser servido, sino para servir, y para dar su vida como medio de librar a muchos.[5]

No se adquiere en un solo día el firme cimiento interior (humildad) ni la educabilidad que hacen este servicio posible y auténtico (o de buena autoridad), y es menester aprenderlo a diario, bajo múltiples condiciones de vida.

6. Escepticismo sobre el ministerio como llamado

Nuestra inquietud y falta de destreza en el ejercicio de nutrir los dones es particularmente aguda respecto a los Amigos quienes llevan en sí un interés espiritual durante largo tiempo, y aun más para Amigos con interés en el ministerio del Evangelio. Como consecuencia, tenemos pocos ejemplos vivos como modelos (o, supongo, como señales de advertencia) en los que pueden encontrar dirección ya sea un individuo que procure seguir un interés espiritual, o una junta que se esfuerce por nutrirlo.

Algunos suponen que, puesto que cualesquiera de nosotros pueden ser llamado de vez en cuando a ofrecer el ministerio que hace falta en una reunión de adoración, no es necesario aceptar la idea de que puede existir un «llamado» distinto para servir en el ministerio como un interés espiritual. Aunque a primera vista esta suposición tiene sentido, y concuerda con nuestro concepto cada vez más democrático de la Sociedad y la Mancomunidad de Dios, no concuerda bien con la Escritura ni con la experiencia de los Amigos de los siglos pasados. Sin embargo, lo inicialmente admisible de esta suposición es una advertencia y una amonestación a todos nosotros, porque sugiere que cada vez menos Amigos han visto evidencia en su propia vida, ni en la de otros, de los frutos de su fidelidad a este interés espiritual. No ven la evidencia, o quizá no saben qué buscar. William P. Taber escribe:

5 Mateo 20:25–28, Reina-Valera 1960 revisado por los traductores para concordar con la traducción del griego de Drayton. Compárese con Juan 13:1–15.

> En nuestra época [...] muchas más personas aceptan la responsabilidad ocasional por el ministerio, pero hay relativamente pocos que han pasado por la larga y ardua experiencia del aprendizaje por discernimiento que fue típica de la mayoría de los ministros (a veces llamados Amigos públicos) del siglo XVIII.[6]

Lucia Beamish señala:

> De cuántos podría decirse hoy, lo que se decía de Benjamin Seebohm [...] que «su ministerio fue la cosa más característica en su vida; evidentemente, *más que cualquier otra cosa ese fue el motivo por lo cual vivió*».[7]

Por estas razones considero más eficaz y útil hablar de aquellos que son llamados al ministerio del Evangelio, como Amigos que *llevan en sí un interés espiritual*. Los Amigos modernos tienen múltiples maneras de hablar de intereses espirituales, y de trabajar en eso. El hacer uso apropiado de estas ideas y prácticas nos puede ayudar a explorar el ministerio del Evangelio en nuestro día de manera concreta y útil. También nos capacita para considerar lo que este interés espiritual tiene en común con otros —y de qué forma es único.

7. La religión falsa corroe

Estamos en una época en la que es difícil sostener la fe, y cuando muchas voces culturales, tanto seculares como religiosas, describen diferentes tipos de fe, y en particular versiones del cristianismo, que nos parecen profundamente insatisfactorias al examinarlas con mente, corazón o alma. La religión se pinta como un sistema de control social, o como aliada al estado, o al mercado, o a este o aquel partido. Además, se dice que la religión es cuestión de intereses puramente privados y subjetivos, un acomodo de tus herramientas mentales según tu propio gusto, algo sin importancia para nadie más, y posiblemente un mero resultado accidental de la evolución biológica.

Existen diversos padecimientos en la humanidad, uno de estos es un tipo de abatimiento que se manifiesta porque los *Christianoi*, los pequeños cristos, tan a menudo se han opuesto al Evangelio. Niegan

6 Taber en Bownas, 1989, xxiv.

7 Beamish, 1963, p. 343.

sus fracasos y aparentan lealtad a las palabras del Evangelio, pero sus acciones demuestran corazones que parecen ajenos al Señor que profesan, el Señor que es siervo y maestro, pastor y cordero, el que busca y el que sabe lo que la perdición significa.

¿Una vez que han usado el nombre de Cristo de tal manera, quién va a confiar en el testimonio de esta gente? ¿Quién va a confiar en *mi* testimonio, si lo doy en el nombre de Cristo? A menudo reflexiono en las implicaciones del sueño de John Woolman, donde dice:

> Entonces fui llevado en espíritu a las minas, donde pobre gente oprimida excavaban ricos tesoros para los que son llamados cristianos. Los escuché blasfemar el nombre de Cristo, cosa que me dolió porque su nombre me era precioso. Después fui informado que a estos paganos les decían que quienes los oprimían eran seguidores de Cristo, y decían entre sí: «Si Cristo los mandó a abusar así de nosotros, entonces Cristo es un tirano cruel».[8]

Sin embargo, si nos atrevemos, los Amigos podemos sostener una visión diferente, aun cuando reconozcamos las fuertes razones que muchos tienen para rechazar la religión o el cristianismo. Nuestra religión se basa en la amistad con Cristo, caminando como hijos de la Luz; debe dirigirnos hacia una vida reconocible como tal. La verdadera religión debe producir los frutos del espíritu: amor que echa fuera el temor,[9] gozo, paz, longanimidad, ternura, bondad, fe, mansedumbre, moderación, justicia, sencillez,[10] cometido a vencer con el bien el mal, y no pagar mal por mal.[11] No podemos aceptar ninguna otra religión. Recibimos el poder de producir estos frutos cuando acogemos el nacimiento del Espíritu de Cristo en nuestro interior, y permitimos que esta vida dé muerte a «cualquier cosa que le sea contraria a su naturaleza»,[12] mientras esperamos en silencio, adoramos y trabajamos en hermandad, y actuamos según la dirección que recibimos. Somos llamados a la santidad, a un tipo de santidad que (a pesar de la diversidad de nuestras naturalezas y dones) recibe su forma característica por la naturaleza y obra del espíritu de Cristo.

8 Woolman, *Diario*, 2018, pp. 165-166. [accesible en raicescuaqueras.org]. TR.

9 1 Juan 4:18. TR.

10 Véase Gálatas 5:22-23. TR.

11 Romanos 12:21 y 12:17. TR.

12 Nayler, *Fragmentos*, p. 74 [accesible en raicescuaqueras.org]. TR.

CAPÍTULO 2

El reto de la santidad

EL MINISTERIO DEL EVANGELIO brota al darnos cuenta de que es urgente que todos nos dediquemos al quehacer de llegar a ser santos; no nos queda ni un solo momento que perder. Hemos sido invitados a vivir en colaboración con el Espíritu de Cristo obrando en nosotros, para así escapar del cautiverio del pecado, cada uno en nuestra propia situación según nuestros dones y talentos. ¿Qué esperamos? Nos hace falta ver el reto en su pleno alcance y aceptarlo tan cabalmente como podamos. No es una tarea penosa, aunque la labor sí es ardua, porque el premio es liberarnos del miedo, y reconocer nuestra conexión a una inagotable abundancia de Luz y Vida.

Además, aunque no somos capaces de hacerlo por nuestro propio poder, eso no nos hace falta: nos abrimos cuando sentimos que necesitamos y queremos responder a la continua invitación de Dios. «Como el ciervo anhela las corrientes de agua, así suspira por Ti, oh Dios, el alma mía».[1] Esto es suficiente para empezar; quizá siempre hemos sentido este anhelo con palabras sencillas; o tal vez llegamos al anhelo mediante un agobio interior, o una repugnancia o impaciencia hacia nuestra vida actual. Cuando miramos hacia la Luz con deseo, descubrimos que nos muestra un camino que se abre, y podemos entrar en la experiencia de la vida en el Espíritu. Llegamos a conocer nuestras tinieblas, de manera que ya no es ni superficial ni banal; se hace más difícil decir simplemente: «Bueno, claro que nadie es perfecto», porque sabemos que es una respuesta falsa a una pregunta equivocada, y ese reconocimiento hiere a fondo. También llegamos a sentir que el Espíritu puede obrar re-creación en nuestro interior, que el Océano de Luz y Vida puede fluir sobre el océano de tinieblas.[2]

1 Salmos 42:1 *Nueva Biblia de las Américas*. TR.

2 Cita de George Fox. Fox, *Uno hay*, p. 5 [accesible en raicescuaqueras.org]. Fox, *Diario*. p. 12 [accesible en institutoalma.org]. TR.

Al principio, quizá todo lo que está a nuestro alcance es quedarnos en silencio cerca del Maestro —puede ser que solo tengamos fuerza para eso, o quizá no veamos lo que hay que hacer—. Sin embargo, en su presencia y a través de su enseñanza, empezamos a entender como van las cosas, la manera de examinar nuestras vidas, y el mundo en que habitamos, y empezamos a ver lo que necesitamos hacer, o dejar de hacer para sentirnos más en armonía con su vida, para liberar su Semilla, y alentar su crecimiento en nuestro sentir y pensar, en nuestro querer y quehacer.

No llega todo de una sola vez. El entendimiento de lo que nos hace falta, el decidir a quién seguir, puede ser un acontecimiento que podemos identificar con fecha y hora. Sin embargo, puede entrar sigilosamente, cuando la silente obra de Dios en nosotros ha encontrado su quieta acogida, antes de llegar a estar completamente conscientes.

Cuando el mercader había vendido todo lo que tenía y compró el campo en que estaba escondida su preciosa perla, ¿qué hizo después?[3] Todavía tenía que atender su negocio, ser esposo y padre, relacionarse con amigos y vecinos, tomar sus decisiones y decir sus oraciones. Siempre estamos comenzando, y por eso siempre seguimos vulnerables al desaliento, tentados a empuñar el control y a precipitarnos hacia la meta. Mientras más conscientes estemos, más probable es que veamos y sintamos los obstáculos y las luchas. Cuando por primera vez gustamos la vida y el poder de Dios, en medio de la primera sensación de que hemos progresado, como es natural no podemos ver lo principiante que somos, recién llegados a una forma de vida que se está forjando entre patrones, necesidades y suposiciones establecidas, tanto en nosotros como en todos los que viven a nuestro alrededor. Como es natural, sucederá que cuando abrimos espacio para lo nuevo descubrimos lugares no renovados dentro de nosotros, en nuestras relaciones y actividades. Nuestra nueva sensibilidad nos hace penosamente conscientes de incongruencias; pero ¿cómo resolverlas? A veces es simplemente una cuestión de *cirugía*: eso no me hace falta, voy a dejar de hacerlo («si tu mano derecha te es ocasión de caer, córtala»[4]), no voy a decir tales cosas, ya no puedo pensar así («si tu ojo derecho te es ocasión de caer, sácalo»[5]).

3 Mateo 13:44-46. TR.

4 Mateo 5:30.

5 Mateo 5:29.

Sin embargo, a veces esto no es tan directo, y hay tensión, miedo, rabia, dolor, o mera confusión. Recuerda que el Espíritu «toma su reino con súplicas y no por contienda, y lo retiene con lo humilde de su pensar»,[6] y disponte a esperar, sin saber, hasta que el camino se abra. Dios, quien te está atrayendo, continuará como guía firme, y a menudo compasivo.

> Me acuerdo de la primera vez que me encontré con mi Guía. Me puso en una desmesurada y arrevesada senda, donde yo debía hablar la verdad de corazón; y eso que yo antes juraba y también mentía por provecho. «No», le dije a mi Guía, «aquí mismo tengo que dejarte. Si me guías por ese trillo no te voy a poder seguir». [...] Ahí mismo lo dejé. Entonces me llené de tristeza y tuve que volver por la Cruz Llorona, diciendo: «Ay, si pudiera encontrar mi buen Guía otra vez, lo seguiría, guiáreme a donde me guiare.» Ahí lo encontré otra vez, y empecé a seguirlo [...] y llegué al término de esta senda, aunque con dificultades. Pero entonces mi Guía comenzó a dirigirme hacia otro trillo más duro que el primero, que era dar mi testimonio con el lenguaje sencillo.[7] Esto fue muy duro, pero le dije a mi Guía: «Si Tú aflojas el paso, te voy a seguir lo más rápido que pueda. Te suplico que no me aventajes tanto». Así poco a poco pude llegar aquí.[8]

Siempre estamos comenzando, y por eso siempre somos vulnerables al desaliento, tentados a empuñar el control y a precipitarnos hacia la meta, en vez de mantener la marcha con nuestro Guía.

Sin embargo, si continúas día tras día, velando, actuando, reflexionando, aprendiendo del buen éxito y el error, descubrirás que has sido llevado por la senda más lejos de lo que habías pensado. Cuando pauses para preguntarte, *¿Qué razón tengo para dar gracias*?, te darás cuenta de que estás mucho más libre, más accesible, menos colérico, más abierto y consciente en tu interior, más dispuesto a seguir un buen impulso de lo que antes estabas. «No temáis, manada pequeña, porque a vuestro Padre le ha placido daros el reino.»[9] Da gracias sin cesar, porque el corazón agradecido es educable y no autosuficiente.

Los Amigos siempre han pensado que cierta medida de progreso en esta vida es esencial para el crecimiento del don de ministerio del

6 Nayler, *Fragmentos*, p. 74 [accesible en raicescuaqueras.org]. TR.

7 Esto incluía tutear a todo el mundo, sin acepción de personas. TR.

8 Cita de Luke Cock. *Fe y práctica cristiana*, 042 [accesible en raicescuaqueras.org]. TR.

9 Lucas 12:32.

Evangelio. Esto no significa que un ministro sea mejor que otra persona, ni que posea una porción excepcional de santidad. Por otra parte, alguien que ha sido llamado a mantenerse listo para hablar o actuar desde la raíz más esencial de las cosas «para el refrigerio de los Hijos de la Luz», tiene que cimentar el interés para este servicio en una vocación más fundamental: la vocación a ser santo que llega a todos. Por lo tanto, si profesas o sospechas que Dios te llama al ministerio, tienes que tomar en serio la vocación a una vida de devoción, y llegar a tener experiencia en todas las complejidades que acarrea este llamado más profundo. Sin una inmersión consagrada en la Vida, no podemos sentir la Vida en otros; ni dónde puede ser alentada, ni dónde puede estar encadenada. Nos hace falta conocer la diferencia entre la voz de Dios, y la voz del yo o de la cultura. De otra forma, estaríamos más propensos a predicar sobre nosotros mismos, en vez de predicar el Evangelio, el poder de Dios para la liberación. El ministro tiene que esforzarse más y más para llegar a ser un alma con experiencia. Por eso, estoy de acuerdo con Bownas: además del llamado del Espíritu, la cualificación fundamental es la experiencia auténtica de la obra del Espíritu en nuestro interior. Según dice William Taber:

> Cuando en verdad se reconoce el Llamado, el ministro en ciernes —que podría ser uno de nosotros o todos nosotros— llega a saber en sus entrañas que somos llamados a vivir en esa Realidad Asombrosa que ya existía antes que todas las palabras fuesen, y que esa Realidad quiere transformarnos a una honda integridad [...] El ministro en ciernes —acuérdate que eso puede incluirnos a todos— puede tener una experiencia, o aun varias experiencias profundas de transformación, del poder infundido por la gracia, y de un sentido profundo de consagración; pero ninguno de estos momentos de santificación (si fuera posible usar el término) es final ni absoluto —siempre habrá más que aprender, y seguiremos aprendiendo y creciendo durante toda la vida.
>
> Este anhelo de conversión en la vida y las costumbres, este diario y persistente volvernos y regresar a la Luz, esta audaz apertura a la santificación, a lo que los antiguos Amigos llamaban la Obra Interior de Cristo, en mi experiencia es el único cimiento de un ministerio eficaz que cambia la vida.[10]

10 Taber, 1996.

Ahora bien, es difícil mirar a la cara de los amigos y allegados que te conocen bien, y decir: «Estoy tratando de ser santo». Sin embargo, ¿acaso no es esto lo único que hace falta, reconocer nuestro anhelo de morar inmersos en la Vida Divina? Si te hundes hasta los pequeños y dulces manantiales de la Vida, verás que tus reparos —los justos y los orgullosos— tus tentaciones a la exageración o a la falsa humildad, y tu vergüenza se derretirán, y te sentirás bastante anclado para decir en una voz empapada de verdad: «Me he encontrado con Él, la Semilla y Fuente y Compañía. ¡Oh, gustad y ved que el SEÑOR es bueno!»[11]

11 Salmos 34:8. Véase Isaac Pennington, *Fe y práctica cristiana*, 028, segundo párrafo [accesible en raicescuaqueras.org]. TR.

CAPÍTULO 3

¿Qué hace el ministerio?

Amarás al Señor tu Dios con todo tu corazón, y con toda tu alma, y con toda tu mente. Este es el primero y grande mandamiento. Y el segundo es semejante: Amarás a tu prójimo como a ti mismo

— Matthew 22:37–39

¿CÓMO DEBEMOS VIVIR este amor a Dios y a los demás seres humanos? Cuando te preguntas honestamente cuán generoso y espontáneo eres en tu amor para con Dios y tu prójimo, ¿acaso no tienes que confesar un logro parcial e intermitente? Es típico de la experiencia humana que nuestro sentido de la vida Divina, y nuestra capacidad de hablar y actuar basándonos en esa vida, en ocasiones, fluirá con fuerza; pero en otros momentos va a estar débil y remota, hasta el punto en que la versión de nosotros mismos que se sentía ferviente y expansiva con la moción del Espíritu ya nos parece ajena. Cuando estamos sintiendo nuestro propio vigor de mente, voluntad y cuerpo, la fortaleza del Espíritu, con su sabor tan diferente, casi nos parece una ilusión.

John Burnyeat escribe en su diario sobre estos altibajos en la marea espiritual:

> Descubrí que cuando mi Corazón era mantenido cerca del Poder, me mantenía tierno, suave y vivo. Y además, descubrí que cuando le ponía el ojo con fijeza, fluía suavemente en mi alma una Corriente dulce y constante de Paz Divina, Placer, y Gozo [...] Y, además, observé que, si lo descuidaba, o dejaba que mi Mente saliera tras otra cosa más de lo debido, y por lo tanto lo olvidaba, empezaba a sentirme como Forastero, y veía que pronto podría perder mi interés en estas Riquezas y Tesoro, y en la verdadera Mancomunidad del Israel Espiritual de Dios.[1]

1 Burnyeat, 1691, p. 20.

Nuestra condición espiritual se relaciona íntimamente a la de nuestra comunidad espiritual. Cuando estamos morando con solidez en la Vida Divina, prestamos fuerzas a nuestros amigos que pueden estar enfrentándose a los retos de la vida. También estamos almacenando reservas de nutrición para las etapas más oscuras y difíciles, cuando el gozo y la libertad parecen muy lejanos. En esas etapas, la fidelidad de nuestros amigos en palabra, acto o ejemplo pueden ser la única llave hacia esas memorias y verdades aprendidas que nos pueden reasegurar y reanimarnos durante los momentos de sentirnos perdidos o fríos.

Un interés espiritual en el ministerio es un llamado a estar disponible intencionalmente para poner nuestra experiencia de la Luz y Vida divina a la disposición de otros para su refrigerio y aliento. Conlleva un cometido a la vigilia interna para crecer en fidelidad y en nuestra capacidad de servir. Mientras adquirimos más de esta experiencia, descubrimos un aumento en la claridad con la que somos capaces de desear, servir, deleitarnos y orar por el crecimiento del amor para con Dios y el prójimo cuando aparece en cualquier persona. Esto, a su vez, alimenta la vida del grupo, e invita: «ven y ve».[2]

> Es un ministerio vivo que engendra a un pueblo vivo; por un ministerio vivo fuimos alcanzados y vueltos a la Verdad por primera vez. Es un ministerio vivo que siempre será aceptable a la Iglesia y servicial a sus miembros.[3]

Un ministerio fiel apoyará el crecimiento de este amor, aunque tal vez diferentes personas tengan dones específicos que alcanzan la condición de una u otra persona en cualquier momento dado. Por eso necesitamos muchas voces en el ministerio, y hace falta que los Amigos oren tan profundamente, y con tanto interés en el bienestar de las almas, para que cuando el espíritu llame a proclamar, las palabras sean el fruto, no solo de sentimientos o pensamientos profundos, sino también de la experiencia profunda de la vida, y la vida en el Espíritu. Penington escribe:

> La meta del ministerio no solo es recoger, sino también preservar y edificar lo recogido, hasta la perfección. La condición del alma por ser

2 Juan 1:46. TR.

3 Testimonio sobre John Banks ante la Junta Trimestral de Somerset, 1711, en Brayshaw, 1969, p. 247

débil e infantil (especialmente al principio, o quizá durante largo tiempo), sin conocer tan plenamente la medida de la vida (solo por haber tenido algunos toques y manifestaciones de la vida, pero sin ser recogida plenamente, ni arraigada ni asentada en la vida); digo, el alma en esta condición tiene tanta necesidad del ministerio para preservar, dirigir, y vigilarla en la verdad, como para recogerla y sacarla del mundo.[4]

Es posible que no quede claro por qué el ministerio es un instrumento de formación espiritual tan útil en nuestras juntas, si no has considerado cuán complejo es el proceso del desarrollo de la madurez espiritual —cuán variados los caminos que cada uno de nosotros ha de seguir, y, sin embargo, cuán similares son los patrones y las pruebas. Penington señala que la ayuda externa es importante mientras pasamos por las etapas de crecimiento espiritual. Además, todos somos propensos a quedar reducidos a una condición «débil e infantil», necesitando ser recogidos de nuevo a la medida de la vida, y por eso la ayuda de los Amigos a veces nos hace falta a todos. Barclay señala como tema evidente que la gente recibe ayuda de la gente, aunque la fuente primaria de la ayuda es la Luz de Cristo:

> Aunque principalmente y, sobre todo, Dios nos dirige por medio de su Espíritu, también a veces nos envía su consuelo a través de sus hijos, a quienes eleva e inspira a hablar o escribir una palabra en el momento oportuno. De esta manera los santos son hechos instrumentos en la mano del Señor para fortalecerse y alentarse los unos a los otros.[5]

A veces es difícil entender esto porque los acontecimientos en nuestras vidas espirituales pueden ser breves, y, sin embargo, pueden tener mucha influencia en la formación de nuestras actitudes, esperanzas o entendimientos sobre la vida del alma. Por lo tanto, vale la pena tener en mente que debes prestar atención a los acontecimientos interiores, observar su contenido y buscar su significado, sin evaluarlos con las medidas ordinarias de minutos o días, ni medirlos por las reglas exteriores del buen éxito. Es probable que el fruto que surge de un acontecimiento efímero —incluso quizás algún fruto secreto— no sea evidente hasta mucho después ni al observador, ni aun al participante.

4 Penington, "Some queries concerning," Works, vol. 2, p. 368.
5 Barclay, *Apología*, III, v [accesible en raicescuaqueras.org]. TR.

Por eso, cuando entramos en oración o aceptamos un encargo de servicio para beneficio de otro necesitamos estar conscientes de la preciosa complejidad e individualidad de cada alma, y tener mucho cuidado de cualquier exceso de certidumbre sobre si entendemos lo suficiente, o si hemos llegado a la respuesta correcta. A menudo no es así: a pesar de nuestra mejor fidelidad, a veces nuestro orar, hablar y hacer no reflejan esta actitud de respeto, ni el reconocimiento de que es Dios quien está obrando en la persona; la obra no es nuestra, y nuestro anhelo es que la obra progrese. Vale la pena considerar en oración cada uno de los efectos descritos más adelante, siempre tomando en cuenta estos reparos:

Primero, cada uno representa una necesidad básica del alma humana, y una parte de la obra del ministerio es esforzarse bajo la guía del Señor a sentir la condición de los demás.

Segundo, si estos temas no se manifiestan en tu junta, o en las juntas que visitas regularmente, es bueno orar para que, si la necesidad se presenta, alguien sea guiado a verla y a responder. Tu oración puede ayudarte a estar alerta a reconocer dones que puedes alentar.

Tercero, pensar y orar, de esta manera, también pueden aumentar tu propia disponibilidad e interés, y quizá descubras que tu propio servicio cambia como consecuencia.

Tal vez no sea necesario decir que, aunque «el ministerio» tiene las varias funciones mencionadas a continuación, ¡no siempre se encuentran todas en el ministerio de un solo individuo!

Convicción, diagnóstico

El ministerio puede ayudar a las personas a darse cuenta de la distancia entre su condición actual y una vida adecuada en la Luz de Cristo. A menudo la predicación cuáquera presentaba un reto poderoso a reconocer y abandonar la autosuficiencia y la dependencia en la fuerza humana para enfrentarnos a nuestro cautiverio bajo el pecado, y a la dureza e inaccesibilidad de nuestros corazones al amor y la justicia de Dios. En verdad, la participación en este conflicto era el primer teatro de la Guerra del Cordero.[6] Los diarios de los ministros del pasado con

6 Véase Nayler, *Fragmentos*, p. 31 [accesible en raicescuaqueras.org]. TR.

frecuencia informan que una junta fue sumergida en una condición de quebranto y ternura, por lo general, en el ejercicio silente de la reunión recogida, o a veces ayudada por fieles palabras de ministerio. Hoy, cuando un mensaje de Dios es presentado con fidelidad, la gente puede ser despertada a un interés espiritual, y convencida que ha encontrado un camino hacia una vida saturada por Dios, una vida liberada del cautiverio. De tal manera, tanto los individuos como los grupos pueden ser despertados y recogidos.

Esto es importante aun en reuniones donde la mayoría son miembros de la Sociedad Religiosa. Muchos que ya han encontrado un camino hacia nosotros, y se han arraigado en una junta, después en cierta manera cesan de progresar, como si hubieran alcanzado un destino cuando en realidad su viaje acaba de comenzar. Aun entre los Amigos de peso, cierta somnolencia puede superar al espíritu. Las palabras de alguien que ha sido despertado por un sentido fresco de la obra vivaz y transformativa del Espíritu pueden reclamar a los cómodos, a los soñolientos o a los que carecen de ternura para sentir la Presencia, reclamarlos a un rejuvenecimiento de su dedicación y disponibilidad a la dirección del Espíritu.

Aliento, consuelo

Por supuesto, están aquellos que hacen su mejor esfuerzo para seguir la Luz según pueden verla, y están activos en sus vidas espirituales, sin embargo, necesitan refrigerio y quizá dirección para el camino. Aunque el Maestro es Cristo entre nosotros, a veces es una bendición que su consejo y aliento se nos manifieste por medio de la simpatía en la voz de un compañero de viaje. Nos reconforta saber que Jesús fue tentado en todo según nuestra semejanza,[7] mas también encontramos aliento mediante los testimonios de otros que comparten sus experiencias de tentación, prueba y fracaso, y, además, nos cuentan cómo por fin encontraron el poder del Señor con un aumento de gozo y deleite. «El Señor Dios me ha dado una lengua de discípulo.»[8]

7 Hebreos 4:15. TR.

8 Isaías 50:4, *La Palabra* (Hispanoamérica).

Conectar la experiencia personal actual con la tradición y la Escritura, y expresarla desde la posición cuáquera

Si Dios está obrando entre nosotros, y buscamos la plenitud de la vida de Cristo en nosotros, entonces nuestras experiencias cotidianas, pruebas, éxitos y retos guardan cierta relación con esta actividad divina. Si afirmamos que Dios no es múltiple, sino uno, entonces nuestra propia experiencia espiritual individual debe tener alguna relación a la experiencia de los demás. No somos los únicos, ni los primeros, ni los últimos que hemos encontrado —molestia y gozo— las mociones interiores de la vida divina, y nuestra comprensión de la experiencia espiritual se enriquece y recibe más significado al reconocerlo, y al esforzarnos para entender lo que esto implica. Somos parte de una historia, que incluye tanto nuestra propia trama como la trama más grande y elevada de los tiempos en que vivimos —tanto lo bueno como lo malo, tanto las maravillas del mundo como los sufrimientos que nos rodean. Todo esto también forma parte de la historia del llamado de Dios a nosotros, para que vivamos libres de las tinieblas, libres para caminar hacia la justicia y el amor: el drama de la salvación. ¡Es una historia en la que han participado millones!

> El Señor se ha aparecido a otros al igual que a mí; sí, hay otros que viven en el crecimiento de la verdad de él, y en la pureza y el dominio de su vida, mucho más que yo [...] Por eso [...] he de retirarme, y temer ante el Señor, y esperar en él por un claro discernimiento y un sentir de su verdad, en la unidad y manifestación de su Espíritu con otros que son de él, y lo ven.[9]

Por esta razón, es un gran servicio cuando el ministerio nos ayuda a ver cómo conectar nuestras propias historias con las de la Escritura y las del cuaquerismo. Esto puede ser el resultado de la construcción de un puente que conecta nuestro lenguaje con el de la Biblia o el de los primeros Amigos. Puede venir en mensajes que «abren» las Escrituras en maneras renovadas, con el resultado de que este gran recurso es más accesible y valioso para nosotros de lo que era antes. Puede venir en mensajes que iluminan nuevamente los testimonios y la práctica espiritual cuáquera, dando a algunos la capacidad de descubrir un

9 Penington, "Some queries concerning," *Works*, vol. 2, p. 371-2.

nuevo compromiso, o la capacidad de luchar con más eficacia en las dificultades que han sentido. Hemos de amar al Señor con corazón y alma y fuerzas y mente.[10] El ministerio que surge de la Vida, y señala la Vida de forma que ayuda a nuestro intelecto o imaginación, a menudo es una gran bendición.

Poner los acontecimientos sociales y políticos en un contexto espiritual; señalando hacia más fidelidad en nuestro testimonio profético en el mundo

También es bendición un ministerio que nos ayude a dar sentido de los tiempos en que vivimos, y a explicar cómo las tendencias sociales y políticas se relacionan a los intereses espirituales. Como cristianos, no somos llamados a conformarnos a este siglo, sino a ser transformados por medio de la renovación de nuestras mentes, corazones y voluntades (por la obra interior de Cristo).[11] Aunque una parte de nuestro deber como miembros de una sociedad humana es conocer la cultura en que vivimos para entender las normas y maneras de nuestro pueblo, nuestro llamado espiritual requiere liberarnos de esas mismas normas y compromisos convencionales. En verdad, solo al conocerlas bien y librarnos de estas normas podemos ver y entender la verdad sobre el costo de las instituciones y la sociedad, y sobre las maneras en que ejercen poder sobre nosotros, al limitar nuestra disponibilidad al Espíritu y al hacernos aceptar esfuerzos poco entusiastas para vivir más profundamente.

Hay ministerio que puede ayudarnos a comprender la naturaleza de estas tensiones y las maneras de superarlas con vidas y testimonios más fieles, vidas y testimonios que tienen poder. Desde el principio los Amigos han rechazado la noción que propone que esto es una experiencia exclusivamente individual e interior; por el contrario, lo han visto como inseparable de una batalla externa contra males sociales y políticos:

> La vida dedicada a la Guerra del Cordero es transformada hasta ser más tierna y abierta a la injusticia y a la violencia tanto en lo exterior

10 Marcos 12:30. TR.

11 Romanos 12:2. TR.

como en lo interior. El alma humana, tu alma, puede verse como un nudo, una confluencia o una concentración de fuerzas que tienden tanto a tu bien como a tu mal. Algunos de los males se pueden ver como externos —fuentes de miedo, opresión, o distracción—. Otros parecen ser internos —ira, autocomplacencia, etcétera—. Sin embargo, estamos hechos de tal manera que nosotros y nuestro ambiente se compenetran. Las fuerzas interiores y exteriores se activan o se contrarrestan mutuamente. Por ser este tipo de lugar de encuentro, el alma humana es un campo de batalla apropiado para comenzar la guerra contra los males «externos» del mundo. Más que eso —si la batalla queda sin pelearse dentro de cualquier alma, entonces en nuestras regiones no redimidas las semillas del pecado y de la muerte yacen como en una incubadora, desde donde pueden regarse de nuevo al exterior—. La Guerra del Cordero contra el Hombre de Pecado en la que empuñamos las armas de Jesús, actuando primero en nuestro pequeño escenario interior, también es un acto social y, de hecho, revolucionario.[12]

12 Nayler, *Fragmentos*, p. 31 [accesible en raicescuaqueras.org]. TR.

CAPÍTULO 4

Variedades de servicio: Sin molde

VALE LA PENA decirlo una y otra vez: no existe una sola forma correcta para servir en el ministerio del Evangelio, excepto que siempre hace falta la fidelidad a la dirección de Dios. Los ejemplos son una fuente de instrucción en tu formación como siervo diestro y consagrado. Por lo tanto, en el aprendizaje de la forma de tu don particular, o en la consideración de los dones de los demás, deja que los ejemplos de otros te informen y estimulen, pero no permitas que te fascinen. Mientras reflexiono sobre este tema acuden a mi mente varias personas a quienes he conocido y cuyo ministerio me es muy querido.

- Ella asistía a la reunión cada semana, una mujer mayor, decorosa y bien vestida, que se sentaba en el mismo lugar en el mismo banco. Una o dos veces al mes, se ponía de pie para hablar temprano en la reunión.[1] A menudo sus mensajes incluían reflexiones personales, citas de la Escritura, y relatos de su niñez, en lo que al principio parecía un fluido de consciencia, locuaz, de buen corazón. Sin embargo, al escucharla semana tras semana, se observaba que ella pensaba lo importante que era para los niños en la junta escuchar el ministerio con el cual ellos pudieran conectarse sin sentir menosprecio alguno. Tenía un tesoro de memorias, lecturas bíblicas, y literatura sobre las que reflexionaba a menudo, y las usaba en su ministerio con naturalidad y sin reserva. No se veía a menudo como líder en la junta y no viajaba a otras juntas bajo un interés espiritual; sin embargo, a través de los años dejó una dulce y poderosa impronta en un gran número de Amigos.

1 En muchas juntas de Nueva Inglaterra, se acostumbra a que los niños asistan a la reunión de adoración con los adultos durante el primer cuarto de hora, para después salir a las clases dominicales. TR.

- Un hombre mayor, quien casi nunca hablaba en la reunión, y era muy querido principalmente por su don de escuchar con simpatía y por su sabia y sosegada conversación. Afable y de voz suave, su calma venía acompañada de un carácter apasionado. Tomaba muy en serio la práctica del retiro y la reflexión diaria, y meditaba persistente en su lectura de la Escritura, la biografía, la historia de la iglesia, la literatura devocional, y los asuntos públicos. Tenía un don extraordinario para alentar y escuchar. A menudo resultaba que, semanas después de una conversación, él se había quedado reflexionando sobre algo que había oído, y se sentía guiado a retomar el tema de nuevo, enriquecido por su oración y pensamiento. Era especialmente eficaz en alentar a personas jóvenes quienes hablaban en la reunión de adoración; sus sencillos comentarios sencillos demostraban que había escuchado con interés, reverencia, y buen juicio a lo dicho y a lo que pudiera yacer detrás de las palabras —oculto aun para el que había hablado.

- Otra Amiga viene a la mente, alegre y directa, profundamente empapada en la Escritura desde muy joven, con dones de oración y de canto. Sus incansables viajes entre los Amigos en África y el hemisferio occidental le dieron conocimiento de todo tipo de cuaquerismo. Su interés espiritual particular era alentar a quienes rara vez reciben aliento: mujeres, líderes jóvenes, otros ministros. A menudo su ministerio vocal en la reunión de adoración era breve y sencillo, y generalmente terminaba en una breve oración; pero su interés se expresaba de muchas otras formas, por correspondencia, conversación, y amistad. Con frecuencia llevaba noticias e ideas de una junta a otra, a veces simplemente al tomar boletines de aquí para dejarlos allá, a veces al conectar a personas o juntas que debían conocerse. Cualquier momento junto con una sola persona, un comité, o una junta, le representaba una ocasión para reconocer y rendir gracias por alguna bendición.

- Mi último ejemplo es un Amigo que ofrecía ministerio de vez en cuando en la reunión de adoración. Sus estudios más y más profundos sobre las creencias de los Amigos, y las Escrituras, lo llevaron a comenzar a ofrecer talleres sobre los temas que estaba

> explorando. Mientras acumulaba experiencia y continuaba profundizando su vida devocional y la actividad en su junta, su ministerio tanto en las reuniones de adoración como en los talleres llegó a ser más profundo, más dulce, y de cierta manera más atrevido a causa de su naturaleza abierta e indagadora. Durante este periodo se dio cuenta que tenía un llamado claro a un ministerio de enseñanza, y reconocía que otras sendas también podrían abrirse.

Estos Amigos no caben dentro del patrón del Amigo Público moderno, que puede verse por ejemplo en las sesiones de muchas juntas anuales. Hay que añadir sus retratos a la gran galería de Amigos, junto con aquellos Amigos destacados a quienes se llama para eventos específicos, para dirigir talleres o dar charlas o presentaciones. Si estas oportunidades se emprenden a partir del discernimiento, y con un verdadero interés para actuar guiado por Dios, tales oportunidades pueden ir más allá de la forma convencional, y convertirse en la ocasión del ministerio del Evangelio. Desde el comienzo de la Sociedad se arreglaban visitas de ministros a lugares específicos en tiempos específicos. J.S. Rowntree describió cómo la Junta Matutina del Segundo Día planificaba para asegurar que las juntas en el área de Londres, especialmente las juntas pequeñas o aisladas, fueran visitadas por Amigos conocidos en el ministerios:

> A veces se sugiere, si no se dice directamente, que cuando un Amigo [o una Amiga] permite que se apunte su nombre en un plan de visitar cierta reunión a una hora fija esto demuestra cierta falta de espiritualidad. Evidentemente, George Whitehead, William Penn, Ambrose Rigg y Samuel Bownas no pensaban así [...] Probablemente en nueve de cada diez casos, un Ministro no tiene un llamado especial a una reunión más que a otra —tiene libertad para ir donde sus amigos piensen que hace más falta—. En el caso de que sintiera un «interés» por una junta específica, se harían los arreglos necesarios para que pudiera obedecer tal sentido de su deber.[2]

Por supuesto, tal arreglo deja abierta la pregunta sobre cómo el Amigo invitado va a actuar para que su servicio sea guiado por el Espíritu

2 Doncaster, 1908, p. 271.

dentro de las condiciones del arreglo; varios Amigos han llegado a diferentes respuestas a esta pregunta.

El entendimiento tradicional de los cuáqueros es que el ministerio vocal tiene que brotar bajo la dirección del Espíritu, que da las palabras que hacen falta para el momento específico, y para oyentes específicos. Si se entiende el ministerio de esta manera, el desarrollo de la forma de adoración «pastoral» o «programada» fue una desviación tan radical que las diferencias resultaron en conflictos y cismas a fines del siglo XIX y principio del siglo XX.

La cuestión fundamental es la aseveración de Cristo que debemos adorar «en espíritu y en verdad»[3]; los Amigos tradicionales dirían que, para proteger la pureza de esa adoración, tenemos que evitar ofrecer en la adoración cualquier dádiva no producida por el Espíritu de Cristo directa e inmediatamente, en medio de la reunión de adoración, brotando de la obra interior de su Espíritu dentro de los que adoran. La justificación para este requerimiento se basa en que la planificación y los arreglos humanos tienden a permitir la intromisión del «culto a la voluntad»[4] —adoración que agrada a los sentidos o sentimientos humanos, pero no es lo que Dios requiere en el momento.

Muchas veces, los ministros de los Amigos se preocupaban porque en sus meditaciones entraban en un proceso interior parecido a la preparación de un sermón. Aprendieron a ver esto como antesala y aprendizaje; sin embargo, el resultado solo debía usarse bajo el mandato de Cristo.

No obstante, si estudiamos la lista de «dones espirituales»[5] en Pablo, vemos muchos dones que parecen relacionados: apostolado, profecía, enseñanza, el control de diversos géneros de lenguas. El cometido cuáquero a la inspiración inmediata parece conectado más con la profecía. Por otra parte, la enseñanza como algunos de los otros dones, requiere un cometido puro a la fidelidad, una labor considerable de estudio y pedagogía, y el conocimiento de la condición de los que

3 Juan 4:24.

4 Colosenses 2:23, Biblia de Jubileo. Usamos esta versión por ser lo que más se parece a la traducción al inglés en la versión King James. El término ocurre una sola vez en la Biblia y hay varias opiniones sobre su traducción correcta. Ofrecemos este ejemplo de la Nueva Versión Viviente: «una gran devoción, una religiosa abnegación y una severa disciplina corporal». TR.

5 1 Corintios 12.

aprenden. Los maestros con experiencia saben que no pueden inventar lo que van a enseñar en el acto: la enseñanza es un arte y destreza singular.

Con relación a esto, he recibido dirección de Ralph Greene, uno de mis modelos en el ministerio. En su largo servicio entre juntas pobres y rurales, y con congregaciones no-cuáqueras, ha llegado a pensar de servicios previamente concertados, con himnos y sermón preparados con anticipación, como «reuniones de enseñanza». Un alma tierna se mantendrá abierta al Espíritu aun cuando está presentando un mensaje o discurso preparado, cosa de la que muchos de nosotros podemos dar testimonio. Quizás el mejor plan es mediante reuniones de enseñanza (o discursos, o talleres, etcétera), si eso parece lo mejor para edificar la congregación —pero sin omitir reunirnos juntos en adoración abierta, en la que el Ministro divino es el maestro, sanador, y autor de la oración, aunque no se reciba palabra alguna.[6]

El punto clave radica en que los Amigos en el ministerio del Evangelio han tenido muy diferentes tipos de servicio, y vale la pena repasar algunas de las variedades, para ayudar al lector en la consideración de su propio don, o el de otros.

Primero, una nota sobre los viajes, que se consideran más detalladamente en el capítulo 24. Puede ser que los Amigos sean llamados al ejercicio de sus dones en su propia junta, o en otras. No se reconoce a menudo cuánta variedad en la práctica había aun durante la Edad de Oro de los ministros viajeros en los siglos XVIII y XIX. Existen documentos extensos de las actividades de los Amigos ministros durante esa época —diarios, actas memoriales y publicaciones tales como *The Annual Monitor*, publicado durante muchos años con obituarios breves de Amigos recién fallecidos, muchos de ellos ministros—. Un estudio de estos documentos indica que el servicio de los ministros ocurría por regla general en su junta mensual y en juntas vecinas;[7] menos frecuentemente las visitas iban más lejos dentro de la junta anual, y menos aún fuera de los límites de la junta anual. Por ejemplo, en un estudio de unos cincuenta memoriales, descubrí que 95

6 Los cinco párrafos anteriores fueron añadidos por el autor para esta edición en español. No aparecen en la edición de 2019 en inglés. TR.

7 Nótese que durante los siglos XVIII y XIX era común que una junta mensual incluyera varias congregaciones para la adoración.

por ciento de los casos indican servicio dentro o cerca de la junta mensual; 66 por ciento mencionan visitación dentro de la junta anual, y 39 por ciento mencionan viajes más allá de la junta anual. En un número significativo de los casos, las visitas a otras juntas anuales eran solo dentro de las fronteras de la junta anual más cercana (por ejemplo, viajes de Nueva Inglaterra a Nueva York, o de Gran Bretaña a Irlanda).

Aun un gran viajero como Elias Hicks hizo la mayoría de sus viajes dentro del territorio de su junta anual. Entre aproximadamente sesenta actas de servicio que recibió de su junta mensual, cinco eran específicamente para visitas a familias en juntas en Long Island; veintinueve para viajes a juntas dentro de la Junta Anual de Nueva York, cinco para intereses espirituales específicos dentro de la junta anual, e.g., a escuelas de Long Island, a los indios de Long Island, a nuevas juntas en la junta anual). Unas diez actas fueron emitidas para viajes más extensos, a tres o más juntas anuales, y casi todos estos para un servicio de menos de seis meses. Aunque es cierto que los ministros viajeros formaron una parte importante de la circulación de la vida dentro del mundo cuáquero, la mayor cantidad de los viajes fue dentro de los límites de juntas trimestrales y anuales.[8]

¿Qué formas ha tomado el ministerio del Evangelio, ya sea en los viajes o en la junta local? Siempre ha habido un amplio espectro de intereses espirituales y dones, y niveles de destreza o eficacia en cada caso.

La predicación en las reuniones del Primer Día es un don que en realidad ha incluido un buen número de variantes durante la historia, a menudo reflejados en diarios u otros relatos. Por ejemplo, algunos Amigos sobresalen especialmente en la oración vocal, otros en el uso de la Escritura para iluminar algún tema. Algunos dicen solo unas pocas palabras en cada ocasión, otros hablan más largo. Algunos han desplegado mucha percepción psicológica, y han tenido dones para revelar los conceptos erróneos de la gente, derrumbando su sentido de autosuficiencia y abriéndolos a la Luz (un ministerio de «labrar» o «sembrar»). Algunos tienen dones especiales en dirigirse a aquellos que son jóvenes en su vida espiritual y necesitan aliento y ayuda para desarrollar y profundizar su práctica (un ministerio de «regadío»).

8 Para este cálculo, uso la lista de las actas de viajes de Hicks incluida como apéndice en Forbush, 1956.

Algunos se han concentrado en la ética y los asuntos sociales; algunos en temas teológicos o doctrinales. Existen casos bien conocidos de Amigos que tienen un llamado particular a la divulgación hacia los que no son Amigos; estos rara vez hablan en su propia junta. Puedo pensar de una Amiga con grandes dones de predicación, consejo, y «presencia» cuyo llamado es visitar a una junta anual en Latinoamérica, donde sus dones son invocados con frecuencia y recibidos con gratitud.

Otros descubren que su interés espiritual se ejerce mejor en otras actividades como escribir, enseñar en foros y talleres, o en «oportunidades» (véanse capítulos 23 y 24), o en visitas a familias con cierta regularidad sistemática. Los hijos de J.B. Braithwaite escribieron sobre su padre:

> Como ministro del Evangelio, vio aperturas que nunca antes se habían presentado, y la obra que hacía falta era más de lo que podía enfrentar […] al principio, mucho de su obra en el ministerio fue hecha entre su propio pueblo, ya sea en Westmoreland o en Londres y Middlesex […] Esta obra cerca de casa se hacía durante el curso normal de la vida: trabajo legal durante la semana, a menudo con visitas pastorales durante la tarde; el primer día en alguna junta remota; uso esmerado de todos los espacios entre reunión y reunión —muy comúnmente la vida ardua de un ministro cuáquero dedicado es así.[9]

Entender la forma de tu interés espiritual en el momento actual es parte de mantenerte apegado a tu don. Sin embargo, vale la pena preguntarte a ti mismo: ¿hay algo más en el llamado? ¿He pasado por alto alguna apertura para brindar servicio, simplemente por no imaginarme que eso sería posible? Lo más probable es que no contamos con todo el ministerio que nos hace falta, con toda la variedad de formas que realmente cultivaría y nutriría la vida en nuestras juntas; y es muy probable que un gran número de dones de servicio y testimonio queden poco utilizados y mal desarrollados por no haber suficientes Amigos con la experiencia, consagración, tacto e imaginación para reconocer, orar, alentar y dar gracias por los dones y talentos de sus Amigos. Después de todo, aunque tú o yo tengamos algún don o guianza, lo que tenemos no produce efecto si no se recibe; como ya se ha dicho, una de las funciones más importantes de un ministro es estar

9 Braithwaite, pp. 132–3.

presto a encontrar a otros empezando a participar en un servicio apropiado para ellos. Por lo tanto, te sugiero que indagues, solo y con una persona de confianza, si acaso no hay otros tipos de servicio que tú podrías ofrecer. Acuérdate del viejo cuento de un anciano consejero que se acerca a un Amigo joven y le pregunta si acaso es posible que tenga un llamado al ministerio. El joven contesta: «No he tenido ese interés espiritual». El mayor replica sin demora: «Sin embargo, ¿has tenido el interés de tener un interés?» ¡Ambicionad los dones mejores,[10] y haced obra mientras dura el día![11]

Otra cita de *Origen y progreso* de Penn hace hincapié en estar alerta a las oportunidades de servir:

> Os ruego que no penséis que basta declarar la Palabra de vida en sus asambleas (no importa cuán edificantes y consoladoras tales oportunidades sean para vosotros y para ellos), sino [...] indagad sobre la condición de las varias iglesias que visitáis; sobre quiénes entre ellos están afligidos o enfermos, quiénes están tentados, y si algunos son infieles u obstinados; y esforzaos en la sabiduría y poder de Dios para que estas cosas resulten bien [...] Así consolaréis a los afligidos, fortaleceréis a los tentados, aliviaréis a los enfermos, dejaréis convictos y restauraréis a los infieles, y a los obstinados los enterneceréis y prepararéis para la reconciliación.[12]

El Ministerio Libre del Evangelio

El «ministerio libre» ha sido un principio cuáquero desde el comienzo de nuestro movimiento (y fue una cuestión conflictiva en las controversias entre los Amigos a fines del siglo XIX y principio del XX). En inglés el ministerio tradicional es *free* en varios sentidos —libre y gratuito.[13]

Para empezar, no es remunerado. Los Amigos recordaban cómo, en Mateo 10:8, al enviar Jesús a sus discípulos a sus primeros viajes en el ministerio les dice: «de gracia recibisteis, dad de gracia». Desde el principio los Amigos se comprometían a un ministerio ejercido solo

10 1 Corintios 12:31, Nueva Versión Internacional. TR.

11 Juan 9:4. TR.

12 Penn, 1976. pp. 72–73.

13 En inglés, la palabra *free* significa «libre» en dos acepciones principales, «libre» y también «gratis»; en la frase *Free Gospel Ministry* la palabra free incluye las dos. TR

bajo el mandato del Espíritu, respecto al momento de hablar y al contenido.

Por lo tanto, al ser completamente carismático en el sentido clásico de la palabra (una inspiración profética, un don gratuito que Dios concede a algunas personas), y al no remunerarse, el ministerio cuáquero también era lo más «libre» posible en el sentido de no estar influido por la voluntad humana. La opinión cuáquera sobre la mayoría de las denominaciones afirmaba que muy a menudo los clérigos asalariados eran tentados a predicar porque les era exigido, y el requisito de producir un sermón semana tras semana (o aun con mayor frecuencia) les imponía la necesidad de prepararlo según el modelo correcto durante la semana antes del domingo, actividad que podía ser tan intelectual como espiritual. Ese ministerio era un empleo. Si sentías que tu patrocinador (o la congregación que te pagaba, o tus superiores en la iglesia) podían desaprobar o malentender tu mensaje, ibas a sentir la tentación de cambiar lo que ibas a decir por no ofender.

Además, puesto que el «empleo» del ministerio se centraba en sermones exponiendo las Escrituras, se suponía que los ministros tenían que recibir entrenamiento en latín, griego y hebreo, y en la retórica y el estudio de la Biblia. Los cuáqueros pensaban que esto reforzaba la tendencia del predicador a redactar sermones eruditos y compuestos con esmero, pero que no avivaban el corazón, ni nutrían el alma, ni despertaban al pecador dormido. Una de las primeras aperturas recibidas por Fox le reveló que una persona no tenía que ser formada en Oxford o Cambridge para ser ministro de Cristo.[14] Un ministro ha de ser llamado por Dios y preparado por Dios para predicar la Palabra, que es Cristo. Las palabras predicadas exteriormente solo sirven para despertar el testigo divino en los oyentes, para dirigirlos a su Maestro Interior.

Esto no significa que los ministros entre los Amigos no leían ni estudiaban según eran guiados; algunos Amigos leían extensamente, otros no. Sin embargo, el propósito no era predicar con más elocuencia, sino llegar a un entendimiento más profundo de las sendas de Dios, de la historia humana, y del «libro» de la Naturaleza. Algunos con

14 «El Señor me reveló que haber estudiado en un seminario no era suficiente para que un hombre pudiera ser calificado como ministro de Cristo.» (Fox, *Diario*, p. 6 [accesible en institutoalma.org]). En el tiempo de Fox, todo ministro de la iglesia establecida tenía que haberse graduado en Oxford o en Cambridge. TR.

educación avanzada se unieron al movimiento de los Amigos, y empleaban su erudición en la causa de la Verdad, pero no se consideraba que esto fuera lo ideal. Sin embargo, un ministro tan humilde y carente de educación formal como John Woolman leyó de manera constante durante toda su vida.

Además, los Amigos no se oponían a pagar los gastos de los ministros que viajaban en el servicio de la Verdad. En el mismo pasaje de Mateo (capítulo 10) antes citado, Jesús mandó a sus discípulos a viajar con las manos vacías y a recibir lo que les era ofrecido: «porque el obrero es digno de su alimento». Los Amigos recaudaban fondos para ayudar a los Amigos públicos que no podían cubrir los gastos de viaje que habían sido aprobados por la junta mensual como una verdadera guianza. Ayudaban al viajero a hacer provisión para el cuidado de su familia durante la ausencia. Algunas juntas o Amigos ricos mantenían caballos para el uso de los ministros viajeros («los caballos de la Verdad»). Se acumulaban libros para prestar o dárselos a Amigos públicos, especialmente a los que participaban en debates públicos y necesitaban estudiar para responder a las críticas. Y, por supuesto, los Amigos viajeros aceptaban la hospitalidad de los Amigos que visitaban, siempre y cuando fuera posible.

Sin embargo, los Amigos viajeros ponían atención de «no abusar financieramente de la Verdad», sino que pagaban los gastos con sus propios recursos cuando podían, y trabajaban para sostenerse a sí mismos y a sus familias cuando no estaban ocupados en viajes. En realidad, a menudo el «buen orden del Espíritu» los guiaba a buscar una vocación que fuera flexible cuando había un llamado al servicio del ministerio. Señalaban que era costumbre de Pablo trabajar para ganar su sustento cuando podía, sin considerar que fuera malo que otros aceptaran ayuda.

Por si acaso mi propia práctica resultara interesante, diré que mi experiencia en el ministerio más o menos concuerda con el modelo tradicional. Nunca he aceptado ni buscado un «empleo» como pastor, aunque he trabajado para organizaciones de Amigos (por ejemplo, como administrador de un asilo de ancianos); pero esto no era el tipo de ministerio a que me sentía llamado. Mi «entrenamiento» ha sido en el Espíritu, por experiencia, mediante lectura, y por los consejos, la enseñanza, y el ejemplo de otros ministros y ancianos consejeros. Mis estudios en la universidad tenían que ver con mi «ocupación exterior»

—durante gran parte de mi vida en la ciencia y la educación sobre la ciencia—. Conozco a algunos ministros que —generalmente después de ejercer su don durante cierto tiempo— han decidido asistir a un seminario para equiparse con las herramientas que consideran aumentarán su capacidad para el servicio, y esto parece haber sido una decisión fiel y fructífera en su ministerio. Por mi parte, nunca me sentí libre[15] para asistir a un seminario o escuela de teología.

Con relación a cuestiones financieras: cuando viajo en el ministerio, me he sentido agradecido por la ayuda con los gastos de viaje y hospitalidad en hogares de Amigos. Si me llaman a una junta para un ministerio de enseñanza, no pregunto por el honorario ni por otra recompensa más allá de los gastos. Si la junta u organización me ofrece tal recompensa, la acepto con gratitud. Cuando me preguntan sobre mis honorarios, siempre respondo que no cobro nada, pero si los Amigos se sienten movidos a ofrecerme cualquier cosa, la acepto. En esta práctica no estoy solo; he hablado de vez en cuando con otros Amigos públicos sobre el tema, y la mayoría hacen lo mismo.

En estos asuntos me parece que la libertad del Evangelio permite que el individuo escoja. La decisión queda con la Luz en la consciencia del Amigo, la dirección de su junta, y de otros ministros y ancianos consejeros. El principio esencial es que el Evangelio no está sujeto al mercadeo. Todo lo que conocemos del Evangelio nos viene como dádiva de Dios, y debemos ejercer el don sin consideración alguna de ganancia o prestigio personal, aparte de la afirmación que viene de la Luz. Es menester recordar que no fueron llamados «ni muchos sabios, ni muchos poderosos, ni muchos nobles», y que Dios escogió lo necio para avergonzar a los sabios, y lo débil para avergonzar a lo fuerte.[16] No debemos preocuparnos sobre nada más que usar bien la Palabra de Verdad[17] según somos llamados, para edificar el Cuerpo y alentar a las almas —corremos cuando y a dónde somos enviados, decimos las palabras apropiadas que recibimos, y confiamos en que Dios dará el crecimiento.[18]

15 «Sentirse libre para...» corresponde a la frase cuáquera en inglés: *to feel free to* ... e indica que la persona siente que el Espíritu le ha dado libertad para hacer algo. TR.

16 1 Corintios 1:26–27.

17 2 Timoteo 2:15.

18 1 Corintios 3:7.

El reto del banco de enfrente

En la casa de reunión tradicional de los Amigos, se encuentran dos o tres (a veces más) filas de bancos frente por frente a la mayoría de los bancos en la sala de reunión. Estos asientos generalmente se conocen como los «bancos de enfrente» o la «galería de ministros». Cuando una junta llegaba a la conclusión de que un Amigo (o Amiga) tenía don de ministerio, se suponía que ese Amigo se sentara en la galería de ministros. Además, existen Amigos con dones específicos de nutrición espiritual, cuya responsabilidad durante la adoración es mantener una vigilia activa y devota al servicio de la buena calidad de la adoración y el ministerio. Estos Amigos «bien maduros en la verdad» sin importar su edad, se denominaban «ancianos consejeros», y se suponía que también se sentaran en los bancos de enfrente. Formaba parte del buen orden para mantener la reunión de adoración que los Amigos con estas responsabilidades se sentaran de cara a la reunión. En décadas recientes, los bancos de enfrente ya no están «marcados» para tal función, y en realidad muchos Amigos prefieren poner sus asientos en círculos o cuadriláteros, para que todos se sienten de cara a un centro común donde no hay ser humano alguno. Esta tendencia refleja una renuencia típica a nombrar y nutrir a los que tienen dones de larga duración o «crónicos» de ministerio o de consejería. Sin embargo, los dones siguen brotando, ¡y cuánto los necesitamos!

Hace pocos años estuve en la hermosa y antigua casa de reunión en New Bedford, Massachusetts. Es una sala espléndida, grande y llena de luz, construida durante el apogeo industrial ballenero de la ciudad. Como hago cada vez que visito una antigua casa de reunión vacía, fui y me senté por unos pocos minutos en la galería de ministros, imaginándome la sala de adoración llena, todos centrados[19] en el río de vida e instrucción divina. Me di cuenta de que en los bancos de enfrente podrían haber cabido docenas de Amigos. Desde entonces, tengo la costumbre de calcular cuántas personas podrían haberse sentado en los bancos de enfrente de las casas de reunión que visitaba. Aun en nuestra pequeña casa de reunión en Henniker, New Hampshire, con capacidad para unas sesenta y cinco personas, en los bancos de enfrente podrían

19 En el lenguaje del misticismo cristiano y cuáquero, el verbo «centrar» se usa para significar el proceso de traer todo el ser a un lugar de atención sosegada ante Dios. TR.

sentarse unos veinte (y el doble cuando se usaban tanto el ala de hombres como el ala de mujeres).[20] En la mayoría de las casas de reunión que he visto, los bancos de enfrente representan entre el cinco y diez por ciento de la capacidad total de los asientos.

Este detalle arquitectónico nos recuerda que tradicionalmente los Amigos esperaban que los dones de ministerio y de consejería iban a ser derramados en abundancia. El don de cada persona tiene una «forma» distinta, y la obra espiritual de una junta puede servirse mejor con esta diversidad de dones —y en su mejor momento las juntas sentían que era su deber reconocer y nutrir esa diversidad. No era un club exclusivo, igual que no existe un límite en el talento para la música—, los dones tradicionalmente denominados «ministerio» y «consejería» son dados para alentar toda la gran variedad de vida en nuestras juntas *—y hay mucho trabajo por hacer—*. ¿Podemos llegar a tener menos miedo, menos resentimiento, podemos ser menos parsimoniosos en lo que pensamos sobre estos asuntos?

Te exhorto a que reflexiones sobre el significado de los bancos de enfrente, aunque tu junta no los posea, ¡o aunque ni siquiera tenga bancos! ¿Es tu junta (¿o eres tú?) tan tímida como para no poder ver ni alentar los dones de la gente, de tal manera que muchos quedan sin desarrollarse, o mal formados, o incluso pasados por alto? ¿Podemos aprender de nuevo a confiar en la guía del Espíritu, de modo que podamos aceptar la abundancia que el Espíritu nos ofrece? ¿Podemos acoger esa abundancia al tomar medidas intencionales y prácticas para ayudar a los muchos Amigos dotados para nutrir, entrenar y ejercer esos dones *de todo corazón*? Los campos ya están blancos para la siega, pero los obreros son pocos —aunque el Señor de la mies sigue enviándonos obreros.[21]

20 Las antiguas casas de reunión fueron construidas para acomodar las antiguas costumbres. (Las fechas varían en diferentes partes del mundo cuáquero.) Durante la adoración, los hombres y las mujeres podían verse y escucharse, pero se sentaban separados en dos alas. Durante las sesiones de asuntos, una pared removible descendía del techo formando dos salas, una para la junta de mujeres y otra para la junta de hombres, que se reunían en dos cuerpos con sus correspondientes oficiales. En tiempos modernos, no hay separación de género y las juntas generalmente son más pequeñas, y a menudo la pared no se levanta y la junta usa un ala para reuniones de adoración para reuniones de asuntos, y la otra para actividades sociales o clases dominicales. TR.

21 Juan 4:35; Lucas 10:2. TR.

CAPÍTULO 5

¿Qué significa llevar en sí un interés espiritual?

EL USO CUÁQUERO del término «interés espiritual» refleja nuestro entendimiento de cómo Dios obra en los seres humanos: es un elemento clave en la espiritualidad cuáquera, y mediante este el Espíritu opera dentro del mundo en la creación, la misericordia, el testimonio y la acción. En el contexto de la oración, o por cualquier otro medio, algo llega a tu mente, y sientes que es importante, urgente o llamativo. Tal vez te des cuenta de que existe un grupo específico de gente hacia quienes sientes una atracción, o quizá llegues a fascinarte por un asunto que requiere acción o servicio. Es fácil mencionar tales objetos de un interés espiritual —observa, por ejemplo, el interés de John Woolman por los esclavos, considera el interés en la paz, la justicia racial, o la protección del medio ambiente.

Sin embargo, un interés espiritual es más que un tópico, más que un área que te llama la atención, más que una cuestión de pasión, porque se acompaña (tarde o temprano) por un sentido del deber: algo te es requerido, y es requerido por la mano del Señor. Tienes que discernir: «¿Es requerido de mí, o acaso mi consciencia en oración me permite ver a otra persona que debe ser exhortada a considerarlo?».

Si es requerido de mí, entonces debo preguntar: ¿ahora, o en el futuro? ¿Llega a mi mente una acción específica, o debo pasar tiempo preparándome e investigando antes de asumirlo como encargo? ¿Cómo puedo pedir consejos sobre esto de mis Amigos? ¿Cuáles son los riesgos y las oportunidades que pueden acompañar este interés?

En algún momento, concluyes que tienes que hacer espacio y dedicar el tiempo adecuado para este interés; el significado de «adecuado» dependerá de la naturaleza del interés. Los intereses espirituales pueden tener una variedad de formas y magnitudes, duraciones y niveles de molestia; pueden ser crónicos o agudos. Es decir, un interés puede ser un cometido de largo plazo (por ejemplo, para ser un Amigo fiel según tú lo entiendes, o para ser un Amigo activo en relaciones raciales, o para cuidar la propiedad de la junta), o puede ser algo a corto plazo, una sola acción encomendada. Cualquiera que sea, te vas a sentir convencido de que tienes que abrir un espacio y prestar atención a esta responsabilidad, para mantener tu sentido de integridad espiritual o para prepararte para un nuevo crecimiento espiritual. «Abrir espacio», no necesariamente significa añadir nuevos compromisos a tu agenda. Al contrario, probablemente habrá que dejar a un lado algunas cosas, y en algún grado el interés puede afectar toda la organización de tu tiempo, autocuidado, trabajo, y relaciones para garantizar tu fidelidad.

Para algunas personas, el ministerio del Evangelio es un interés de ese tipo. Por supuesto, cualquier Amigo puede participar en el ministerio vocal o silente de la junta. Se espera que muchos sientan una dedicación cada vez más profunda a la adoración, al estudio, a la reflexión y al servicio en la junta. Sin embargo, el ministerio vocal puede llegar a ser un interés espiritual para algunas personas, sostenido durante años o durante toda la vida. Si eres este tipo de persona, el interés se hace una parte integral de tu senda espiritual, mientras el interés se mantiene activo en ti; es un camino de aprendizaje, de servicio, de consagración, de colaboración, de humildad, de capacidad de escuchar. Al igual que todos los intereses a largo plazo, puedes aprender más y más cómo ser fiel al interés, según los dones y las aperturas recibidas. Aprenderás a conocer tu voz, tus límites, el tipo de servicio auténtico para ti.

Es importante estar consciente que la intencionalidad sobre el ministerio puede exponerte a todo un espectro de tentaciones y retos, especialmente porque es una función pública. El ministerio «deja entrar el yo»: el ego, la autocomplacencia (o la autocrítica), consideraciones de status, y muchos otros aspectos que tienes que identificar, reconocer, admitir y superar. Si no realizas esta labor, estas cosas pueden dañar o impedir tu servicio, y puedes causar daño espiritual a otros y a ti mismo. Me he dado cuenta de que el interés espiritual en el ministerio no es un «llamado a predicar». Aunque llegar a este descubrimiento puede tomar mucho tiempo, en su raíz este interés espiritual es una condición mental que se preocupa por el destino de la Semilla de Cristo en el corazón de hombres y mujeres, acompañada por un sentido de responsabilidad para alentar y apoyar a los demás en sus vidas espirituales, y para usar las poderosas herramientas del lenguaje en esta obra de apoyo, de expresión, de aclaración, de aliento, entre otras. ¿Dónde crece y produce buen fruto la Vida de Cristo? ¿Dónde está reprimida o desatendida o menospreciada? ¿Qué puede ayudar para que alguien llegue a estar más consciente de los impulsos de esta Vida, y a ser más capaz de responder? ¿Cuáles aspectos de nuestra práctica obstaculizan o nutren el crecimiento del espíritu? ¿Dónde estamos engañándonos a nosotros mismos, y cómo podemos llegar a ser más honestos, directos, y educables? ¿Cómo se relaciona esto con nuestras situaciones sociales, condiciones económicas o capacidades estéticas, con nuestra relación con la naturaleza, con nuestra actitud política? ¿Cuándo y dónde puedo servir para ayudar a otros a volverse hacia la Luz y a morar en la Luz? ¿Qué tengo que hacer para servir con más eficacia, comunicando menos de mí mismo y más de Dios? Aun mientras llego a estar más consciente de los sufrimientos del mal y la necedad, ¿cómo puedo morar más en el amor, en la gratitud, en la audacia? ¿Cómo puedo ayudar a los demás a ver y a regocijarse en las evidencias de la Vida de Cristo obrando en nosotros?

CAPÍTULO 6

Del discipulado y cómo encontrar tu camino hacia la Cruz

EL CORAZÓN Y LA ESENCIA de un prolongado llamado al ministerio está en esto: aprender más y más a escuchar, a orar, a vivir, y a actuar a favor de la vida de Dios dondequiera que esté obrando y dondequiera que esté encarcelada en los demás seres humanos, tus hermanos.

Quizá todavía no reconoces este hábito de vida en ti mismo. Tal vez lees este libro porque a menudo te ves en pie, hablando en la reunión de adoración, o enseñando a grupos de Amigos, o ejerciendo liderazgo de alguna otra manera, y te ves preguntándote si acaso hay algo más que aprender sobre estas actividades. ¿Hay algún lugar más profundo desde donde hablar? ¿Algún tipo de labor más profunda a que entregarte? Son numerosos los derroteros por donde podemos descubrir esta senda, y muchas formas se desarrollarán en diferentes vidas, adaptadas a las diferencias en personalidades y situaciones.

No obstante, para que el don crezca en utilidad, te encontrarás guiado hacia un sendero de aprendizaje en donde constantemente te serán reveladas nuevas profundidades y dimensiones.

Al seguir cualquier propósito, encontramos obstáculos y retos inesperados. Al esforzarnos para brindar servicio a la vida de Dios en el pueblo, a menudo los obstáculos resultan dolorosos, por ser precisamente nuestras propias limitaciones, debilidades, y autoengaños —o esos mismos elementos desalentadores en tus allegados por quienes te sientes preocupado.

A veces vas a sentir que todo el empeño de la religión es un engaño y una distracción que ha causado más daño que beneficio en la historia de la humanidad. A veces vas a sentir que, aunque tu propio cometido parece fuerte, el de los demás es tibio, insuficiente, poco entusiasta, superficial, e insensible a ti o a otros a quienes tú valoras. A veces la gente se opone, de manera directa, contra ti y contra las cosas que te importan hondamente, por razones que parecen decepcionantemente materialistas o egoístas. También puedes llegar a sentir que, aunque toda tu junta, o toda la Sociedad de los Amigos fuera lo máximo de fiel posible, todos los esfuerzos no podrían contrarrestar el vasto océano de oscuridad,[1] necedad y sufrimiento que en el mundo moderno parecen amenazar la dulzura de la vida. Puedes encontrarte alejado de Dios, o que no puedes encontrarlo en lugar alguno.

Sin duda tales reflexiones pueden estar arraigadas en cierta evidencia. Tu diagnóstico puede ser correcto o no, pero tales percepciones te serán un gran peligro y carga, por el fruto que naturalmente producen en el corazón humano. Barreras en el camino y desilusiones como estas con frecuencia conducen a descubrir en ti mismo un espíritu de contrariedad: enojo, censura, rechazo, desesperación. Al compararse con el peso de estos sentimientos y los aspectos mordaces y amargos en ti mismo y en toda la especie humana, esa cosa pequeña, pura, y dulce que es la vida de Dios percibida interiormente, parece —a lo más— débil e insustancial.

Sin embargo, bien puedes descubrir que no se puede dejar atrás el gusto de esta vida divina que ya has probado, que no puedes descartar la alegría e integridad que esa vida ha producido en otros, y quizá también en ti. Entonces, no puedes hacer otra cosa que regresar a la esperanza, y anhelar que esa vida sea un aspecto más y más presente en tu experiencia y en la de los demás. Por eso retomas tu interés espiritual queriendo vivir y actuar para que se abra más y más espacio para esta vida.

Sin embargo, tus jornadas en la sabiduría de la razón, y en la sabiduría que se descubre en las tinieblas del corazón, no te dejan sin marca, aun en el mismo momento de retorno —¡cuán abruptos y efímeros son los cambios en nuestra meteorología interior!— En oposición a tus esperanzas y tu cometido con la Luz, sientes una fresca percepción de lo inadecuado que eres, de lo hipócrita que eres, de cuán poca energía tienes, de cuán infructuosos son tus intentos de servir, consolar y apoyar. También puedes descubrir, aun en tu regreso a la esperanza, que tu desolado diagnóstico de la condición espiritual de

1 Referencia a una cita de George Fox. *Uno hay*, p. 5. [raicescuaqueras.org] TR. Fox, *Diario*, p. 39 [accesible en institutoalma.org]. TR.

tus amigos y juntas es válido, confirmado por tu descubrimiento de la misma desolación en tus adentros.

En dilemas como este, cuando he sentido las puertas cerradas a Dios —en mí mismo o en otros— y; sin embargo, escucho la voz suplicante del Visitante todavía pidiendo entrar,[2] he llegado a ver como la Cruz, según los Amigos lo entienden, es algo gozoso, un sendero creativo hacia adelante. No siento este gozo a causa de la doctrina de la muerte sustitutiva de Jesús en la Cruz en las afueras de Jerusalén que eliminó el dolor del pecado para ti y para mí, sino que siento este gozo porque Cristo está activo en la obra de liberación de su Padre ahora mismo, si estamos dispuestos a cooperar. Aquí es importante considerar el proceso de llegar a la Cruz, porque los Amigos han entendido que por este camino participamos cada uno en la obra de liberación de Dios. También, de esta manera recibimos el poder de ayudarnos los unos a los otros a lo largo del mismo camino.

Somos propensos a vivir sintiendo un bienestar interior por la mayor parte de los aspectos de la vida; sin embargo, cuando tratamos de comparecer ante la presencia del Señor en la quietud, este bienestar a veces será perturbado. Cuando la Luz nos enseña algún lugar nuevo donde la Vida de Dios está oprimida, bloqueada o renegada en nosotros, sea por «la naturaleza humana» o por hábitos o necesidades arraigadas, o por heridas del pasado, entonces recibimos una nueva oportunidad de elegir: a favor de esa Vida, o en contra. Sin embargo, en nuestro deseo de escoger la vida nos es muy fácil caer en maquinaciones para eliminar ese impedimento por fuerza de la voluntad, la psicología, y buena planificación. Es poco probable que este método tenga éxito. Puedes tener una voluntad férrea, pero la fuerza de la voluntad llega a su fin, tarde o temprano; así como la astucia, la educación y la planificación a fin de cuentas se topan con sus límites.

En cuanto veas cuál es el problema, en ese mismo momento tráeselo a la Luz. Cesa de buscar más problemas, no hagas planes todavía, ni reacciones precipitadamente con un tipo diferente de trabajo o de reconocimiento, o con la eliminación de compulsiones. Quédate quieto hasta sentir la Presencia, sosegada y tranquila, y entonces introduce en ese círculo de Luz la cosa difícil o fea a la que

2 Apocalipsis 3:20. TR.

deseas enfrentarte. En tu espera persistente por este momento de quietud y confianza, vas a encontrar y a sentir la obra de la Cruz, la pequeña «muerte», la poda por la que renunciamos a algo que impide que el Cristo interior sea formado en ti.[3]

Puede ser que el proceso dure muchos minutos, o muchos días de minuto tras minuto, antes de que puedas mirar con sosiego a este mal específico cara a cara, reconocerlo como tuyo, y pasar por la autocondena, la ira, la vergüenza, o cualquier otra reacción que este mal te haya incitado. La «crucifixión» o «muerte» de este apego se encuentra en esta lucha por mirar honestamente a ese mal, y tomar el sendero hacia la libertad. Durante este tiempo de transición, de espera y persistencia por ese momento cuando la cosa oscura comparece con toda claridad en la Luz, aprenderás más sobre su naturaleza. Entenderás cuán profundamente esa oscuridad está arraigada en ti, y cómo ha tenido alguna función o historia que la hace parte integral de ti, y por qué es tan difícil dejarla atrás. Aquí, en tu oración, habrá tiempo para duelo y arrepentimiento. Sin embargo, este proceso no es nada más que roturar la tierra, preparándola para nuevos brotes sembrados por Dios.

Durante todo este tiempo de búsqueda, vas a sentir el deseo de hacer planes y resoluciones, dándote consejos a ti mismo, y a otros. No te apegues a estas ideas, pero no las desprecies. Al contrario, apúntalas, examínalas en la quietud del corazón, y ponlas a un lado. Lo importante es seguir con constancia en la Presencia, con tus propias agendas acalladas. Hasta que hayas podido mirar al problema del momento quedándote centrado en el amor de Cristo, no es probable que veas el valor verdadero de estos planes e ideas. Quizá todo esto resulte útil cuando llegue el momento para ponerlo en práctica; tal vez solo sean ilusiones nacidas del deseo, una prematura precipitación hacia la conclusión. Si mantienes los ojos fijos en su paz y sosiego, no se perderá nada de valor en la obra del Señor en tu interior.

Después de pasar tiempo en el Centro, descubrirás que puedes, con poca o con ninguna perturbación interior, examinar la falla o pérdida o dilema en que se enfoca tu ejercicio actual. En ese momento, cuando la contemplación de esta cosa y su significado no quebranta tu paz,

3 Gálatas 4:19. TR.

comienza tu libertad. Ahora puedes ver cómo vivir sin eso, o superarlo, o tomarlo en cuenta en el futuro, para que no seas más su esclavo. Ahora quizá tus planes y arreglos y resoluciones te serán útiles, y te ayudarán a aferrarte a las lecciones aprendidas cuando los pongas a prueba en la práctica.

Cuando hayas experimentado el proceso que acabo de describir, descubrirás que el sentido de confianza, de cimiento firme, que viene con el más mínimo avance hacia la Luz, es extremadamente nutritivo. Si reflexionas, descubrirás que has aprendido más de una lección. Tendrás la capacidad de ver mejor cómo la oscuridad te tenía atado, y la capacidad de ver la naturaleza de tu cautiverio. También verás cómo la Luz provee el taller y las herramientas para romper esas cadenas, de forma que no trata cada asunto por separado, sino que te ayuda a ver cómo todas tus partes están entrelazadas e integradas. Por eso, las soluciones que se forjan en ese taller no son parches que pueden descoserse con cualquier tirón, sino que forman parte de un tejido coherente que puede abarcar una medida de vida un poco mayor que la de antes:

> Nadie pone remiendo de paño nuevo en vestido viejo; porque tal remiendo tira del vestido, y se hace peor la rotura. Ni echan vino nuevo en odres viejos; de otra manera los odres se rompen, y el vino se derrama, y los odres se pierden; pero echan el vino nuevo en odres nuevos, y lo uno y lo otro se conservan juntamente.[4]

El proceso que he descrito es el corazón de lo que significa vivir en la Cruz, y es un lugar de regocijo y creación, porque has pasado por la muerte hacia vida nueva,[5] y en tu propia medida y esfera participas en el drama de la salvación cuyas grandes señales son el calvario y el sepulcro vacío. En esta experiencia, y en el proceso de comprender su sentido, cada parte sirve de instrucción al ministro, porque da acceso al entendimiento de motivos, necesidades, dilemas y derrotas. Esto brinda una forma de interpretar y sentir empatía con las experiencias de otros, y recibir refrigerio y valentía de sus logros y descubrimientos. Esto agudiza nuestro entendimiento de las formas en que podemos confundirnos o engañarnos con las muchas voces que nos afectan,

4 Mateo 9:16–17.

5 Romanos 6:4. TR.

tanto voces internas como voces de la cultura y los contactos sociales. Por último, esto nos ayuda a entender cómo el poder de Dios es la llave que abre, y cuán pequeños, y aun así, cuán necesarios son nuestros propios esfuerzos para colaborar con ese poder. Con la renovada comprensión aprendida en la escuela de Cristo, adquieres una percepción más penetrante de dónde se puede encontrar lo de Dios en ti mismo y en los demás, y un nuevo afán de buscarlo y morar ahí. Más que cualquier otra cosa, esta es la escuela en la que el ministro aprende y adquiere la experiencia de una transformación del entendimiento y de la percepción, y cada vez más, de la forma de ponerlo en práctica.

> Mientras medito en silencio sobre el cambio efectuado en mí, no me alcanzan las palabras para expresarlo, ni medios para transmitir a otros una idea clara de lo acontecido. Miraba la obra de Dios en la creación visible y una sensación de asombro se apoderaba de mí. En mi corazón, tierno y a menudo contrito, crecía el amor universal para con todas las criaturas, prójimos míos. Esto lo entenderán los que han andado el mismo camino. Reflejos de genuina belleza se pueden ver en los rostros de quienes moran en la verdadera mansedumbre. Ecos de verdadera armonía resuenan en esa voz por la que se expresa el amor divino, y cierta manifestación del buen orden se refleja en el temperamento y la conducta de aquellos cuyas pasiones están cabalmente regidas. Pero todo esto no manifiesta toda esa vida interior a quienes no la han sentido.[6]

6 Woolman, *Diario*, p. 7 [accesible en raicescuaqueras.org]. TR.

CAPÍTULO 7

El ciclo vital de un ministro

Samuel Bownas describe cómo un ministro pasa por las etapas de la infancia, la juventud y la madurez en el ministerio.[1] Es casi imposible dejar de pensar en ese esquema mientras consideramos el crecimiento en la obra del ministerio. Refleja un elemento sustancial de realismo —y también brinda esperanza y dirección al nuevo ministro—.

Sin embargo, pienso que descubrirás que de cierta forma siempre eres principiante, incluso después de un servicio prolongado y maduro, y esto debemos acogerlo y cultivarlo. La junta de Hannah Stratton (1826–1903), ministra en Ohio, la recordaba con estas palabras:

> Después de muchos años de participación en la obra, le comentó a un amigo más joven: «Esto no se pone fácil». En nuestras reuniones religiosas, la seriedad de su espíritu y su humilde y reverente espera por la subida de la Vida Divina fueron instructivas; no se atrevía abrir los labios sin sentir una renovada cualificación y la necesidad impuesta sobre ella para que se incorporara en la obra. De esta manera, su ministerio comunicaba el sabor de la vida, y fue sólido y edificante, al tocar el testigo de la Verdad en los corazones de quienes la escuchaban.[2]

No es cuestión de falsa humildad, ni de negación del verdadero progreso, cuyo reconocimiento es ingrediente clave en el crecimiento de tu comprensión y práctica. Al contrario, es un reconocimiento de que el progreso en el ministerio requiere explorar un terreno interior muy amplio —en realidad, más de un continente queda abierto para ti—. Mientras prosigues esta exploración, descubrirás la necesidad de revalorar lo que aprendiste antes, y la tensión entre nuevos fenómenos y las lecciones anteriores puede darte una oportunidad de apertura y nueva percepción.

1 Bownas, *Descripción* [accesible en raicescuaqueras.org]. TR.

2 New Garden Monthly Meeting, 1904.

El primer continente es tu propio ser, las dimensiones y condiciones de tu propia alma. Más que nada, en el transcurso de tu vida, tu propia experiencia con Dios es un laboratorio y biblioteca de consulta, el lugar donde se desarrolla la integridad esencial en tu servicio. Aunque no seas la medida de todas las cosas; sin embargo, sí tienes que hablar sincera y sustancialmente desde la Vida como tú la has vivido: «Lo que era desde el principio, lo que hemos oído, lo que hemos visto con nuestros ojos, lo que hemos contemplado, y lo que palparon nuestras manos tocante al Verbo de vida».[3]

El segundo continente para explorar es el de otras vidas. Hay una gran sima[4] entre el universo interior de un individuo y el de otro; sin embargo, en la unidad de la Luz, según poco a poco lleguemos a conocerla, somos instruidos tanto sobre la singularidad preciosa de cada uno, como sobre las cosas que todos los humanos tenemos en común. Cuando nos permitimos ser instruidos y ser hechos más compasivos por medio de nuestra obediencia al Espíritu de Cristo, nos acercamos más a los demás hijos de Dios.

El tercer continente para explorar es el de la cultura. En términos humanos, los productos y las empresas comunes de la sociedad y la cultura tienden puentes sobre la sima entre uno y otro. Todo esto constituye parte del tejido de ideas dentro del que interpretamos a otros y a nosotros mismos. Se requiere una exploración profunda de esta matriz cultural para comprender la condición de los demás.

A menudo, el cimiento y el progreso espiritual de los ministros de hoy son muy diferentes de los de la época de Samuel Bownas (1676–1753). Muchos de los que hablan en nuestras reuniones y ejercen liderazgo no están realmente familiarizados con las Escrituras ni con la tradición cuáquera. Es posible que aún no hayan desarrollado una robusta práctica espiritual. Por eso, cuando comienzan a sospechar que quizá les corresponda algo extra de responsabilidad por este servicio, son guiados a un periodo de búsqueda y profundización, que con frecuencia los incita a un nuevo encuentro con la Escritura y la tradición. Asimismo, los lleva a un renovado y fresco encuentro con el misterio de Cristo.

3 1 Juan 1:1. TR.

4 Lucas 16:26. TR.

Si la junta se mantiene alerta a este tipo de moción en sus miembros, la comunidad puede acoger y nutrir hasta que madure el preciado don que puede estar creciendo a tientas. Si la junta no está consciente de que el llamado al ministerio del evangelio se sigue emitiendo hoy en día, o si la junta no sabe que este llamado requiere cuidado y apoyo, es probable que el don sea desatendido, o que no se reconozca, o que produzca menos fruto de lo que pudiera esperarse en otras condiciones:

> Los Amigos no-programados contemporáneos quienes tienen la experiencia de este tradicional llamado y anhelo para ocuparse en la obra de Dios, a menudo sienten gran frustración porque parece haber poco o ningún lugar para el ministerio como vocación en la Sociedad de Amigos de hoy. [...] Una parte de su frustración radica en el hecho de que nosotros los Amigos de hoy valoramos la pericia y el genio en casi todos los campos menos en el campo espiritual, y, por consecuencia, no sabemos cómo reconocer y alentar a alguien que tiene dones espirituales y es llamado a esta obra. Cada generación de Amigos, incluso la presente, ha tenido su proporción de personas que en otras culturas podrían llamarse chamanes o videntes, curanderos o curanderas en ciernes. En las primeras épocas del cuaquerismo, estos chamanes cuáqueros en ciernes eran cuidados, nutridos y alentados con discreción hasta que muchos de ellos podían responder al llamado que siempre sigue atrayendo, hasta llegar a ser instrumentos santificados de la Voluntad Divina.[5]

A continuación, exploro algunas características de tres etapas importantes en el ciclo vital de un ministro: periodo en donde uno reconoce el llamado; el periodo de aceptación y aprendizaje; y la situación de quien ya ha pasado el aprendizaje.

Reconocer el llamado

Los Amigos se adentraban por tradición, en un llamado al ministerio de manera gradual, pasando por un periodo de ansiedad o anticipación a veces muy prolongado. En sus retrospectivas, los ministros decían que respecto a la religión habían caído en la indiferencia, y en una vida desordenada, en ocasiones escalonada con fases de remordimiento y un pasajero cometido a reformarse. La tensión entre estos dos estados

5 Taber, 1996.

de ánimo podía durar meses o años. Cuando entraban en una transición hacia una vida más fiel, y sentían el buen orden del Espíritu, los Amigos a menudo describían su sospecha (¡o su temor!) que su renacer podía ir a parar en el servicio del ministerio. Ruth Fallows escribe sobre este proceso:

> Cuando fui llevada cerca del Señor y su pueblo, le plugo mostrarme que quería que yo hiciera más servicio, que diera un testimonio público de su nombre. Pero ¡oh! esto me trajo fuerte ejercicio, porque descubrí que el yo todavía quería ser complacido. No estaba dispuesta a que me consideraran necia, y preferiría ser casi cualquier otra cosa si el Señor me permitiera dejar esto, para no ser blanco de las miradas del mundo.[6]

Abrir la boca durante la reunión de adoración se consideraba un acontecimiento asombroso, porque implicaba que uno se sentía encargado por el Espíritu Santo a traer una palabra al pueblo. También era pavoroso, porque el principiante tenía miedo y carecía de confianza, sintiendo que al cumplir con el deber iba a parecer necio —ya en la calidad de su servicio, o porque el Evangelio mismo pudiera parecer necedad (como Pablo describe en 1 Corintios)—. Sin embargo, el brote de un constante don en el ministerio era algo trascendental en la vida de una junta, y requería atención considerable de parte de la comunidad para discernir lo que estaba pasando, y cómo responder lo mejor posible. Debido a que Dios puede escoger a cualquiera como siervo o amigo —sabio o necio, poderoso o débil, respetable o no (1 Corintios 1:26)— cualquier persona, por muy improbable que fuera, podía estar bajo la preparación divina para el servicio. Por lo tanto, hablar en la reunión bien podría ser el primer indicio de una comisión a la obra del ministerio.

Un don de ministerio se consideraba valioso, y merecedor de mayordomía esmerada. Aunque en cierto sentido se consideraba una parte normal de la vida de la junta; no obstante, también era algo asombroso, porque el don significa que Pedro, Pablo, Jonás, Isaías, George Fox, y otros son tus colegas y compañeros de trabajo. Era bien sabido que a veces el don podía ser un gran inconveniente o hasta aterrador, además de ocasionar gran satisfacción. Por ser valioso, otras

6 Fallows en Skidmore, 2003, pp. 50–51.

cosas tienen que dar paso al don, y al principio no es posible predecir hasta qué punto va a ser una intrusión y una exigencia. El poder del Espíritu puede ser agotador y desconcertante; a veces simplemente tienes que abandonarte al don, con obediencia y esperanza.

Hoy, esta verdad sigue en pie. Dios bien puede disponer de ti en formas que no son muy difíciles de acomodar en la vida que hoy llevas. Sin embargo, puede ser que a veces (o cada vez más y más) Dios te haga trabajar más duro de lo que prefieres, o te enfrente a decisiones difíciles y sorprendentes, o te empuje hasta poner a prueba tus fuerzas emotivas, espirituales o físicas. Si realmente estás bajo autoridad[7] y no te mueves según tus propios designios o deseos, es bien probable que te tome por sorpresa. Cuando escuches a ministros hablar de los retos y pruebas que han sufrido, acuérdate que también hablan del gozo y la paz que han disfrutado. ¡No menosprecies lo que dicen como un consuelo vacío! El gozo y la paz son bien sólidos.

En los tiempos modernos, parece raro que alguien sienta que está en preparación para el ministerio del Evangelio antes de haber empezado a participar en el ministerio. William Taber escribe:

> Tal parece que, a fines del siglo XX, la primera cualificación de Bownas (la santificación) rara vez se manifiesta antes de hablar en la reunión de adoración, sino que hoy en día se extiende por varios años, y transforma de manera gradual la vida y el ministerio vocal y, por último, los lleva al ministro a un nivel más profundo.[8]

Parece también que, para muchos Amigos contemporáneos hablar en la reunión de adoración forma parte de su preparación; que la participación en esa actividad es en sí un proceso de la enseñanza del Espíritu, aunque podemos no estar conscientes de lo que está pasando. Hablar en la reunión de adoración pública es una forma en que el principiante identifica su creciente seriedad y compromiso, e implica una intención de vivir de acuerdo con lo que dijo. Jonathan Dale escribe:

> Fui guiado a brindar ministerio vocal en formas que me llamaron a una posición que todavía no había alcanzado, y después exigían una mayor consistencia entre lo pronunciado y lo vivido. No sé cómo ese

7 Véase Mateo 8:9. TR.

8 Taber en Bownas, 1989, p. xxii.

> ministerio le habló a los demás, aunque sin duda sí jugó su papel en mi transformación.[9]

Esto me recuerda mi propia experiencia. Había asistido a la reunión de adoración quizás unos cinco años, y durante ese periodo era uno de los que hablaban en la reunión varias veces al año. Amigos con experiencia, en ocasiones, me decían en privado una palabra de aliento que me tranquilizaba porque ponerme de pie siempre venía acompañado de un sentimiento de confusión y riesgo.

Entre los Amigos de mi propia edad teníamos la costumbre de conversar sobre lo que acontecía en la junta, y, naturalmente, también hablábamos de la reunión de adoración. Intercambiábamos comentarios y consejos, y explorábamos por qué en el mismo día nos sentíamos movidos por el ministerio de unos y no por el de otros. Rumiábamos sobre cómo cada uno podía servir, y qué talentos teníamos. Nombrábamos los dones que veíamos los unos en los otros. La reflexión de mis amigos sobre lo que veían desarrollándose en mí me hizo pensar: ¿podía ver yo en mí mismo lo que ellos veían? ¿En qué se arraigaba lo que veían? Si ellos tenían razón, ¿qué significaba eso en mi vida?

Las palabras que yo decía me retaban a una mayor integridad, pero también me retaba lo que decían mis amigos para alentar mi servicio, así como los errores y las reprimendas. Nuestras conversaciones sobre los dones y el crecimiento de cada uno abrieron más nuestra vida interior a la reflexión y al cultivo. Me regocijaba cuando recibía guianza interior o exterior que me ayudaba a seguir adelante, pero sentía que también me hacían falta compañeros con más experiencia.

No conocía a Amigo alguno en mi comunidad con quien pudiera hablar, aun si hubiera podido expresar en palabras las preguntas que sentía. En esta etapa empecé a leer diarios, extendiéndome desde Fox y Woolman hacia Bownas y más allá, y encontré solaz verdadero en las vidas y vivencias de estos hombres y mujeres consagrados. Por casualidad, Darcy Drayton y yo pasamos unos días de visita con Ralph Greene en la casa pastoral de la junta de Durham en Maine. Al conversar por la tarde, cuando le conté mi creciente sentido de responsabilidad, me dijo: «Lo que te pasa es un llamado al ministerio, ¿no lo ves?».

9 Dale, 1996, p. 37.

Por largo tiempo medité en secreto sobre el reto de Ralph, esforzándome por entender cómo ese «llamado», una parte tan evidente del cuaquerismo en épocas anteriores, podría tener una forma aceptable en la Sociedad de los Amigos que yo conocía. Sin embargo, una vez que pude aceptar la naturaleza del reto, no solo se sintió más clara mi vida espiritual interior, sino también me sorprendió darme cuenta de que otros estaban explorando las mismas preguntas. En lugares inesperados, descubrí maestros vivos, y otros principiantes como yo también en el proceso de aceptar el interés espiritual. Nos ayudamos los unos a los otros.

El tipo de claridad que llegó a mí cuando logré identificar el servicio a que me sentía llamado es una evidencia de que un interés espiritual ha sido identificado y aceptado. Esta claridad, a su vez, es el comienzo de mucho indagar. El aliento recibido de otros, tanto de los Amigos de más experiencia como de los más jóvenes en sus vidas cuáqueras, me instruyó y me dio esperanza. Nos hace falta oír que hemos sido útiles, para que nuestro discernimiento no sea demasiado autorreferencial.

Según Samuel Bownas, el ministerio es un nacimiento, y al momento de nacer es tierno y vulnerable. Puede cultivarse de manera que crezca en estatura, y la individualidad de la persona puede desarrollarse de formas que beneficien al ministro y a la sociedad, aunque también es posible que no reciba la acogida y el cuidado requerido para su buen crecimiento. El mejor cultivo proviene de aquellos que respetan el misterio del individuo, mientras se acuerdan de cómo se siente el recién nacido, y conocen, por su propia experiencia o la de otros, por lo menos algunos de los elementos que deben estar activamente disponibles, durante el desarrollo del niño hacia la plenitud y la libertad. John Bell (en un «Testimonio» incluido como prefacio al relato de la vida de James Dickinson, 1744) escribe sobre la importancia de la comunidad en el cuidado de un reciente brote del don en el ministerio:

> También quisiera rogar a los Amigos, que cuando le plazca a Dios levantar y cualificar a alguien para la obra del ministerio, que no lo menospreciéis; ni despreciéis a los instrumentos que puedan tener este interés espiritual, aunque a los ojos humanos parezcan muy inferiores, porque es la obra del Señor, quien es muy capaz de cualificarlos. Al contrario, ejerced vuestras mentes con esmero, para

> que ellos sientan la ayuda de vuestros espíritus fortaleciéndolos y alentándolos; porque el ejercicio y cuidado de los ministros verdaderos tiene más peso con ellos de lo que algunos reconocen.[10]

Sin embargo, es cierto que la retroalimentación también puede causar problemas diferentes si contribuye a las inseguridades o a la tendencia de exagerar nuestros logros y fallos. La inseguridad puede hacernos temerosos de seguir nuestra guía, y además en combinación con el aliento puede contribuir a la elaboración de ilusiones defensivas, y tentarnos a pensar que nuestro ministerio es propiedad personal, o es producto de nuestra actuación más o menos eficaz. John Griffith relata una experiencia de su juventud (que en cierta medida a mí también me pasó) cuando el aliento que le daban sus Amigos lo impulsó a proseguir demasiado rápido, y a pensar que había progresado más en la vida espiritual (de la que brota el ministerio) de lo que realmente había avanzado:

> Muchos jóvenes con buena intención, y algunos otros de poca experiencia, parecían admirar mi don, y a veces lo elogiaban y no siempre evitaban que yo los oyera. Pero ¡oh! ¡cuán peligroso es si los ministros se deleitan en esto! Sin exageración se puede comparar a un veneno que pronto destruye la vida inocente y pura. Mi juico se oponía; sin embargo, encontré algo en mí que parecía no tenerle repugnancia, sino que se inclinaba a escucharlo, aunque no lo aprobaba por completo. Esta misma parte de mí quería saber lo que pensaban de mí fulano y mengano, quienes eran muy estimados por su experiencia y sabiduría. A veces imaginaba que ellos me veían con desconfianza, cosa que me abatía en gran manera; yo consideraba que todo esto, brotando de una raíz o fibra del yo, iba a ser condenado y tenía que morir en la cruz, antes de que yo mereciera ser confiado con cualquier provisión del tesoro del Evangelio. También, comencé a deleitarme demasiado en el don [...]. Me da por pensar que Amigos sólidos, observando lo frondoso de mi crecimiento por las ramas de arriba, temían que cualquier tormenta me iba a tumbar. Sin embargo, en medio de mi empinada carrera, le plugo al Señor despojarme por un tiempo de todo lo que me había dado; es decir, el don de ministerio, y con el don, todos los más hondos consuelos del espíritu [...]. En esta

10 Bell, en Wilson, y Dickinson, p. 89.

> angustiosa condición mental, el falso profeta[11] me acosaba gravemente y me tentaba [...] a que mantuviera mi prestigio en el ministerio, continuando mis presentaciones públicas.[12]

El aliento y los consejos de Amigos admirados pueden ocasionar algo parecido al hacernos pensar que hemos descubierto más de lo que en verdad hemos encontrado. Catherine Phillips describe cómo asistió temprano en su servicio a una reunión pública importante, y relata el cuidado con que los ministros de más experiencia la trataron:

> Asistieron muchos ministros respetados y con experiencia, quienes se cuidaron de imponerme las manos con ligereza,[13] aunque yo tenía buena razón para creer que los de más peso entre ellos me amaban; pero temían hacerme daño al revelar demasiado de su aprobación o afecto; cosa que algunas almas no han podido escuchar en la infancia de su experiencia religiosa.[14]

Nos hace falta escuchar a nuestros Amigos, regresar siempre a Dios, al lugar tranquilo donde nos sentimos libres para ser honestos en ese momento, a pesar de nuestros temores, esperanzas, planes, e impulsos.

> Por lo tanto, que vuestro alimento esté en la vida de lo que conocéis, y regocijaos en el poder de la obediencia, y no en lo que conocéis, pero no podéis vivir, porque la vida es el pan para vuestras almas, lo que crucifica la carne, y lo que avergüenza todo eso que corre precipitadamente delante de la cruz.[15]

Aprendizaje

Poca gente tiene la experiencia del proceso de ser aprendiz de oficio en el sentido antiguo. Lo he visto de cerca en varias formas, y vale la pena hacer una pausa para sacar algunas lecciones de esas experiencias que también son aplicables al aprendizaje en el ministerio del Evangelio. Mis experiencias con el aprendizaje han incluido una experiencia «de

11 Apocalipsis 19:20. TR.

12 Griffith 1779, p. 29.

13 1 Timoteo 5:22. TR.

14 Catherine Phillips en Skidmore, 2003, p. 70.

15 Es decir, eso que se apura para conseguir los frutos de la cruz antes de pasar por la experiencia de la crucifixión del yo. Nayler, *Fragmentos*, p. 57 [accesible en raicescuaqueras.org]. TR.

cuello blanco», mi estudio científico de posgrado, y oficios manuales, al observar a mi padre emprender un aprendizaje como afinador de piano ya en su madurez, y yo mismo en aprendizajes informales de herrería y pesca de langostas.

Lo primero que se te impone es el deseo de llegar a practicar el oficio de manera competente, tal vez por fin ser maestro del oficio. Quieres ser el mejor practicante que puedas. Reconocer esto conlleva consecuencias de largo alcance.

Segundo, adquieres una percepción real, un sentido concreto, del espectro de cosas que hay que aprender a lo largo del camino hacia la maestría —todas las cosas que tienes que aprender, y quizá no ves cómo hacerlo. Hacen falta muchas cosas pequeñas y sencillas, antes de intentar las acciones más obviamente satisfactorias. Como aprendiz de la herrería, por ejemplo, tienes que aprender mucho sobre preparar, formar, y mantener el fuego en la fragua, y cómo los diferentes tipos de fuego se relacionan con varios tipos de trabajo. Por supuesto, esto implica mucha experiencia con el humo, el vapor, y el polvillo del carbón, mucho metal no calentado lo suficiente, muchas soldaduras a medias: cosas sencillas, pero todo en el servicio del oficio o el arte, el trabajo «más alto» que quieres aprender.

Tercero, aprendes que hay muchas maneras de ser competente. Limitaciones y estilos personales tienen sus efectos, además de las casualidades de tu historia personal: las personas que has podido observar, la guianza o ayuda que has recibido, las oportunidades o retos que se te han presentado. También, empiezas a ver cómo tu propia práctica ha de emerger.

Cuarto, aprendes a aceptar críticas. Una verdadera prueba de tu condición tiene que responder a la siguiente pregunta, ¿puedes aceptar reprimendas o consejos con moderación y sensatez? Esto no significa que hay que aceptar la evaluación de la otra persona, ni estar de acuerdo con su punto de vista. Sin embargo, es importante reconocer la probabilidad de que tales personas están tratando de promover tu bien o el de la junta aun si tú no lo consideras así; una actitud defensiva ante preguntas difíciles es evidencia fuerte de que el ego está involucrado a un nivel inapropiado. ¡Es señal de peligro!

Por último, la mayoría de los «maestros» tienen un sentido agudo de lo que les queda por aprender. Una parte del aprendizaje, una de las puertas sorprendentes hacia la sabiduría del oficio, es aprender cómo bregar con lo que no sabemos.

Es probable que te enfrentes a este tipo de lección cuando entres en un aprendizaje en el ministerio del Evangelio. Hoy en día, especialmente en las juntas no programadas, nos toma mucho tiempo para darnos cuenta o incluso para atrevernos a admitir que somos llamados a un interés espiritual en el ministerio del Evangelio, y la mayoría de la gente tiene poco entendimiento de que el ministerio es una obra en que se puede —se debe— llegar a ser más capaz con el tiempo. El lenguaje para hablar de esto no es usual entre nosotros; no vemos a otros que admiten haber viajado varias distancias en ese camino; las juntas generalmente no nombran el don que está moviéndose dentro de nosotros —¡hay muchas razones!—. Sin embargo, cuando llegues a ver que esto es uno de los intereses organizadores en tu vida, entonces podrás realmente comenzar tu aprendizaje.

Es un momento de gozo, de regocijo, y también un momento de cuidado. Cuando empezamos a tener cierta intencionalidad en el servicio, nos acosan múltiples tipos de ansiedad acerca de cómo lo hacemos y sobre cuán adecuado es lo que hacemos.

También es posible (quizás a causa de esta ansiedad) que nos pongamos defensivos, autoritarios, u orgullosos, endureciéndonos cuando debemos estar más abiertos y menos temerosos. También nos sentimos tentados a compararnos con otros.

Durante este periodo, es bueno buscar a otros que, a su manera, pudieran estar bajo el mismo interés espiritual. Los diarios cuáqueros y otros escritos son un buen material para empezar porque están a cierta distancia en tiempo y cultura, y porque las diferencias entre esas experiencias y la tuya se abren hacia nuevas perspectivas y reflexiones. Además, esos relatos te permiten pensar sobre la forma en que diversas vidas se desarrollan bajo la influencia de un interés espiritual a largo plazo, desde los tiernos comienzos y a través de décadas de servicio.

Sin embargo, lo más importante es practicar lo básico con más esmero —la asistencia a la reunión de adoración con regularidad, a las sesiones para discernir asuntos, a las reuniones de comités; incluso el silencio de acción de gracia antes de comer—. Estas actividades habituales van a empezar a sentirse diferentes bajo la consciencia de un interés por el ministerio, porque se sentirán conectadas por las oportunidades de estar con Dios que tales actividades ofrecen, aunque a veces no cumplan la promesa. Por otra parte, vas a entrar en las reuniones, comités, talleres, etcétera en una condición mental más centrada y observadora, más alerta y educable.

También es buen momento para visitar otras juntas, escuchar con cuidado al ministerio ofrecido en las reuniones, considerar las características de los Amigos con experiencia, y reflexionar sobre cualquier ministerio que quizá te sientas movido a ofrecer.[16] Es bueno que te entregues a la tarea de escuchar y observar de nuevo, para que veas lo más claro posible los intereses espirituales, las oportunidades, los límites y la vitalidad del cuaquerismo contemporáneo.

Durante esta etapa, tu consciencia de un deseo de servir y de abrirte camino hacia el servicio te llevará a ajustar tu vida con esmero para que no deshonres el ministerio en el que te has comprometido a participar. Comenzarás a aprender que tanto las recompensas como los diferentes tipos de adversidad brotan de la autocrítica, o la meteorología interior del espíritu, y de las fluctuaciones de nuestra fidelidad. También descubrirás que el ojo y el corazón se agudizan para sentir la forma en que estás encadenado y aprisionado por temores, malas costumbres e impedimentos culturales: en términos tradicionales, sentirás cuánto te hace falta someterte bajo la Cruz, si es que vas a ser útil en lo más mínimo al Señor que parece llamarte.

A veces las cosas te parecerán fáciles y sencillas, a veces todo lo contrario. Ten paciencia, y con paciencia vuélvete al Señor en busca de dirección y también de apoyo. Bownas narra sobre esta etapa en su propia vida:

16 Samuel Bownas escribe en 1702: «Mis queridos amigos, cada vez que aparezcáis en el ministerio, cuando el mensaje termina examinaos con esmero para determinar si os habéis quedado en vuestro lugar y os habéis aferrado a vuestro Guía; y considerad si habéis usado palabras superfluas que hacen el contenido desagradable, o si habéis usado tonos o gestos que no concuerdan con la obra en la que trabajamos; siempre acordaos que los verdaderos ministros no se predican a sí mismos, sino a Cristo Jesús nuestro Señor [véase 1 Corintios 1:23]. Llevemos siempre esto en mente: ni artes, ni talentos, ni el poder de la memoria, ni experiencias anteriores van a hacer nada en que podamos depender, sin la santificación del espíritu. Os ruego, entonces, que os aferréis a la fuente viviente, al manantial de la vida eterna, abierto por nuestro Señor Jesucristo en nuestros corazones». Bownas, 1839, p. 20.

> La pobreza de mi espíritu era tan extremada y amarga que apenas podía soportarla; me hacía clamar en voz alta, hasta el punto que mi acompañante, caminando a mi lado, temía que esto iba a ser demasiado difícil para mí, porque me quejaba de estar engañado o equivocado; porque mientras estaba ocupado con la obra de mi maestro, ni de día ni de noche carecía de alguna medida del poder divino sobre mi mente, pero ahora no podía sentir nada más que la oscuridad y la amargura de la muerte; todo consuelo me fue escondido por un tiempo, y en verdad fui bautizado en la muerte.[17] Mientras seguíamos le dije con vehemencia de espíritu a [otro ministro joven]: ¡Oh! ¡Cuánto quisiera estar de nuevo en la obra de mi maestro, favorecido con el gozo de la vida Divina que antes tenía, cuán agradable sería!
>
> [...] El Señor me dejó ver su bondad al guiarme dentro de esa condición de pobreza que me fue de gran servicio para prepararme a hablarle a otros en la misma condición, y me dejó ver que pruebas de varios tipos eran para mi crecimiento y beneficio, ayudando a establecerme en la verdadera raíz de un ministerio Divino y espiritual; y la doctrina de nuestro Salvador y de su apóstol me dieron mucho consuelo, hasta que llegué a ser un ministro capaz, en la opinión de varios, aunque hablaba con brevedad, rara vez estaba de pie un cuarto de hora. Mas, ¡ay de mí! he visto después que era un mero recién nacido en la obra.[18]

Mientras tu servicio continúa, debes dar pasos para estar seguro de que tu experiencia y condición interior no son solo un asunto privado. Una manera de hacer esto es buscar a un amigo o amigos espirituales con quien practicar la honestidad y la sencillez absoluta al reportar tu experiencia y las preguntas del momento, las oportunidades y los obstáculos.

En tal amistad la prioridad debe ser la adoración, el tiempo pasado juntos en la presencia de Dios. Este arraigo en el espíritu ferviente y pacífico de Cristo ayudará a contrarrestar una tendencia a cerrarse, a ensimismarse, o a perderse en lo etéreo, sin perspectiva e incapaz de aprender. William Taber señala:

> Parece especialmente importante que la persona que siente el llamado al ministerio encuentre un amigo espiritual o un mentor, alguien con

17 Romanos 6:3. TR.

18 Bownas, 1839, p. 5.

> quien sea posible sentarse en silencio profundo ante Dios, manteniendo así la capacidad de rendir cuentas, de corroborar las guianzas y de explorar lo que significa vivir al filo de la navaja del ministerio. Sería muy conveniente si ese Amigo fuera miembro de la comisión pastoral de la junta local, mas no te des por vencido si no lo encuentras allí; puede haber otra persona en la junta, o en otra junta cercana, o quizá tendrías que buscar a alguien cien millas a la redonda. Un amigo espiritual idóneo sí se puede encontrar para alguien que lo necesite, y para cada persona que se sienta llamada al ministerio. De hecho, al adquirir más experiencia, se incrementan las oportunidades de encontrar amigos espirituales, hasta que la persona llamada al ministerio poco a poco descubre una red de almas afines, con más y más oportunidades para «oportunidades».[19] Parece que a menudo las personas llamadas al ministerio son guiadas hacia oportunidades con mucha gente, como si llegáramos a participar en un vasto proceso de transfertilización del Espíritu entre diferentes partes de toda la Sociedad de los Amigos, y mucho más lejos.[20]

En tiempos anteriores, cuando los Amigos daban por sentado que algunos iban a ser específicamente llamados al ministerio del Evangelio, eran muy francos en su forma de bregar con aspectos técnicos, como los detalles del procedimiento apropiado para conseguir una minuta de viaje, o como la discusión de aspectos de presentación y estilo personal que pudieran obstaculizar tu testimonio sencillo, directo y honesto. Uno de los atractivos de las reflexiones de Samuel Bownas es su disposición para considerar cuestiones bastante mundanas en el proceso de ser un buen obrero en el ministerio. Por ejemplo, en el siguiente pasaje de su diario, menciona múltiples problemas que se presentan para la mayoría de los que hablan en la reunión, y se preguntan si lo han hecho apropiadamente:

> Descubrí que a menudo me hacía daño al hablar demasiado rápido y alto [...] pero cuando sentía que mi corazón era colmado con el poder del amor Divino, solía olvidarme de mí mismo y me lanzaba a hablar. Por eso, descubrí que era apropiado parar y hacer una breve pausa con una oración secreta por la protección, y para que fuera provisto de palabras y de poder que les hiciera bien a los oyentes. Así continuaba,

19 Véase capítulo 23. TR.

20 Taber, 1996.

y me sentía crecer en experiencia y juicio, y llegué a adquirir destreza en alguna medida al interpretar bien la palabra.[21] Me había limitado mentalmente respecto a escudriñar las Escrituras para no ser tentado a depender de ellas, porque recoger maná o leña en el día de reposo resultaría en la muerte.[22] Pero con el tiempo llegué a tener la libertad para escrudiñar el texto y para considerar dónde yacía la fuerza del mismo; tanto antes como después de las palabras a las que me había referido. Por eso vi que a menudo me quedaba defectuoso, al no utilizar la parte más apropiada para confirmar el tema o la materia que me correspondía, y esta conducta me fue muy útil. Otra dificultad también me cerraba el camino: algunas aperturas anteriores se presentaban en las que no me atrevía a entrometerme, para no caer en la mera forma, y perder esa fuente Divina de la que siempre había dependido; no obstante, le plugo al Señor enseñarme que cuando las cosas viejas se abrían en la vida nueva, todo era nuevo, y que solo la renovación del espíritu las hacía nuevas; y la cosa principal contra la que yo me tenía que guardar era no tratar de introducir aperturas viejas por mi propia voluntad sin la ayuda del espíritu, y tenía que mantenerme sencillo y sumiso a la voluntad Divina para ser preservado de este tipo de errores.[23]

Después de algunos años

Después de vivir con este cometido en el servicio y de adquirir cierta experiencia con la ejecución de esta orientación, descubrirás (quizá sorprendido) que en realidad has aprendido mucho. También habrás empezado a aprender que la guianza puede manifestársete de múltiples formas, y que un creciente sentido de integración es una de sus reveladoras señales. William Taber, al escribir sobre este desarrollo del discernimiento, conecta el discernir sobre una acción específica en el

21 Véase 2 Timoteo 2:15 *Nueva Biblia Viva*, y Reina-Valera 1960. TR.

22 Éxodo 16; Números 15:32–36. TR.

23 Bownas, 1839, p. 7. Evidentemente, Bownas aprendió bien esta lección, porque en su madurez llegó a ser famoso por su lentitud en comenzar a predicar al ponerse de pie. «Samuel se puso de pie, y procedió con su acostumbrada lentitud en el comienzo de sus sermones, cuando un señor pequeño con elegancia y agudeza [...] le dijo a Samuel en voz alta: 'Señor, usted se expresa muy mal, le aconsejo que se siente' [...] [Bownas] pausó brevemente y después respondió: 'Ten paciencia, amigo, y las cosas mejorarán', y entonces continuó. El hombre tuvo paciencia, y después [...] de un rato dijo: 'Bueno, creo que sí mejoran,' y escuchó con atención silente». Jenkins, 1984, pp. 517–8.

ministerio, y la creciente familiaridad con la dirigente voz de Dios; además del incremento de la atención a esa voz durante todo el día:

> Al principio puede ser tan sutil y delicado al subir por el claro pozo de la consciencia que en realidad no parece una moción ni una voz. Es sencillamente un conocimiento sosegado sin aspavientos, que si no estamos atentos puede confundirse con otros pensamientos e impulsos. A veces, el Espíritu empuja la moción interior a través de los niveles de la consciencia de tal forma que no podemos pasarla por alto, y el Espíritu supera nuestra resistencia: nos hace temblar, o por lo menos altera la respiración y aumenta las palpitaciones del corazón, indicios que a menudo se consideran como señales de que es menester hablar en la reunión.
>
> Cuando tenemos más experiencia en reconocer y responder a la moción interior, el Espíritu no necesita gastar tanta energía en nosotros; sino que nos hace llegar a ser más capaces de discernir el poder de la Urgencia Divina en la verdadera moción interior, y de diferenciar cuáles otros pensamientos y «mociones» —no importa cuán buenos y meritorios— deben dejarse a un lado, o por lo menos no deben ser ofrecidos como ministerio. Por supuesto, la moción interior —o el conocimiento interior que es otra manera de describir la guianza del Espíritu Santo— no es una destreza esotérica exclusiva para los que hablan en las reuniones. Entre otras cosas, el cuaquerismo hace hincapié en que esta guianza por la moción interior es accesible a cada uno de nosotros, en los asuntos cotidianos de nuestras vidas y además en nuestro propio ministerio al que cada uno es llamado en familia, en la comunidad de la junta y en el mundo.[24]

Habrás aprendido mucho sobre lo que estás llamado a hacer, para qué tipos de servicio tienes dones, sobre tu estilo personal de ministerio. Como parte de esto, habrás pasado por varias experiencias en actividades específicas, y habrás adquirido cierta perspectiva sobre el proceso típico que se puede anticipar. Por ejemplo, puede ser que varias veces hayas sentido un llamado a viajar hacia algún lugar o a encargarte de un interés espiritual específico, hayas pedido a la junta una minuta de viaje u otra aprobación, y hayas pasado por el proceso de discernimiento. Después habrás hecho la visita o la tarea y habrás devuelto la minuta; y habrás aprendido con el paso del tiempo que

24 Taber, 1996.

estos ritmos pueden incluir periodos de duda y frustración profundas. O cuando ya habías empezado puedes haber sentido una comprensión emergente de la real naturaleza del interés espiritual, de lo que tenías que aprender sobre la marcha; además de lo que en verdad pudieras ofrecer a quienes has sido enviado. Habrás adquirido cierta experiencia con bendiciones inesperadas, intuiciones, inspiraciones, y desalientos.

A estas alturas, debes sentir tanto la seguridad de que Dios es confiable, como la confianza en que has aprendido a ser fiel en escuchar, en actuar y en quedarte callado, según seas guiado. Otra forma de decir esto es que habrás llegado a sentirte en parte liberado del miedo, incluyendo el miedo de equivocarte o de ser necio, y también liberado de muchas presuposiciones sobre el ministerio. Quizás hayas llegado a sentirte seguro en el servicio, y también más educable y entregado a la gratitud por las bendiciones recibidas, y por el crecimiento y la Vida en los demás.

Como parte de este aprendizaje, sin duda habrás sido aconsejado varias veces sobre errores que has cometido, momentos en que has causado que la gente se sienta incómoda, puntos ciegos o malas costumbres que interfieren con tu contribución a la vida de la Sociedad Religiosa de los Amigos. Si has podido quedarte bastante bajo para pasar por estos retos con humildad, y con un propósito fijo de ser fiel, tu actitud abierta y firme será instructiva y nutritiva tanto para ti mismo como para tu comunidad.

Quizá lo más importante: habrás aprendido formas de hablar con otros de vez en cuando sobre el servicio de ellos, diciendo incluso cosas difíciles con amor, en un tono directo que también comunica tu apoyo por su crecimiento y por sus dones. Por mi parte, he descubierto más y más que he sentido gozo en los momentos cuando he podido ofrecer palabras de aliento a otros en varios tipos de servicio, y he podido ayudarlos a seguir adelante en momentos de duda o lucha. He sido refrenado para no dar consejos con demasiado apremio; el gozo no yace en ser una autoridad, sino en poder sentir la condición de otros con simpatía aunque sin sentimentalismo, y en contribuir de alguna manera a que sigan adelante en su camino.

Por último, la distancia que has viajado, y las cosas que has aprendido de tu labor deben desarrollar en ti una sensibilidad más profunda, tanto al dolor y la oscuridad del mundo, como al gran gozo que hay, para que puedas decir con George Fox que ves el océano de oscuridad y muerte, pero también el océano de luz y vida que fluye sobre el océano de oscuridad.[25] Tu familiaridad verdadera con la noche hace más preciado tu testimonio del gozo.

Oración por el crecimiento continuo

Mientras más experiencias acumulamos, más cuestiones enfrentamos.

Primero y ante todo una pérdida de la agudeza, de la verdadera disponibilidad al Espíritu. Según lo practiques, el ministerio puede ser una carrera poco llamativa, y, por lo tanto, tu actitud hacia el interés espiritual puede llegar poco a poco a ser habitual y tibio.[26] Cuando llegue ese momento, te habrás enfrentado con algunos dilemas relacionados a tus propios dones y limitaciones. Quizás habrás encontrado cierta oposición o desazón dentro de tu junta mensual, y llegado a cierto arreglo. Habrás aceptado ciertos ajustes para poder continuar ganándote la vida sin abandonar tu ministerio por completo. En breve, te habrás transportado hacia una posición cómoda.

A veces, se llega a un lugar estable porque has mantenido el equilibrio en un sistema dinámico, y de un momento a otro sientes el empuje de una fuerza que amenaza con tumbarte; aunque puedes compensar y equilibrarte. El riesgo reside en que haya estabilidad por estar en un punto donde no hay riesgo. Una activa vida en la oración es la senda más confiable hacia la capacidad de discernir entre el buen equilibrio y el estancamiento, y por eso vale la pena que planifiques tiempos regulares que requieran salirte de tu vida normal, por ejemplo, hacer un retiro anual o arreglar reuniones recurrentes con un amigo espiritual a quien has pedido que te rete de vez en cuando. Reunirse con otros Amigos en el ministerio puede servir el mismo propósito, si las conversaciones a veces se usan para explorar preguntas como estas: ¿Seguimos fieles y abiertos a nuevas sendas de servicio?, ¿Seguimos aprendiendo? ¿Nos sentimos retados? No importa cuán pequeña y

25 Fox, *Uno Hay*, p. 5 [accesible en raicescuaqueras.org]. Fox, *Diario*, p. 12 [accesible en institutoalma.org].

26 Apocalipsis 3:16. TR.

sosegada sea la voz[27] del Señor en nuestra experiencia, puede ser que te haga falta recordar cómo esperar un poco más hasta que encuentres de nuevo el sabor del misterio sin dimensiones.

En momentos como este, vale la pena explorar un poco, buscar cosas que te hacen sentir incómodo y tratar de comprender por qué. Quizás alguien en la junta propone un asunto que te irrita la paciencia. Eventos en la sociedad o en la política te incomodan, te deprimen o te confunden. Es bueno leer con atención revistas cuáqueras de distintos enfoques (por ejemplo, *Friends Journal* y *Quaker Life*), y después debatir (interiormente) con los autores, mientras también te preguntas qué partes de sus opiniones son válidas, aunque incómodas. El propósito radica en determinar tus linderos y descubrir dónde es posible expandirte. Hay personas que hacen esto habitualmente, y siempre gozan la maravilla de estar colmados de vida. Puede ser que todavía no hayas llegado a esto, al igual que no hemos llegado la mayoría de nosotros. Este tipo de búsqueda intencional es una manera específica de orar por un renovado crecimiento.

Por último y, sin embargo, hay que tratar de mantenerse lo más sencillo, lo más disponible, y lo menos aseverativo posible. Si tu experiencia de crecimiento no produce fruto —gozo, humildad, sensibilidad, y confianza en la obra secreta de Dios— tienes que preguntarte si estás dependiendo demasiado de ti mismo, o valorándote más allá de lo saludable. Si es así, no estás solo, porque casi todos los ministros que han escrito sobre sus experiencias reportan esa tendencia. Una vez que recapacitas, vuelve a la presencia de Dios, y busca a tientas el Espíritu sencillo e inocente donde mora el poder al que verdaderamente quieres servir. James Nayler aconseja:

> Y cada vez que el Espíritu vea tus necesidades, tu amor brotará y se moverá en ti, y hará nacer para Dios y para el hombre en toda ocasión. Si le sirves con buena voluntad hasta en sus movimientos más pequeños, crecerá; pero si apagas sus movimientos y te niegas a parirlo se marchitará y se secará en ti por estar sin ejercicio.
>
> Y esto es la semejanza de mansedumbre, humildad, paciencia, y todas las demás virtudes que en su naturaleza brotan y se extienden donde no son apagadas, sino que son permitidas a salir para alabarlo

27 1 Reyes 19:12. En el inglés de la versión de King James, el profeta oye: «una voz sosegada y pequeña». TR.

> en su voluntad y tiempo a Él que las engendró, para consuelo de su Semilla, y cruz para el mundo. Y si sigues fiel para presentar tu cuerpo en sacrificio[28] todos los días, para producir su imagen, su nombre, y su poder delante de sus enemigos, entonces lo que Él te mueve a parir, será tu heredad, y aumentará todos los días al ser usado. Mas si no te rindes por amor a su nombre, sino que insistes en quedarte con el tesoro, y escaparte del oprobio, serás despojado de este y le será dado al que entregará su fruto en el tiempo debido al Señor de la viña. Porque el Padre quiere que lo que Él engendra de gracia sea dado a luz de gracia, para que su resplandor en el mundo oscuro lo alabe a Él.[29]

¿Pervive el interés espiritual?

No hay por qué pensar que el ministerio del Evangelio es un «cargo vitalicio». Al pensar que un llamado al ministerio es un interés espiritual, es natural preguntar de vez en cuando: ¿continúa ese interés en mí? ¿Todavía tiene vida, o acaso debo dejarlo a un lado?

> Más de una vez en mi propia experiencia he estado a punto de renunciar a mi posición como ministro reconocido; no por dudar el llamado original, ni por temer cualquier falta de unidad con mi servicio, sino porque sentía que era muy deseable que los Amigos de mi junta mensual tuvieran una oportunidad específica para reconsiderar su juicio después de unos años de observación. Si hubieran reafirmado su aprobación, me brindaría aliento (a veces muy necesitado) para perseverar en la obra. Y si no, me darían la oportunidad de dejar a un lado con la consciencia limpia una responsabilidad que a menudo me parecía demasiado para llevar encima.[30]

Pienso que es importante mantener esta pregunta viva y reconsiderarla de vez en cuando. Insisto en incluir un comentario explícito sobre esto en mi informe anual a la junta mensual (véase Apéndice 2), porque una consideración honesta de esta pregunta me ayuda a llevar siempre en mente que debo perseverar en mis intentos de servir, y que en este específico tipo de servicio debo actuar bajo un

28 Romanos 12:1. TR.
29 Nayler, *Fragmentos*, pp. 29–30 [accesible en raicescuaqueras.org]. TR.
30 Dymond, 1892, pp. 49–50.

sentir siempre nuevo del requisito Divino. Expresarlo explícitamente también ofrece a mi junta la oportunidad de comentar. Hay momentos en que, al igual que Dymond, yo sentiría un alivio palpable al ser liberado de este encargo, ya sea por fatiga, o por un sentido de insuficiencia o desaliento. Sospecho que este desgano entre ministros es más extenso de lo que se sabe, o lo que se puede documentar. Por ejemplo, Hannah Stratton, ministra del siglo XIX en Ohio, escribió: «Siento que, como me estoy acercando al ocaso de la vida, quizá pueda ser liberada de este campo de labores con tan asombrosa responsabilidad».[31] De la misma manera, un Amigo contemporáneo me dijo que, después de muchos años de servicio, sintió que había sido despojado del interés espiritual inesperadamente. Dijo que (al contrario de lo que había esperado) no sintió congoja, sino paz, al ser librado del peso de aquel requisito específico.

Otras circunstancias pueden requerir un descanso en medio del servicio

Sin embargo, cuando viene un periodo de sequía o un sentido de inutilidad, y consideras que tal vez debes abandonar el interés espiritual, es importante adquirir cierta distancia de los sentimientos del momento, y no precipitarte a dejar a un lado un don que todavía sigue siéndote dado. Es bueno considerar esto con cuidado y en consulta tanto con la junta mensual (bajo ciertas circunstancias) como quizá primero con otros ministros de experiencia, porque la vida de este interés puede incluir temporadas de descanso o receso, por diversas causas; también porque la identificación del interés espiritual depende en parte de tu propio discernimiento, y en parte en el discernimiento de la comunidad. A fin de cuentas, este don, como todos los dones, proviene de Dios, y la pregunta no es «¿Basta ya?», sino es el viejo reto cuáquero: «¿Fuiste fiel? ¿Te sometiste?»

El sentido de esterilidad puede surgir porque has pasado por una fase en que sin darte cuenta has bajado la guardia cotidiana. Esto embotará tu vigilancia interior y te puede causar una sensación de frialdad y distancia que te va a separar de las cosas del Espíritu, y va a

31 New Garden Monthly Meeting, 1904.

marchitar tu utilidad. Si esto continúa durante mucho tiempo puede causar un desafecto significativo, y en efecto, la pérdida del don, agotado por la pérdida de amor y relación. Por supuesto, esto es algo a lo que todos los Amigos son vulnerables, y comprenderlo es especialmente valioso para los ministros. De cierta forma, es una cuestión más mordaz, o delineada con más claridad, porque el ministro está siguiendo una vocación al servicio, mientras que también tiene que ganarse la vida y, además, participar en asuntos domésticos y profesionales. Un don que el Amigo que tiene el interés puede dar a otros, es adquirir y mantener la disciplina necesaria para equilibrar los muchos requisitos de «lo temporal» y «lo espiritual», y, de esta manera, crecer en su comprensión de la unidad entre los dos. El reto de una frialdad temporal se ha conocido desde el comienzo de nuestra Sociedad. He aquí James Nayler aconsejando sobre este problema:

> Cuando sentís que vuestra senda se oscurece, o que vuestros afectos hacia el cielo se enfrían, tened cuidado de buscar en la Luz pura con todo esmero, porque vuestro enemigo ha conseguido entrada, cosa que descubriréis esperando fiel y paciente en la Luz [...] Guardad lo que habéis recibido del Santísimo, su Unción, hasta que Él venga, y con esto permaneced armados contra cualquier cosa que quiera entrar e induciros afuera a observancias externas. Con toda perseverancia advertid lo que habéis recibido de lo suyo en el espíritu, de lo que el adversario se esfuerza tanto en distraeros para que no aumentéis el dinero de vuestro Señor.[32] En esto mantenéis vuestra vigilia diaria, y guerreáis armados de lo que poseéis de vida y poder, y no de lo que no tenéis. Así sois mayordomos fieles, y sois aceptados en lo que tenéis, y no en lo que no tenéis.[33]

También, puedes estar pasando por un periodo de silencio a causa de retos personales que te perturban profundamente y te requieren mucha labor espiritual para sanar o crecer. Hay tantas cosas que pueden sobrecargarnos —un fallecimiento en la familia, una enfermedad personal, la pérdida de un trabajo, problemas en la junta mensual, o la mera fatiga— y en tales momentos bien puede ser importante quedarse quieto y tomarte el tiempo de retiro que te hace falta. Al fin y al cabo, tal vez tu discernimiento está averiado, y puede ser difícil encontrar las

32 Mateo 25:14–30 TR.

33 Nayler, *Fragmentos*, p. 57 [accesible en raicescuaqueras.org]. TR.

fuentes de gratitud y confianza en Dios. Durante estos periodos, sigue con tu práctica de retiro y oración, prestando atención para estar disponible y dispuesto a servir cuando llegue el momento.

Respecto a esto, a menudo he pensado de un incidente en la vida de John Stephenson Rowntree, ministro en Inglaterra en el siglo XIX, y tío de John Wilhelm Rowntree. Era un ministro diligente y amado; en su mediana edad perdió a su querida esposa. Sus biógrafos escriben:

> En la medida en que cada día sentía más y más los cambios y la pérdida que había sufrido [...] su sensible corazón fue quebrantado no solo con el duelo, sino también con la angustia de un cuestionamiento que ponía a prueba los cimientos mismos de su fe [...]. Un primo escribe que pasó bastante tiempo después de esta gran aflicción antes que se oyera su voz de nuevo en el ministerio. Primero se levantó con la pregunta del prisionero en Maqueronte:[34] «¿Eres tú el que había de venir, o esperaremos a otro?».[35]

El desconsuelo había retado a Rowntree para que examinara su fe y determinara si podía hablar honestamente para dar instrucción y exhortación. Sin duda el sentido de la responsabilidad de ministrar no lo había abandonado, pero su condición interior requería sanación y clarificación para que pudiera hablar bajo la guía del Espíritu, y no meramente porque la gente esperaba que hablara.

Por último, puede ser que seas dirigido hacia el silencio porque es la lección que necesitas aprender, y quizá también enseñar. Si te has familiarizado con los diarios cuáqueros, has leído muchas instancias en donde el ministro se siente llamado a «dar un ejemplo de silencio», porque sentía que la reunión estaba esperando palabras con demasiada confianza. Además, es posible que nos haga falta quedarnos callados, precisamente, porque nos sentimos demasiados cómodos cuando hablamos, sentimos mucha satisfacción con nuestro servicio en el ministerio vocal, y necesitamos recalibrarnos, centrándonos de nuevo en el Maestro Interior, y apartándonos del exceso de dependencia en nuestras ideas, lecturas, experiencias, opiniones, y dones de expresión.

Catherine Phillips describe su experiencia de un periodo de instructivo silencio en términos que muchos de sus contemporáneos

34 Maqueronte, fortaleza famosa. Aunque no se menciona en la Escritura, es el sitio atribuido al encarcelamiento y la muerte de Juan el Bautista. TR.

35 Lucas 7:19. TR. Doncaster, 1908, p. 35.

usaban cuando llegaban a la misma comprensión a través de periodos de búsqueda:

> Fui desnudada de esa fuerza con la que el Todopoderoso se había placido en vestirme [...] hasta el punto en que estaba presta a dudar de todo lo que había conocido, y a poner en tela de juicio mi cometido al ministerio, y [...] fui bautizada, sumergida en una nube de tinieblas. Después vi que esta dispensación me resultó útil [...] porque en esto me olvidé de todos mis servicios anteriores, y fui vaciada de toda autosuficiencia, y llegué a estar tan débil y dependiente como había estado cuando comencé en el solemne servicio del ministerio; y todavía pervive en mi experiencia, que así es cómo el Señor va a tratar a sus siervos para su preservación, para que moren en un sentido continuo de que la excelencia es de Él, de quien proceden sabiduría, poder, luz, palabras, paz y toda buena dádiva.[36]

Durante este tiempo de inactividad exterior, es posible llegar a sentir un intensificado enfoque en la oración por la condición de la junta, y por el brote de frescas señales de crecimiento y desarrollo en la junta —en testimonio, en un sentido fortalecido de la intimidad personal con Dios, en el ministerio durante la adoración, en el perdón, o en un nuevo compromiso con la comunidad. Durante estos periodos somos más capaces de sentir más vivamente las corrientes de la vida moviéndose dentro de la junta, y más capaces de renovar la sencillez de nuestros corazones.

A menudo William Taber describía un periodo en su vida cuando fue silenciado, después de un tiempo de creciente libertad y eficacia en la junta. Durante esta fase seguía reconociendo los momentos en que la reunión necesitaba un mensaje, y sabía cuál era; pero sentía un «freno» que le impedía ofrecerlo. Llegó a comprender que estaba recibiendo instrucción en el ministerio más importante de todos: «el ministerio de la radiación secreta y silente del amor de Dios hacia todos los presentes en la reunión».[37] Había Amigos que tal vez nunca hablaban en la reunión, nunca fueron considerados como líderes o «Amigos de peso», cuyo don para con la junta era su firme arraigo en el amor. Taber concluye: «Una vez que aprendí esto por completo, y

36 Véase Santiago 1:17. TR. Catherine Phillips en Skidmore, 2003, p. 71.
37 Abbott, y Parsons, 2004, p. 114.

había empezado a descubrir cómo irradiar, otra vez pude hablar en la reunión con el mismo poder de antes.»

> Estas mujeres y estos hombres no habrían entendido si yo los hubiera elogiado por su maestría en el mecanismo técnico cuáquero de cambiar niveles de consciencia, y del secreto de la presencia empapada de oración. Tal vez se habrían sentido desconcertados y confundidos por mi lenguaje. Sin embargo, con toda humildad estaban ejerciendo esa tecnología con mucha destreza en una forma que hacía posible que habláramos los necios como yo [...]. Bienaventurada es la junta que tiene en medio de sí tales almas, silentes, apenas visibles, radiantes, porque su presencia fiel no solo ayuda a levantar un vivo ministerio vocal, sino también infunde a la adoración la cualidad de ser recogida y de ser cubierta por Dios desde donde fluye el ministerio. Y bienaventurada es la junta en la que los que hablan también practican al mismo tiempo este invisible y silente ministerio.[38]

Cuando por primera vez tuve esta experiencia de instructivo silencio, me causó cierta confusión y ansiedad, porque hacía muy poco que había aceptado el llamado al ministerio. ¿Qué significaría el hecho de que mi cometido interior fue seguido, no por un aumento de servicio, sino por una mengua? Con el paso de tiempo me di cuenta de que, aun en silencio, no sentía reprensión alguna ni sentido de haberme equivocado. Al contrario, reconocí una fuerte necesidad de estudiar, de escuchar a los demás, y de aprender a orar mejor, tanto en privado como en la reunión. Era como si el premio de mi cometido hubiera sido una visión de lo verde que estaba en el ministerio, y la dirección divina hacia las próximas lecciones que me hacía falta aprender. Al reconsiderar, el pasado, puedo ver que fui guiado hacia un nuevo periodo de preparación y cualificación para un servicio más público, mientras que fui preservado de presumir que yo me sabía «lo mío». Después de todo, nada era mío, sino de Dios; no obstante, en esto encontré confianza. Gracias a esta preparación, fui capaz de aprovechar las historias contadas sobre tales experiencias en los diarios y por los Amigos todavía vivos entre nosotros. Ahora, he descubierto que tales periodos de silencio hasta me alegran —aun cuando exteriormente sean inconvenientes.

38 Taber, 1996.

Por último, gracias a estos periodos de quietud he llegado a estar un poco más libre del egoísta apego al don. Al haber sido enseñado a escuchar con más cuidado a las fuentes de real vida y poder en la junta, comprendo mejor cómo el ministerio «cabe» en la dinámica de una junta saludable, y también comprendo el valor y los límites de mi propia contribución pasajera. Sé que, si me llega el momento de preguntarme: «¿He de dejar este interés espiritual a un lado?» y la respuesta es: «Sí» —seré capaz de aceptarlo en paz.

CAPÍTULO 8

Mociones de amor y la parábola del sembrador: El contenido del ministerio

HEMOS DE SENTIR DÓNDE mora la Semilla, la vida Divina, dentro de aquellos a quienes somos guiados a servir; hemos de sentir cómo está oprimida en ellos, al igual que en nosotros; hemos de empatizar con ellos mientras tratan de pasar hacia una vida más libre y más plena a través de la experiencia prefigurada en la crucifixión y el triunfo de Jesús.

Samuel Bownas y numerosos escritores sobre el ministerio posteriores a él (por ejemplo, Joseph John Dymond, John Graham, y John W. Rowntree) han escrito detalladamente sobre el contenido del ministerio. Lo que probablemente oímos hoy en la reunión de adoración ha cambiado con el tiempo; es instructivo comparar el ministerio cuáquero que has oído con los múltiples sermones que se encuentran en la portada de la página web de homilética cuáquera.[1] Los sermones allí incluidos contienen largos argumentos doctrinales, extensas interpretaciones bíblicas, mensajes escrutadores y detallados sobre la conducta personal, denuncias vigorosas de la impiedad en la vida privada y pública. También hay mensajes relativamente breves, a menudo unas pocas frases, que exhortan a los oyentes a volver a la Luz, a prestar atención al Monitor interior, a vivir fiel a la Luz recibida. Algunos de estos mensajes breves ofrecen consuelo en la aflicción y el duelo, y tienen un tono muy tierno.[2]

Basado en mi lectura de actas memoriales sobre ministros fallecidos, como la serie del siglo XIX *The Annual Monitor*, o en colecciones publicadas por varias juntas anuales, me parece probable que la mayoría de los mensajes en gran parte de las juntas eran relativamente breves,

1 www.qhpress.org/quakerpages/qhoa/qhoa.htm

2 Uno de mis favoritos es un sermón de tres palabras, atribuido, entre otros, a Marco Aurelio, a Anna Cox Brinton o a Agnes Tierney: «¡Haz menos mejor!».

exhortativos y saturados con citas bíblicas. Como señala Howard Brinton, una meta importante del ministerio en tales mensajes era alentar a los Amigos a que entraran en cierto lugar emotivo y espiritual, creando veneración y disponibilidad al Espíritu:

> La predicación [en la junta de mi niñez] era del tipo oracular y profético [...] siempre un llamado sencillo y directo a obedecer las amonestaciones interiores del Espíritu. Su propósito era despertar sentimientos religiosos en vez de ideas religiosas [...] Aunque como niños pequeños inventábamos juegos para pasar el tiempo en la reunión, aun nosotros mismos a veces sentíamos el aire del Espíritu soplando sobre nosotros, como si viniera de un mundo sobrenatural más allá y en lo alto. Nuestra reacción era temor, asombro, y reverencia [...]. Aunque sin estar interesado en una presentación lógica de ideas, en el tipo de sermón wilburita[3] a menudo el efecto era vivificar, elevar y purgar de forma que ningún discurso intelectualizado sobre doctrina o asuntos sociales podría transmitir por muy edificante que fuera.[4]

No conozco estudio sistemático alguno sobre los sermones cuáqueros recientes,[5] aunque sospecho que lo más probable es que tal estudio demostraría que los mensajes cuáqueros contemporáneos tienen una fuerte tendencia a la brevedad, y tienden a ser o reflexiones personales, o testimonios o declaraciones sobres asuntos sociales. Sin embargo, una consideración de la temática quizá no sea lo más valioso para nuestros propósitos. En cambio, lo que deseo considerar es la parábola del sembrador:

> El sembrador salió a sembrar su semilla; y mientras sembraba, una parte cayó junto al camino, y fue hollada, y las aves del cielo la comieron. Otra parte cayó sobre la piedra; y nacida, se secó, porque no tenía humedad. Otra parte cayó entre espinos, y los espinos que nacieron juntamente con ella, la ahogaron. Y otra parte cayó en buena tierra, y nació y llevó fruto a ciento por uno.[6]

Ahora bien, la meta y el interés espiritual del ministerio es ayudar a que la Vida de Dios eche raíces y florezca en los corazones de hombres

3 Véase nota 6 en capítulo 16.

4 Brinton, 1960, p. 6.

5 Para estudios de la predicación en el cuaquerismo tradicional véanse Bauman, 1983; Beamish, 1967; Graves, 2009. Para una colección fechada 1694 de quince sermones, véase Burns and Wallace, 2010.

6 Lucas 8:5–8.

y mujeres, produciendo buen fruto en buenas obras y en una vida vivida en la claridad de la Luz. Por esta razón, vale la pena pensar en los diferentes destinos de la semilla. Hay tantas maneras en que permitimos que la Palabra recibida en el corazón sea arrebatada, o ahogada, o suprimida por el peso de los acosos contra nuestra fuerza y paciencia. Sea o no sea parte del contenido de los mensajes, el ministro debe pasarse mucho tiempo meditando, no solo sobre las ideas, la Escritura y los acontecimientos, sino también sobre la condición humana. Esto incluye las formas en que somos tentados,[7] las formas en que nos lanzamos a correr antes de saber caminar, las formas en que nos equivocamos al confundir nuestras propias necesidades e inclinaciones como algo divino, las formas en que fallamos en el amor, y nos precipitamos hacia el juicio y el partidismo, las formas en que no refrenamos nuestras lenguas ni mejoramos nuestros talentos, las formas en que cedemos nuestra autonomía a la sociedad, o a los compañeros, o a la profesión, o hábitos, o apetitos. Debemos tener más consciencia de los grilletes que nos forjamos con nuestras mentes; y no nos los quitamos a menos que el Espíritu nos libere, y a menos que le sigamos, prestos y humildes, probando nuestra nueva esperanza con fidelidad y persistencia.

Es menester recordar en nuestras meditaciones que, aunque la cultura cambia, y la historia sigue en marcha, y 2020 es diferente que 1652; sin embargo, los humanos seguimos siendo las mismas criaturas, con los mismos dilemas. Cada recién nacido que entra en el mundo tiene que descubrir cómo vivir en el amor, cómo bregar con el miedo, aceptar la muerte, mantener la esperanza. No importa cuánta tecnología haya, ni cuán grande la red social que nos rodea, todos comenzamos por el principio, encontramos dolor y exaltación y deseos y desesperación, hacemos cosas buenas y malas, y tenemos que enfrentar las consecuencias. En nuestras vidas espirituales, ninguno de nosotros debe olvidar esta verdad primordial, básica y sencilla sobre nosotros mismos y los que nos rodean, la realidad básica sobre motivos, necesidades, esperanzas e ilusiones. El ministro, más que nadie, tiene que meditar, como Jesús, sobre lo que está en el corazón humano[8] y

7 Santiago 1:26; Mateo 25. TR.

8 Juan 2:25.

basar su obra en el deseo de que todos gocen la presencia y la intimidad de Dios.

> De una purificación interior bajo la que el discípulo ha quedado firme y fiel, brota un vivo y fructífero deseo por el bien de los demás. No todos los fieles son llamados al ministerio público, mas para los que sí lo son, el llamado es a predicar sobre lo que han palpado espiritualmente. Hay varias formas externas de adoración, y dondequiera que haya verdaderos ministros de Jesucristo, el ministerio brota de la obra de su espíritu en los corazones, primero purificándolos y así dándoles una tierna comprensión de la condición de otros.[9]

Cualesquiera que sean nuestros dones y estilo de ministerio, tenemos que llegar a observar, reflexionar y experimentar nuestras vidas, y sentir dónde encontramos puntos en común con nuestros hermanos y hermanas. Hace falta adquirir práctica en traer ante Dios en quietud y confianza cada cambio del estado del tiempo, cada casualidad y tristeza y triunfo, y permitir que la Luz los ilumine. Por medio de esta exploración interior llegamos a entender en compasión y honestidad el peregrinaje hacia «la salvación» que nos libera del cautiverio para vivir en el Espíritu.

Por esta razón el mensaje fundamental, que quizá podemos sentir más y más presente debajo o alrededor o detrás del mensaje del momento, es el del Amor y la Luz de Dios, obrando y accesible, con quien podemos reconciliarnos y cooperar. Sin embargo, esa Luz y Vida está oprimida y su crecimiento está impedido dentro de nosotros: la vida de Cristo está crucificada y sufre. El ministerio del Evangelio tiene su raíz y propósito en la experiencia de la presencia, el crecimiento y la salud de la Semilla, y en la experiencia de su opresión bajo muchas cargas —para alentar la Vida donde brota, identificar y combatir la opresión—. La declaración de Pablo: «me propuse no saber nada entre vosotros sino a Cristo, y a este crucificado»,[10] nos reta a todos a que en nuestro ministerio escuchemos con atención esmerada para saber dónde la vida divina está luchando por tomar forma, para que recibamos su progreso con gozo, y para que la sirvamos.

9 Woolman, *Diario*, 2018, p.9 [accesible en raicescuaqueras.org]. TR.

10 1 Corintios 2:2, *Reina-Valera 1960*, revisado por los traductores para concordar con la traducción del griego de Brian Drayton.

La predicación de los primeros Amigos tenía poder, no a causa de sus aciertos sociológicos, ni a causa de su política, sino porque ellos se reconocían como parte del drama de la salvación; su historia era el más reciente capítulo de lo que comenzó con Adán, y continuó con Noé, Moisés, los profetas, Jesús, y los apóstoles. Veían en su propio momento el Amanecer del Día del Evangelio, la acción fresca de Dios invitándolos a ser liberados del cautiverio del pecado, a la victoria de la Luz sobre las Tinieblas. A veces se narraba de forma que abarcaba los grandes movimientos de la historia, a veces en la forma sencilla y específica de las amonestaciones a ser honesto en los negocios, a evitar pagar los impuestos para la guerra, a vivir con ternura hacia la tierra. En cada uno de estos temas, grande o pequeño, cósmico o íntimo, se ve el desarrollo de la gran historia.

> Una y otra vez, por medio de una variedad infinita de mensajes, cada uno de los cuales, [los ministros] creían, era dado para cada ocasión específica, los ministros llamaban a la gente a salir de la oscuridad que rodeaba la naturaleza humana hacia la Luz que puede transformar esa naturaleza por medio de la comunión espiritual con el Cristo viviente [...]. La entrada en la luz era solo un paso preliminar y necesario; la cuestión clave era si la persona iba a continuar, durante toda la vida, moviéndose en compañía de la Luz. Negar la Luz en cualquier momento podría significar perderla. La variedad infinita de sermones cuáqueros se dirigía, con frecuencia, como el bisturí de un cirujano, a exponer hábilmente ese pequeño pecado o esa gran omisión por la cual un Amigo específico estaba permitiendo eclipsar su acceso a la Luz.[11]

Por último, a partir de esa creciente experiencia interior, descubrirás que atesoras la obra que te ha llevado por el camino, y que en esa obra encuentras gozo. Aun más, te sentirás alegre al sentir dónde el deseo de servicio se está levantando en alguien, y al fomentarlo. Llegarás a sentir cuán importante es animar a otros a considerar el ministerio como un interés espiritual principal, aunque también estarás más y más consciente del poder de Dios moviéndose en cualquier tipo de interés espiritual, y sentirás la afinidad entre todo tipo de servicio que tiene raíces en el amor y la compasión. Te sentirás feliz al ver esta obra

11 Taber, 1980, pp. 12–13.

en progreso, y agradecido lo suficiente como para agradecerles a otros su fidelidad. A menudo esto puede ser la cosa más importante que un ministro puede hacer —alentar a otros que tratan de cumplir con lo suyo.

Joseph Hoag describe que, cuando luchaba con el sentido de que estaba siendo llamado al ministerio, David Sands lo visitó en su hogar para hacer exactamente esto:

> Casi de inmediato, después de entrar, me saludó y no solo me dijo que el llamado era correcto, sino también empuñó los razonamientos y dificultades con los que yo había luchado durante años, más correctamente de lo que yo mismo podía. Después, en este lenguaje conmovedor, dijo: «De la misma manera en que sabes que todo esto es verdad, así mismo puedes estar seguro que tu ejercicio, tu interés espiritual, y tu llamado son correctos. Si tú te entregas y eres fiel, el Señor será tu fortaleza y tu premio, y ciertamente te acompañará en todos tus aprietos [...]. Tienes muchas pruebas que pasar, pero el Señor será tu guía y tu premio».[12]

12 Hoag, 1861, p. 44.

PARTE II

Crecimiento en el don

CAPÍTULO 9

La vida devocional del ministro[1]

La mayor parte de la labor requerida por un interés espiritual en el ministerio se realiza escuchando en privado, en vez de en los eventos exteriores donde el don se puede ejercer. Se le aconseja a todos los Amigos dedicar un espacio en su vida diaria para un retiro en quietud, y mantenerse constante en el estudio de las Escrituras y otra literatura devocional. No obstante, si eres guiado hacia un interés en el ministerio del Evangelio, te hace falta aún más prestar atención a tu vida devocional; este tiempo es una parte importante de tu escuela y tu laboratorio. Aquí esperas ser instruido por el Señor, tanto en la expectación reverente como en la reflexión sobre el contenido de tu experiencia y lectura.

Ya señalamos que «un ministerio vivo engendra a un pueblo vivo». Aquí deseo hacer hincapié en que un ministerio vivo es un ministerio *a la escucha*. Tu crecimiento en el don debe ir acompañado de un deseo y una capacidad crecientes de escuchar para percibir la vida del Espíritu en acontecimientos, historias, gente —tanto del presente como del pasado—. En este capítulo y los siguientes, abordo varios aspectos de esta *escucha*: estudio, oración, la Escritura, y la tradición de los Amigos.

Estudio y escritura

Vale la pena pasar cierto tiempo considerando el tema de la lectura y el estudio, porque los Amigos siempre han afirmado que el ministerio cabal no es cuestión de logros intelectuales. No se espera tener que aprender idiomas antiguos, leer textos abstrusos, ni ponerte al día con las novedades en filosofía y teología. Sin embargo, los Amigos de toda

1 Aquí tomo prestado el título de un valioso breve discurso de Geoffrey Nuttall, que todo Amigo puede aprovechar: Nuttall, 1967.

época que llevan en sí un interés espiritual, desde el tiempo de Fox hasta hoy, han descubierto que algún tipo de estudio forma parte significativa de su disciplina y crecimiento.

La lectura ayuda a aumentar el alcance personal, ubica a las personas, los acontecimientos y los problemas en su contexto, alimenta la búsqueda por las causas de las cosas, y nos recuerda las complejidades de la vida y del universo. Además, a menudo vale la pena saber lo que se ha escrito sobre los temas de especial interés, ya sea la oración, la acción social, la doctrina, la historia, o cualquier otro. Puesto que el servicio del ministerio consiste en parte en un servicio de palabras y pensamiento, es bien probable que el tuyo se fortalezca con encuentros sistemáticos con las ideas y formulaciones de otros, sean cuáqueros o no. Estudies mucho o poco, lo más importante es que tu lectura debe informarse o guiarse por tu cometido al servicio, y tu dedicación al bien de las almas.

De ningún modo quiero decir que el propósito del estudio y la reflexión sea la preparación de sermones que vas a presentar —un punto ya muy discutido en libros y consejos—. Solo añado aquí que, si lees y estudias de manera reflexiva, y, en especial, si mantienes un diario o libreta de apuntes como una ayuda a la reflexión y como herramienta de aprendizaje, con frecuencia te verás elaborando discursos interiores sobre los pasajes o las ideas que captan tu atención. Esto es una actividad tan natural a nuestras mentes que se puede defender como razonable y carente de peligro, siempre y cuando el contenido no se descargue antes del llamado divino. En realidad, las costumbres de varios ministros entre los Amigos complican las evaluaciones sobre esta cuestión; por ejemplo, Rufus Jones apuntaba sus penetraciones importantes o el desarrollo de su pensamiento, y los repasaba de vez en cuando, y en cierto sentido los sermones crecían de forma orgánica alrededor de estos núcleos. Hablando de meditación y consideración profunda, aquí hay mucho que recomendar. Esto parecía especialmente atractivo durante el periodo en que una renovación del «ministerio de enseñanza» fue una de las necesidades expresadas con más frecuencia en el cuaquerismo, y en ese entonces se llegó a sentir que los Amigos bien preparados estaban demasiado propensos a quedarse callados.

Sin embargo, en mi experiencia, si se guardan este tipo de notas encapsuladas o núcleos de sermones, es más difícil juzgar cuándo de verdad eres llamado a ofrecer este mensaje a esta gente en este momento, como algo distinguible de un momento en que un pensamiento bueno ha madurado hasta estar listo para lanzarlo en público. Por eso, si te gusta tomar notas, organizar lo que lees, etcétera, tu disciplina antes y durante la reunión tiene que incluir un cuidado adicional para poner a un lado todo ese material preparado, y para buscar con mente abierta el sentido de la necesidad del momento. Cuando te preguntas si esta materia hace falta ahora mismo, y siempre recibes como respuesta: *¡Sí, preséntalo!* bien puede ser que estés respondiendo a tu propia satisfacción en vez de esperar la verdadera guianza.

Este problema no es nuevo. Los Amigos que llevan en sí un interés espiritual siempre han descubierto que sus mentes están ocupadas con sartas de ideas e imágenes que tal parece como si fueran destinadas a usarse en el ministerio. He aquí John Conran, un Amigo irlandés (1739–1827), describe su experiencia:

> Mientras estaba ocupado con mis asuntos exteriores, a solas en el huerto o en el campo, a veces he sentido en mi corazón un lenguaje viviente, como si estuviera dirigiéndome a una asamblea. Comenzaba tan imperceptiblemente que iba moviéndose en mí por varios minutos antes de que le prestara atención, y cuando lo hacía, aumentaba tanto que burbujeaba como una fuente, hasta romper a llorar, y al acabarse me quedaba con un dulce consuelo y grato olor. Creo que estos momentos solo eran las primicias del Espíritu, y el suministro de preparación para la valiosa obra del ministerio; temo que algunos se han equivocado, al tomar esto como la obra misma.[2]

No es raro que se cuenten tales experiencias en los diarios, con los autores unánimes en el sentido de que tales aperturas son útiles, siempre y cuando la materia así provista nunca se use solo por ser convincente e instructiva. Siempre decían que había que dejarlo a un lado, en la mente o por escrito, con una oración para que esto enriqueciera la preparación, y quedara en la alacena de la que el buen

2 Conran, 1877, pp. 33–34.

siervo saca cosas nuevas y cosas viejas,[3] cuando la verdadera necesidad se manifiesta y el Maestro dirige. Nada se malgasta.

Además, debo añadir que cuando estás en un periodo de servicio concentrado, por ejemplo, una visita en el ministerio a varias juntas, tu mente puede estar del todo ocupada y dedicada durante ese tiempo en que, más o menos sin pausa, tus meditaciones se entrelazan con tu interés en la gente que visitas. Pero todavía tienes que esperar hasta que venga un llamado verdadero. En tu discernimiento, mantente abierto a la posibilidad de que puedes ser utilizado en formas diferentes a las anteriores en tu propia junta o en momentos en que estabas siguiendo el interés de una manera menos concentrada. Job Scott informa que, en sus viajes en el ministerio, por horas antes de llegar, su mente se concentraba en las juntas que iba a visitar, como si ya hubiera entrado en la adoración en que podía reunirse en el Espíritu con los Amigos hacia quienes Dios lo guiaba. He experimentado algo parecido, y pienso que esto se siente comúnmente por los Amigos viajeros. [4]

Además, al reflexionar sobre tu vida devocional, acuérdate que una parte clave de nuestra obra en el ministerio es comprender la naturaleza de nuestro don — por lo tanto, pienso que nuestra vida devocional debe reflejar nuestras verdaderas necesidades y dones. Estudiar mucho o no, mantener un diario o no, desarrollar «reglas de oración» o no — estas y muchas otras cuestiones técnicas quedan abiertas, para ser resueltas con experimentación y experiencia. Si en el silencio te sientes guiado a escribir, o a comenzar un estudio sistemático de un libro de la Biblia, o los escritos de un teólogo, ponlo a prueba. Si te nutre, si puedes mantenerlo impregnado con el sentido de la presencia del Espíritu, si alimenta mente y corazón, y no el orgullo, bien puede resultar sano y nutritivo. Pero si obstaculiza el tiempo dedicado a la espera humilde y expectante, entonces está ocupando demasiado espacio, porque, como dice Penington, el quehacer del cristiano es conocer a Cristo. En lectura y reflexión, en espera y escritura, la compañía e instrucción de Cristo debe estar presente, aun cuando

3 Véase Mateo 13:52. TR.

4 Además, este sentido de vínculo puede seguir después de que el ministro ha continuado su viaje —un motivo para «epístolas» a juntas o individuos, y para visitas repetidas: puede tomar cierto tiempo para quedar «despojado» del sentido de responsabilidad a una junta u otro grupo visitado.

aprendemos historia, o psicología humana, o reflexionamos sobre las necesidades de un amigo. Hemos de buscar la vida de Dios en todo.

La escritura, en un diario o en otra forma (por ejemplo, en cartas o en un blog) puede ser una inmensa ayuda a la reflexión, y si tú no escribes de una forma u otra como parte de tus reflexiones, te recomiendo que empieces ese experimento. Hay muchas «trampas» que evitar; y si caes en una de estas trampas, fácilmente podrías convencerte de que la escritura no es lo tuyo. Aunque puedes recibir guianza de cualquier género de escritura reflexiva que has visto o de la que has oído, trátalo como una avenida de exploración en vez de como camisa de fuerza cuyas «reglas» tienes que aprender. Las notas que tomas son para tu propio uso. No hace falta escribir en ningún horario, no hace falta usar lenguaje erudito; ni escribir prosa pulida, ni desarrollar una narración continua de tu vida, ni cumplir con las expectativas de nadie.

Tus notas pueden ser citas de lo que lees, o recordatorios telegráficos de cosas que has oído decir. Pueden brotar como parte de tu lectura devocional, o tus caminatas diarias, o con relación a clases o talleres a los que asistes. Pueden tomar la forma de cartas, o relatos, o poemas, o frases medio formadas —o pueden ser una mezcolanza de todo.

Recomiendo tres características clave para tu diario o libreta de apuntes: libertad, diversidad, y cultivo.[5] Con la palabra *libertad*, quiero decir que escribes en los estilos, y sobre los tópicos, que te sean más útiles en el momento, y con toda la honestidad posible. Tu libreta, una extensión y expresión de tu mente y espíritu, debe abarcarlo todo tan ampliamente como quieras o necesites. Tómate la libertad de cortar y pegar de un documento a otro. El propósito de las cosas que pones allí es que te sean útiles. Con la palabra *diversidad*, quiero decir que permitas que la materia sea variada y que cambie con el tiempo. Añade dibujos o flores secas o recortes del periódico o cualquier cosa que dé constancia útil de tus reflexiones para usarlo e informarte más tarde. Trabaja en más de un tipo de libreta para diferentes tipos de materia. Abre libretas nuevas para proyectos específicos, si eso te ayuda. Por último, *cultivo* implica que el proceso de escribir ayuda, aunque también hace falta leer lo escrito. Tú eres tu propio público, y de vez en

5 Detallado en Drayton, 2004.

cuando tendrás que extender la reflexión que te llevó al apunte, visitándolo de nuevo, quizá comentando, tal vez añadiendo algo, o señalando referencias cruzadas a otros apuntes. De esta manera, el libro llega a ser una verdadera herramienta de aprendizaje.

Si descubres que tu ministerio incluye escribir para otros, ya sea para publicación o como correspondencia, o como parte de un ministerio de enseñanza, esto sin duda afectará la forma de tus notas, y las notas o diarios pueden llegar a ser lugares donde se exploran las ideas con más formalidad, en preparación para la creación de ensayos para publicación, o cartas para enviar cumpliendo con un interés espiritual.

Concluyo esta sección con un sabio comentario de Lewis Benson:

> La labor del ministro profético es trabajo de verdad. Incluye enriquecer su mente con el lenguaje y las imágenes de la profecía. Esto significa que hay que encontrar el tiempo para madurar la percepción, y para la oración y meditación sosegada que guía hacia la sabiduría. Quiere decir meditar en los grandes temas de la fe cristiana. Estas meditaciones enriquecerán el ministerio más adelante, pero no son ensayos de sermones para ser ofrecidos en momento alguno o lugar específico.[6]

6 Benson, 1979, p. 51.

CAPÍTULO 10

El taller de oración

Para un ministro, la escucha frecuente es una parte fundamental de la obra; es decir, el adiestramiento cotidiano esencial para una vida que anhela orientarse a un servicio público como el ministerio del Evangelio, que es tan vulnerable a las necesidades del yo y de la mente calculadora. El desarrollo de una práctica de oración adecuada para tu vida es de por sí un valioso logro, además de ser el cimiento tanto para el crecimiento como para la persistencia. Hay dos modos de oración que debes tratar de usar. Uno es *morar en vigilancia*: pasarte el día consciente de la presencia de Dios, a veces traída a un primer plano por un breve cambio de la atención, aunque más a menudo en el trasfondo. El otro modo lo podemos llamar *la oración intencional*, en la que traemos al primer plano nuestra intención de pasar tiempo con nuestro Amigo y Maestro. Esto incluye momentos para una búsqueda enfocada en cuestiones específicas; como es natural los temas van a variar durante toda la vida. Sin embargo, en el contexto de este libro quiero mencionar tres tareas en las que *la oración a la escucha* parece especialmente importante: en la evaluación de tu servicio, en la oración de intercesión, y en la escucha para el discernimiento.

Evaluación de tu servicio

Lo más probable es que a menudo sientas la tentación de sobrevalorar o subvalorar tu servicio. Al estar consciente de un interés espiritual que incluye un desempeño exterior tan personal como el ministerio del Evangelio, es fácil caer en este tipo de inestabilidad. Es bien difícil evitar la evaluación de tus acciones como buen éxito o como fracaso; también a veces es difícil ver que debes intentar algo nuevo, o dejar a un lado un viejo temor. Por supuesto hace falta reflexionar sobre lo que haces o lo que retienes; la diferencia en los frutos de esta reflexión yace en la luz bajo la que reflexionas, en las pautas por las que juzgas, y en los resultados que esperas. Por eso, hace falta escuchar en oración mientras aprendes a ver, a probar, a gustar, y a valorar tu ministerio —la naturaleza del don, y de tu mayordomía—. Debes esforzarte para poder orar honestamente sobre tu servicio, y esperar que te sea señalado lo que falta, lo que merece ser preservado, y lo que hay que rechazar.

Como siempre, la primera moción es esperar hasta que puedas sentir el fluir fresco, quieto y fuerte de la luz y el amor. Espera hasta que ningún contenido ni tema específico esté ante tu mente. Esta etapa de profunda quietud puede ser breve, aunque tienes que esperar alcanzarla. Entonces permite que la reflexión comience, y a cada momento haz una pausa para sentir de nuevo los brotes de la luz. Mora cerca de ese lugar sosegado, y así podrás entrar en la oración para considerar tu experiencia.

Oración de intercesión

Si no has tenido el hábito de la oración de intercesión, aún no has llegado a una de las fuentes necesarias de instrucción y disciplina para el servicio. Este tipo de oración es fácil para algunos, pero más difícil para otros, quizá porque la oración de intercesión, «orar por alguien», plantea preguntas clave sobre la naturaleza misma de la oración. Mi propia experiencia con la oración de intercesión ha incluido largos periodos de saber que no sabía —y en esos periodos no he practicado la oración en absoluto—. Pienso que, por medio de la espera, del anhelo por dirección, fui guiado hacia un lugar de renovación en la oración. Como resultado, aunque puede ser que no tenga mucho talento, sí me siento en casa con la oración tanto en sus dulces manifestaciones como en las amargas. Deseo decir algo sobre lo que hago, por si acaso resulte útil.

Cuando comencé a hacer experimentos con la intercesión, solo pude formular en palabras algún deseo o petición por alguien. Había momentos en que esto parecía vivo y real. En otros momentos, me encontré esforzándome o preocupándome, tratando de descifrar qué debía pedir, y conformándome con vagos y convencionales deseos por el bien de los objetos de mi oración. Estoy seguro de que el Señor aceptaba estos intentos por mera buena intención, pero yo no sentía que este sendero era fructífero.

Descubrí una forma muy diferente durante una oportunidad inesperada con un ministro mayor y muy querido; y esto se ha convertido en mi costumbre desde entonces. Al comienzo estábamos sentados, cada uno ocupado con lo suyo en un escritorio en lados opuestos de una habitación, sin comunicarnos. De repente sentí que mi amigo se había hundido en la oración, y aunque estábamos de espaldas (porque los muebles estaban puestos así en la habitación), fui guiado hacia un lugar de sosegada reverencia. En ese tranquilo sentir de la amada Presencia de Dios, compartido con mi amigo, descubrí que estaba orando en una forma muy distinta, primero por otros, y, por último, por mí mismo, algo que nunca antes había tenido libertad de hacer. Ese momento queda en mi memoria, fresco y dulce.

Aprendí la lección: es bueno pasar tiempo en medio del sentir de la presencia de Dios, sin palabras ni esfuerzo, cuando mí única acción con propósito es dirigir mi atención hacia alguien por quien quiero orar. Sentado en la Luz, veo la persona en esa Luz, y no hago más que morar con él o ella en la Presencia.

Durante ese tiempo, solo estoy consciente de que aprecio a esa persona y deseo su bienestar más profundo, como si estuviera diciéndole a Dios que la quiero y pidiendo que Dios también la quiera. A veces me siento guiado hacia una reflexión reverente e indagadora sobre algún aspecto de la vida o la condición de esa persona. Incluso podría sentir ese rincón donde él o ella se enfrenta a un reto, o donde la Vida está oprimida en su interior.

A partir de esta meditación puede suscitarse en mí un sentido de que debo hablarle o escribirle a esa persona, o hacer algo a su favor. Sin embargo, a veces solo me quedo con el sentido de una fresca consciencia de la vida y condición de ese individuo (o tema), o con un entendimiento más claro de su condición. Este sentido de consciencia intensificada es un fruto digno de mucho agradecimiento, y contribuye sobremanera a mi utilidad en palabra, hecho, o ministerio silente. Después de cierto tiempo, se desvanece la imagen, y puedo partir del lugar de la oración, o proceder a otro enfoque.

También he descubierto que vale la pena pasar tiempo esperando en la Presencia con mente abierta para permitir que un rostro, un grupo, o un interés espiritual emerja, aunque no lo haya buscado. Cuando esto sucede, presto especial atención a lo que emergió, y a cualquier moción específica. Muy a menudo, el resultado no es más que una educación para mí mismo —llego a estar más consciente del nombre, rostro, grupo o asunto que emerge, y por eso estoy un poco más preparado para escuchar, orar, aprender o actuar en el futuro. A veces, lo que emerge asume una importancia más enfocada, y en tal caso puede ser que se esté formando en mí un interés espiritual o una guianza.

La escucha para el discernimiento

Escuchar en medio del proceso de decisiones es un ejercicio que todos los Amigos debemos practicar en nuestras vidas, aunque quizá no lo hacemos tanto como sería posible. Para un ministro, es algo que debe llegar a ser una práctica frecuente, aún más si estamos tomando decisiones sobre asuntos religiosos, y debemos llevar en mente cuán difícil nos es hacerlo, y cuántas lecciones es probable que tengamos que aprender en nuestro esfuerzo para ser fieles en la práctica. Además, tal discernimiento puede brindarnos instrucción valiosa sobre la dinámica de la vida espiritual de una persona o una junta, y el ministro debe reflexionar en tales casos, como lo haría al leer un texto devocional.

Aunque puede ser que los Amigos, por lo general, busquen la guía divina en sus vidas diarias, somos propensos a evitar hablar de esto, y es lamentable porque un testimonio más abierto sobre este tipo de experiencia podría ser muy útil a otros. Con ese fin, describo aquí mi propia práctica. Puedo mencionar tres tipos de escucha que he aprendido a hacer mientras decido.

Primero, un retiro interior breve, una pausa momentánea, un periodo corto de plena atención en que tanto Dios como la decisión están en mi consciencia. Si no se levanta una prohibición, me siento libre de proceder como mejor me parezca basado en otras consideraciones. Me imagino que esta es la manera más común en que los Amigos «hacen contacto» durante el día, y fue descubierta bien temprano en nuestra tradición. Hugh Barbour señala que era parte de la práctica diaria de los cuáqueros en la primera época: «En actividades ordinarias no se esperaba dirección especial, y les bastaba a los Amigos no descubrir obstáculos interiores ni 'frenos mentales'».[1] Trato de hacer este tipo de escucha en mi trabajo y en casa, y puede resultar una herramienta poderosa aunque muy sencilla, para darme cuenta de esos lugares donde me he permitido sobrecargas que debilitan mi salud espiritual.

Segundo, «el debate santificado». Con esta frase quiero decir tomar tiempo para llegar a estar profundamente consciente de la Presencia, para entonces emprender una reflexión y meditación intencional sobre la decisión. Esto me permite examinar las razones en pro y en contra, consciente de mi compromiso más profundo, y así permitir, en cierto grado, que la Luz escudriñe mis motivos, temores, y esperanzas. Puede ser que me abstenga de algo, porque veo que actuar sobre la base de mis motivos más evidentes sería una traición, grande o pequeña, del sentido de la verdad divina en mí; o serviría para endurecerme contra algo incómodo aunque importante, algo que me hace menos tierno (y aquí podría incluir algo tan sencillo como demasiado ajetreo).

Por último, «buscar la senda que se abre». A veces, cuando me siento a reflexionar sobre una decisión, no existe prohibición ni freno que oriente mi selección (por eliminación de alternativas). Tampoco mis razonamientos me llevan a estar claro. Si siento que tengo que hacer algo, me he dado cuenta de que es bueno esperar hasta sentir una senda abrirse cuando miro en una dirección u otra, y una sensación de soltura o libertad cuando contemplo esa ruta. Entonces, aunque todavía sienta dudas o preocupaciones, si estas no se intensifican, procedo con confianza.

Un Amigo me describió, recientemente, otra práctica que parece similar. Me contó que cuando tuvo que decidir a cuál ciudad viajar para un procedimiento médico, esperó y sintió que la ciudad A tenía «más Luz» que la ciudad B, y por eso fue a la ciudad A, y todo salió bien. Un poco después de escuchar esta historia, descubrí que John Churchman, en su diario, también habla de esta práctica. Después de escuchar la experiencia de mi amigo, he prestado atención a esta sensación de luz en mis decisiones, y me he dado cuenta de que es otra buena técnica para vivir en atención plena.

1 Barbour, 1964, p. 114.

Deseo destacar que no estoy describiendo estas prácticas mías como recomendaciones en un manual de oración, ni como si tuvieran profundidad excepcional. Lo menciono solo porque parte de la labor de un ministro es crecer en la oración de escucha, dentro de más y más variadas circunstancias, y he recibido aliento e instrucción al enterarme de la práctica y la experiencia de otros. A través de los años, estas consideraciones han formado parte de mi proceso de aprender a mantener, lo más fielmente que puedo, la vigilia cotidiana.

CAPÍTULO 11

Escuchar a la Escritura

La gente difiere en sus sentimientos sobre la Escritura, más allá de las ideas que puedan albergar. Para algunos es como una montaña que tienen que escalar, o como un laborioso deber. Para algunos, es una Autoridad, en la que se confía, o contra la que hay que rebelarse, o que se usa en compañía de unos, aunque no de otros. Algunos disfrutan de la Escritura como un encuentro, parecido a un viaje a un país distante y parcialmente conocido, con algunos lugares familiares, y siempre algunas sorpresas; un viaje que se emprende con confianza y entusiasmo. Algunos ni la miran. La lista de sentimientos sobre la Escritura es bastante larga, y, por supuesto, cada uno de nosotros puede sentir cualquiera o muchos de estos en diferentes momentos de nuestra vida, y a veces simultáneamente.

Sin embargo, es importante que un ministro cuáquero (no importa a qué tipo de ministerio sea llamado) encuentre una manera de leer la Escritura con frecuencia, de manera profunda, y despierto. Si no forma parte de tu práctica espiritual, te exhorto a que lo empieces. Si esto no es fácil para ti, sugiero que lo más importante es mantenerte en contacto con la Escritura, familiarizarte con sus muchas dimensiones y estados de ánimo, y quedarte con lo que encuentres válido.

Los Consejos nos exhortan a estudiar las Escrituras con regularidad,[1] usando cualquier ayuda moderna para comprender e interpretar. Con frecuencia hoy en día, el primer impulso es abordar las Escrituras intelectualmente, tomando en cuenta las grandes distancias de tiempo y cultura que a menudo las hacen inescrutables. Si no te sientes a gusto leyéndolas, esto es una manera «fría» y cautelosa de empezar a conocer las Escrituras. Además, tal estudio, puede profundizar nuestro conocimiento del texto y puede resultar enriquecedor y valioso.

1 Véase por ejemplo, Junta Anual de Londres, *Consejos-Cuestionamientos*, 1964, 702.i [accesible en raicescuaqueras.org]. TR.

Sin embargo, deseo recomendar, además de cualquier estudio que emprendas, que tengas cuidado de pasar tiempo simplemente leyéndolas mientras estás centrado y consciente de la presencia divina. Comienza a leer lentamente, sin tratar de interpretar ni de traducir, solo con los sentimientos y la imaginación, con una actitud interior abierta. Cuando algo se destaca y te llama la atención, léelo varias veces lentamente, después deja de leer y permite que resuene en tu mente. Tal vez te formes ideas definitivas sobre el pasaje, quizás incluso las escribas; lo más importante es leerlo en el Espíritu, recibiéndolo como recibes el ministerio dado por alguien en el sosiego de una reunión recogida. George Fox habló de leer las Escrituras en el mismo Espíritu en el que fueron reveladas,[2] y si moramos en lo profundo mientras leemos, podríamos sentir algo de lo que pudieron haber sentido los que por primera vez escucharon o incluso escribieron las palabras; en todo caso, nos llegan como si fueran nuevas.

Ahora bien, existen muchas buenas razones para llegar a estar más versado en la Escritura, y todas enriquecen nuestros espíritus y nuestro servicio. Sin embargo, ahora deseo hacer hincapié en que hoy estamos igualmente propensos, como cualquier otro pueblo en la historia, a caer presa de la idolatría. Un hábito de encuentro honesto con la Escritura es una manera de contrarrestar esta tendencia.

Por supuesto, «idolatría» aquí no se refiere a un paganismo obvio y anticuado que ofrece adoración a imágenes de Dios o de dioses. Lo que tengo en mente es la tendencia a confundir lo humano con lo divino, la fachada con la sustancia —en breve, la adoración de los dioses que fabricamos nosotros mismos, y que (¡gran casualidad!) tanto se parecen a nosotros mismos. Somos muy propensos a crear una religión para nosotros mismos que no nos rete, que sea cómoda y linda, y nos postramos frente a la imagen en el espejo. Quizás esto es particularmente fácil en el cuaquerismo, que hoy no nos exige ni ropa excéntrica ni lenguaje peculiar. ¡Cuán fácil es sentir que somos sencillos, pacíficos, guiados por el Espíritu, fieles, cuando en verdad puede ser que solo seamos convencionalmente morales, tímidos, y temerosos de entrar en conflicto! En la lucha por escaparnos de nuestras consoladoras ilusiones y estirarnos por alcanzar al Dios de la verdad, cuyo amor

2 Margaret Fell en Fox, *Uno hay, y es Jesucristo*, p. 1 [accesible en raicescuaqueras.org]. TR.

también es juicio, y cuya Luz nos condena al igual que nos sana para que seamos más fuertes que antes, una costumbre de bregar con las Escrituras en todos los niveles de sentimiento, imaginación, intelecto y oración puede ser una ayuda bien poderosa. Cuando nuestra vida interior asume nuevas dimensiones de experiencia y veracidad, nuestro encuentro con la Escritura llegará a ser aun más intenso y vital para nosotros.

Por último, luchar con la Escritura, escucharla, y dejar que la Escritura nos interrogue, puede servir como modelo y parábola para los tipos de observación y reflexión en oración que el ministro deber traer a más y más aspectos de nuestras vidas. No solo hemos de vivir con plena atención, como todo el mundo debe hacerlo, sino que como siervos con responsabilidades específicas hemos de vivir alertas, siempre al acecho de nuestra propia instrucción o curación, y de nuestra próxima tarea.

CAPÍTULO 12

Escuchar a la tradición de los Amigos

> *La tradición es la fe viviente de los muertos; el tradicionalismo es la fe muerta de los vivos. La tradición vive en conversación con el pasado, recordándonos dónde y cuándo estamos, y que nosotros somos quienes tenemos que decidir. El tradicionalismo supone que no se debe hacer nada por primera vez, y por lo tanto todo lo que hace falta para resolver cualquier problema es llegar al testimonio supuestamente unánime de la tradición homogeneizada.*
>
> —Jaroslav Pelikan

¿QUÉ GANAMOS al escuchar la voz de la tradición, especialmente en un movimiento en partes del cual «la revelación continua» es un valor hondamente venerado? A mi parecer, el motivo fundamental para ponerle atención esmerada a la tradición cuáquera es la unicidad de Dios, y la tendencia humana de aceptar como revelación nuestras propias costumbres, ideas, valores y compromisos. Creo que el cuaquerismo en verdad comenzó bajo una nueva irrupción del Espíritu de Cristo; y bajo esa dirección los primeros cuáqueros fueron guiados en muy poco tiempo hacia una forma de andar como Amigos de la Verdad e Hijos de la Luz (de Cristo), una senda con su propia integridad. Puesto que es nuestro camino, nos corresponde indagar profunda y críticamente en las historias y las prácticas de nuestros antepasados, buscando conocimientos y recursos de los que podemos aprender, o que podemos adaptar y quizás usar en las dificultades de hoy.

Es cierto que Dios, sea lo que sea, ha estado obrando entre todos los pueblos en todos los tiempos; sin embargo, esto no significa que todos los aspectos de todas las culturas sean manifestaciones de la acción y dirección de Él o Ella, como tampoco quiere decir que toda nuestra cultura concuerde con la voluntad y el espíritu de Dios. ¿Cómo podemos separar en nuestra vida los elementos piadosos de los elementos impíos? Aunque a los teólogos liberales del siglo XIX les gustaba hablar del progreso humano en su comprensión de Dios, y hoy los teólogos del proceso pueden hablar de procesos y cambios tanto dentro de Dios como en la comprensión humana de Dios; pienso que otra metáfora es más útil, una que supongo toma prestado de la ciencia más que de cualquier otra fuente.

Se puede decir que, desde las primeras etapas del judaísmo hasta la época de Jesús, y después durante las épocas del cristianismo hasta el comienzo del cuaquerismo, cierta teoría de la relación entre Dios y la humanidad ha estado desarrollándose lentamente.[1] Al igual que en cualquier estructura teórica robusta y abarcante (por ejemplo, el evolucionismo biológico), algunas áreas quedarán bien desarrolladas y exentas de toda duda, mientras que otras siguen siendo más debatibles. Sin embargo, la idea general de la teoría sigue coherente si retiene el más mínimo poder explicativo, aun cuando algunos detalles se poden, o se añadan, o se renueven a fondo. Hay progreso en la frontera de la ignorancia al reconocer y cooperar con la coherente arquitectura de la teoría.

El cuaquerismo representa una «teoría» reciente acerca del cristianismo. Aunque tenemos que mantenernos humildes frente a la inmensa posibilidad de confundir las preferencias y la cultura humana con la Revelación sobre la naturaleza y las acciones de lo Divino, ya para principios del siglo XVIII el cuaquerismo como estructura había desarrollado una visión consistente y fuerte. Es decir, sobre la base de las grandes aperturas de la década de 1650, se elaboró una red de práctica, fe y experiencia en la que todas las partes resultan interdependientes. Llegó a ofrecer un coherente entretejido de vida, cuyo propósito y diseño primordial nos capacitaba para vivir bajo la dirección inmediata del espíritu de Cristo, en nuestra adoración, en los asuntos de la iglesia, y también en nuestras actividades cotidianas, factores con consecuencias de gran alcance para asuntos civiles, justicia social, y todos los demás aspectos de la vida humana.

Ahora bien, ¿ese tejido estaba completo? ¿Era perfectamente fiel a la dirección Divina? ¿La reflejaba? ¿Acaso tiene que imponer normas para hoy en todo? — por supuesto que no—. Sin embargo, un aspecto

1 Esta teoría de elecciones sucesivas de interpretación rechaza explícitamente la teoría de supersesionismo, o teoría de reemplazo, sobre la relación entre el judaísmo y el cristianismo.

de la época moderna en la que vivimos es la convicción cultural de que lo más reciente es lo más auténtico. Como quien dice, lo que conocemos más, lo que nos hace sentir más cómodos, debe tomarse más en serio. Estas suposiciones son útiles hasta cierto punto, aunque siempre hay que ponerlas a prueba; en el peor de los casos —cuando menos pensamos en las consecuencias— pueden alentar la autocomplacencia y el tipo de idolatría que rehace el mundo y al Dios que adoramos a nuestra propia imagen.[2]

Sin embargo, Dios se mueve hoy, y se ha movido en el pasado. Huellas de la experiencia cuáquera de la actividad divina se incorporan en la tradición cuáquera en varias formas: en documentos y diarios del pasado, historias y tradiciones populares, y también en la disciplina, los testimonios, el lenguaje y las costumbres que todavía nos son características. Todo esto es el resultado de unas vidas vividas según la tradición cuáquera, bajo la dirección del Espíritu. Para repetir un pasaje de Penington:

> El Señor ha aparecido a otros, igual que a mí; sí, hay otros que están en el crecimiento de su verdad, y en la pureza y el dominio de su vida mucho más que yo.[3]

Por lo tanto, basado solo en esto, vale la pena que el Amigo contemporáneo se familiarice con la tradición cuáquera en sus varias formas, y la comprenda con relación a su propósito original, como una manera de vivir en el Espíritu con fidelidad, en vez de como un grupo de costumbres ya anticuadas, o como un conjunto de creencias.

He estado escribiendo en tonos intelectuales o teológicos, y esto solo es la superficie de la cuestión. En esta búsqueda, al igual que en toda tu investigación interior, el propósito es sentir a tientas en pos de la Vida. De la misma manera que debes esforzarte a desarrollar el hábito de estar alerta a la Luz en las personas que encuentras; asimismo, debes buscar lo espiritual en lo que sucede en tu época y en tus propias experiencias. Es importante descubrir por qué comenzó este o aquel elemento específico de la práctica cuáquera, con relación al esfuerzo fundamental de incluir el Espíritu en la vida temporal. También acuérdate que los muchos aspectos del «sistema» cuáquero se

2 Véase Génesis 1:26. TR.

3 Penington, "Some queries concerning," *Works*, vol. 2, p. 368.

reforzaban mutuamente, y, por lo tanto, puede ser que arrancar uno solo para realzarlo o eliminarlo, aislado del sistema entero, pase por alto o distorsione su significado real en el sistema.

Mientras he vivido con el interés por el ministerio durante muchos años, a menudo he sido atraído a lugares de simpatía y comprensión respecto a los ministros de tiempos anteriores, precursores que llevaban en sí el interés espiritual que yo siento hoy. Sobre la base del trabajo común, y cierta experiencia parecida, a veces he podido ver las cosas desde su punto de vista, y comprender alguna parte de la frescura y claridad con que ellos veían elementos de la práctica y espiritualidad cuáquera con los que antes yo no había sentido conexión alguna. De esta manera, mientras más entraba en la condición de ellos, aunque fuera a tientas, más capaz era de aprender de ellos. Esta simpatía me ha dado la capacidad de reconocer cuando sus escritos, que al principio me parecían tan opacos, hablan de condiciones y eventos espirituales palpables con los que yo sí puedo conectarme, y aceptar que me reten y me instruyan.

No soy un Amigo «sencillo»;[4] no soy más que una persona de mi tiempo. Mi experiencia religiosa refleja la historia de mi vida, mis talentos, el entorno social y mis limitaciones, al igual que en cualquier otro. No estoy recomendando un Regreso al Pasado. Al contrario, de mi propia experiencia y práctica puedo dar testimonio de fuentes extraordinarias de nutrición interior —espiritual, emotiva e intelectual— cuando he tenido en mente que Dios les ha hablado a otros igual que a mí, y cuando he tomado en serio el vínculo que el Espíritu forja dentro de nuestra comunidad, tanto entre los contemporáneos como con los Amigos del pasado. Aunque este esfuerzo implica conflictos, además de otras bendiciones que son más fáciles de aceptar y entender, es una consecuencia esencial de tener fe en Dios como maestro de confianza.

No estamos solos, los pocos miles de Amigos modernos y nuestra comunidad no han comenzado solo durante nuestra vida como Amigos. El árbol vivo continúa creciendo, activo en sus hojas y en las finas capas exteriores de células acumuladas en años recientes que anillan la madera. No obstante, la vida de este año no sería posible sin los tejidos generados el año pasado, y durante todas las décadas anteriores.

4 Un Amigo de siglos anteriores, o de la rama conservadora, que ha mantenido muchas costumbres distintivas del pasado, en la adoración, en los procesos del gobierno de la iglesia, en su lenguaje y su vestimenta. TR.

CAPÍTULO 13

La guía del Espíritu Santo

El consejo: «somete toda tu vida a la dirección del Espíritu Santo»,[1] es un reto primordial para todo aquel que lleve en sí un interés espiritual, y tal vez se aplique, especialmente, a ti si eres fiel y útil en el ministerio. El ejercicio de este don es un tipo de liderazgo y destaca al ministro —de ahí se deriva el nombre antiguo de «Amigo público». Edward Hicks una vez señaló: «Es cierto que mi carácter público es un tipo de propiedad pública».[2] Tus experimentos y experiencias con esta labor espiritual, el corazón de la sencillez, son importantes por dos razones. Primero, es nuestro llamado como seguidores de Jesús; segundo, es probable que te haga falta ordenar y clarificar tu vida para poder ser fiel a tu llamado al servicio en el ministerio. Por último, te dará percepción y comprensión de cuán difícil es, y cómo la dependencia en la dirección y el poder de Dios está en el corazón de nuestro éxito en este esfuerzo. Todo esto debe madurar tu ministerio y profundizar tu comprensión para con otros que luchan con las mismas decisiones.

La mayoría de los Amigos están conscientes de los retos de establecer equilibrio entre nuestra vida laboral y nuestra vida espiritual —pero en este mismo momento en que lo escribo, espero que el lector esté pensando: ¿Acaso nuestra meta no es «someter toda la vida» bajo el orden del Espíritu Santo? Además, lo que hacemos para ganarnos la vida es una fuente importante de instrucción y entendimiento en múltiples niveles, desde lo personal hasta lo social y lo político. Si tenemos cuidado, nuestros empleos son formas de servir y también de dar testimonio con nuestras vidas. Sin embargo, hay momentos en que un tipo de trabajo está en el primer plano, y parece que el otro retrocede. Es señal de madurez estar más y más conscientes durante

1 Junta Anual de Londres, *Consejos-Cuestionamientos*, 1964, 702.iv [accesible en raicescuaqueras.org]. TR.

2 Hicks, 1851, p. 128.

todo el día de que Dios está cerca en un sentido benévolo y santificador. El equilibrio siempre es dinámico, porque todas nuestras acciones ocupan parte de nuestro tiempo limitado. El reto del Amigo bajo un interés espiritual es prestar atención a ese equilibrio dinámico.

La labor de nutrir la vida espiritual requiere cierto tiempo de concentración, en lectura devocional, en reflexión silente y oración, y en los demás ejercicios a los que seamos guiados. No es fácil prestar la debida —y no más que la debida— atención a las exigencias económicas y sociales. Para la mayoría de los ministros nunca habrá una solución única y definitiva, sino repetida atención y consideraciones de esta cuestión durante el transcurso de la vida. Sobre la base de su estudio y experiencia Bill Taber conjeturaba que, probablemente, la mayoría de los ministros entre los Amigos no eran ricos. En ocasiones, aceptar el llamado también implica reconocer que el buen éxito en cualquier ocupación ha de ser limitado; porque, aunque te lances al trabajo con todo esmero, y quizás hasta con gozo, tienes que reservar cierta parte de tu tiempo y energía —y no las sobras— para tu servicio en el ministerio. Así ha sido mi propia experiencia.

La descripción es bien conocida, y vale la pena considerar de nuevo lo que John Woolman dice acerca de un momento en que cambió de ocupación, para que no le tomara más tiempo y atención que lo debido:

> El crecimiento de mis negocios llegó a agobiarme porque, aunque tenía la natural inclinación al comercio, creía, sin embargo, que la Verdad me requería vivir libre de amarras externas. Había ahora una lucha en mi mente entre los dos, y en este ejercicio clamé al Señor quien por su gracia me escuchó y me dio un corazón sumiso a su santa voluntad. Entonces reduje mi negocio externo y en cuanto tenía oportunidad informaba a mis clientes de mis intenciones para que buscaran otra tienda donde comprar y con el tiempo me deshice de la mercancía continuando mi oficio como sastre, solo sin aprendiz. También tenía un vivero de manzanos en el que pasaba parte de mi tiempo limpiando maleza, injertando, y podando.[3]

Sin embargo, vale la pena recordar, que no solo ganarse la vida puede crear «amarras externas». Job Scott, sobre esto en particular, narra el dilema que surge de la actividad excesiva en los asuntos cuáqueros:

3 Woolman, *Diario*, 2018, pp. 30-31 [accesible en raicescuaqueras.org]. TR.

> A veces recientemente he descubierto que es mi deber esforzarme más interiormente, y ocuparme menos de lo que hacía antes en el ejercicio de las sanas reglas de la Sociedad [de los Amigos]. Cuando he obedecido el llamado a esta quieta morada interior, y allí he sentido mis lomos debidamente ceñidos,[4] creo que esto ha contribuido mucho más al ejercicio correcto de la disciplina dentro de la Sociedad que cuando, con el deseo de contribuir a la buena administración, he hecho más de lo debido, pensando que lo estaba haciendo bien.[5]

«El Trabajo de la Junta» puede ocupar más tiempo de lo apropiado, y cada año durante la «temporada de nominaciones» me pregunto sobre mis límites y mi libertad al respecto. Por un lado, deseo ser útil y hacer mi porción justa; por otro, si de verdad llevo en mí un interés de trabajar en el ministerio, este interés es una porción importante de lo que me corresponde. Por una parte, debo cuidarme de no eludirlo, y, por la otra, debo contribuir de otras maneras según me siento libre, y cuando los Amigos me lo pidan.

Para un ejemplo concreto de esta búsqueda de equilibrio, ofrezco mi propia práctica. Durante varios años he tratado de limitar mis talleres o actividades similares a tres por año (un número arbitrario) y no he aceptado la mayoría de las nominaciones a comités. He informado a mi junta mensual, de manera explícita, sobre esta parte de mi disciplina, para ofrecerles la oportunidad de aconsejarme si piensan que debo cambiar en algo. En mi informe a mi junta en 2004 escribí:

> Mi empleo requiere mucho, y el próximo año quizá demande más; por eso me hace falta asegurar que mi trabajo cuáquero utilice una porción apropiada de mi tiempo, y no más. Si echo una mirada retrospectiva al año 2005 y veo que hice menos cosas, aunque las hice bien, entonces estaré satisfecho. También debo decir que mi mente no se siente cómoda con mi servicio dentro de nuestra junta mensual. Es decir, no estoy seguro que me he esforzado lo suficiente en la búsqueda de aperturas en las que pudiera contribuir más. Continuaré como presidente [de la junta mensual] durante el año que viene, pero no tengo claridad de que debo continuar de ahí en adelante. Bien puede haber llegado el momento (¡o ya se pudo haber pasado!) en que otra persona deba tomar esa responsabilidad.

4 1 Pedro 1:13. TR.

5 Scott, 1831, vol. 1, p. 133.

El equilibrio dinámico en las actividades, la sumisión al buen orden, es un aspecto esencial en la vida del Espíritu. Esto toma una forma específica en la vida de alguien que ha aceptado el llamado al ministerio, y, de esta manera, la integridad de la vida forma parte de nuestro testimonio.

> También se esperaba que [los primeros Amigos] *añadirían cometidos más profundos* a sus vidas cotidianas cuando recibieran la capacidad de hacerlo. No era cuestión de escoger ni de elegir partes con las que se sentían cómodos, satisfechos de pasar por alto las demás partes [...] He aquí la pregunta a la que debemos enfrentarnos: ¿Somos ejemplos de la vida fiel [...]? ¿Estamos abiertos a esos frecuentes y leves y repetidos impulsos del Espíritu para que nos aferremos más a la Raíz, *mientras seguimos deshaciéndonos de cosas* —actividades, conocidos, hábitos, y rutinas mentales— que nos distraen de una obediencia cada vez más esmerada?[6]

6 Grundy, 2012, p. 11.

CAPÍTULO 14

Aprender en la obra

Vale la pena examinar de vez en cuando lo que sucede cuando ejerces tu don. Al actuar, según te parece, basado en un llamado a servir, surge mucho material para la reflexión. Parte de este material viene en forma de comentarios y evaluaciones de varios tipos. Por ejemplo, puede ser que la gente reciba el servicio como tú esperabas, pero quizá no. La reacción puede ser negativa o positiva. De la naturaleza del contenido de la reacción, recibes cierta información sobre la condición de los que querías servir, y también de tu propio discernimiento sobre cuándo hablar o cuándo callarte, y sobre qué decir.

Otro tipo de reacción proviene del análisis retrospectivo, que puede brotar de los impulsos del Espíritu, para mostrarte tu condición. Cuando tomas asiento después de hablar, o en la próxima oportunidad para tener un momento sosegado de receptividad, es posible que sientas una amonestación interior, una sospecha que se levanta sigilosamente, que quizá te equivocaste, que quizás hablaste inoportunamente, que quizás actuaste impulsado por un motivo erróneo. Aunque objetivamente lo sintieras como «algo bueno», o algunos Amigos expresaran satisfacción; no obstante, puedes escuchar interiormente: «No he requerido esto de tus manos.»[1]

> Si el llamado de verdad viene de Dios, la fuerza será dada. Si no, después de hablar el ministro sentirá una tierna amonestación y una inquietud interior. La experiencia le enseñará a distinguir entre un sentido de incertidumbre que viene de Dios, y la incertidumbre humana.[2]

1 Isaías 1:12. TR.

2 Benson, 1979, p. 49.

Aun peor, puede ser que te des cuenta, o sospeches, que emprendiste la obra a sangre fría, porque sentías que eso era lo que se esperaba de ti, o porque querías que alguien hiciera algo, o porque tuviste razón para creer que tal mensaje «le haría bien a la reunión». Puedes haber sido impulsado a la obra porque tu opinión de ti mismo lo requería.

Un tercer tipo de evaluación proviene de tu reacción personal, de tus sentimientos acerca de la ocasión. ¿Acaso sientes que tu yo fue cebado? ¿Calculas la influencia que esperas haber tenido sobre tal o cual Amigo (ya sea por temor o por autocomplacencia)? ¿Te pusiste freno por timidez, o simplemente porque no te sentías inclinado a esforzarte más allá de cierto punto? ¿Te sientes sorprendido, preocupado por tu reputación, o ansioso sobre las implicaciones o la recepción de tus palabras?

Por supuesto, de vez en cuando tales cosas nos pasan a todos —no estás solo —. En el regusto la forma de quedarte aferrado al don es por medio de tu actitud durante este momento de reconsideración o reflexión. Esta postura o actitud se desarrolla siempre y cuando cultives un espíritu de vigilia, y las prácticas y los hábitos mentales que lo apoyan. Al principio, puede ser que tengas que dedicar energía, voluntad, y tal vez pensamiento o destreza a este proceso por encontrarlo difícil. También puede ser que necesites prestar esmerada atención porque te sientes vulnerable: temeroso, orgulloso, demasiado crítico de ti mismo o de otros.

Sin embargo, es importante que no te obsesiones ni te pierdas en un autoescrutinio que da demasiada importancia a ti mismo. Si todo lo que pasa te parece dramático, para bien o para mal, cuando los demás no lo ven así, te hace falta ir con cuidado. Examinar todo lo que sucede con temor es un tipo de escrúpulo. Y es un tipo de orgullo inyectar en una cosa más significado del que merece, o dramatizar en exceso tu experiencia. Busca la raíz de lo que te preocupa, aprende a darle nombre, y entonces trata de encararlo (un tema que retomo más adelante). Entiende en qué circunstancias tiene un verdadero significado que sirve como advertencia para ti, o en qué circunstancias sirve como expresión de un aspecto del *yo* que todavía no ha sido iluminado por la enseñanza y la guía de Cristo —es decir, un aspecto que todavía no has puesto en Sus manos abiertamente y confiado en Su sanación e instrucción.

La clave de este tipo de ejercicio es someter tu condición a la obra de Cristo, con todos tus temores, malestares, o confusiones (a la medida en que los entiendas). Lo mejor que puedas, fija tu mirada más allá de tus análisis, ansiedades, y miedos, hasta que te hayas tomado el tiempo necesario para hundirte en el sosiego, para llegar a la morada de la oración. Mientras esperas, si aún sientes mucha tensión en tu cuerpo, o si tus pensamientos vuelven a los problemas y los debates que insisten en ocupar el centro del escenario, mira a cada uno de estos con amor hasta que sientas que pierden su control sobre ti. Con eso de «mirarlos con amor» quiero decir, reconocer que son reales e importantes para ti —sin decirte que no debes ser así. Aquí la verdad es la senda hacia el progreso en la vida espiritual. Si te es necesario, personifica las imágenes que te acosan, y asegúrales (a esas imágenes o a ti mismo) que recibirán lo que les corresponde una vez que hayas llegado al verdadero sosiego.

Es sumamente importante que sepas, primero y sobre todo, que estás presente ante el Señor tan abierto como puedas, y que te des un momento (no importa cuán largo) para sentir el amor de Dios, y tu seguridad y dependencia en ese amor.

Ahora puedes tomar aliento y presentar tus problemas, uno tras otro. En ese lugar sosegado, puedes estar casi tan imperturbable por tu desorden como lo está Dios. Puedes estar muy consciente, quizá con una sonrisa avergonzada, que, aunque no pudieras confesar tu necesidad, el Consejero divino ya la conoce. Esconderla o disimularla atrasa sin propósito, y lo más fácil es elevar el caso ante la Luz.

Lo que estás tratando de aprender es someter tu mente a Dios, hasta que sea educable, hasta que eso llegue a ser un reflejo inmediato e incontestable. Cada vez que realices algo porque estás llamado a hacerlo, o cada vez que sientas que hacerlo es requerido de ti, vuélvete adentro y siente tu condición. Pronto —o a menudo— llegarás a reconocer cuando hay que examinar una seria cuestión, y cuando puedes sentirte seguro para seguir adelante sin prestarle mucha atención.

Se puede expresar esto de otra manera: mientras actúas basado en tu don y continúas aprendiendo del don, sigues aprendiendo el hábito de estar disponible y ser educable. Como resultado, el ojo o el oído interior se abre con más facilidad, y tu mente es iluminada más y más por la mente de Cristo. La meta aquí es quedar abierto y alerta, confiado y dispuesto. Te preguntas, según le gustaba citar a Douglas Steere: «¿Fuiste fiel? ¿Te sometiste?». A veces la respuesta va a ser: «¡No!» y a veces: «¡Sí!». En cualquier caso, al cultivar el hábito que acabo de describir, podrás dar gracias por tu confianza en la guía del Señor, y podrás utilizar esa guía. Si no preguntas, no vas a aprender.

CAPÍTULO 15

Sobre el desaliento

A menudo te sentirás desalentado en tu servicio. Altas y bajas son partes naturales en toda vida espíritual. Fatiga física, mal clima, complicaciones en el empleo, noticias tristes o relaciones difíciles pueden agobiarte. Además, sucesos como estos pueden distraerte de tu práctica espiritual, hasta que sin darte cuenta no dedicas el tiempo acostumbrado a la oración, la lectura devocional, la meditación, etcétera. Por eso te falta cierta nutrición espiritual, y tus ritmos más saludables quedan interrumpidos. Si estás muy consciente de tu salud espiritual y te das cuenta de este tipo de sequía, puedes sentir la tentación de tratarlo como algo más serio de lo que es en realidad. Si restableces tu práctica, cualquier sequía debida a ese tipo de causas temporales pasará rápido.

Es preferible no pensar que tu fidelidad depende de la «inspiración», en el sentido común de esa palabra. Típicamente, eso implica una oleada de energía y entusiasmo que hace que las cosas fluyan. Se presenta con su carga de adrenalina, y con una sensación de posibilidades expandidas. Este tipo de inspiración no dura mucho; agota el cuerpo y las emociones, y pronto pierde su ímpetu, minada por la fatiga o los contratiempos.

Por supuesto, un ministro bien puede tener estos momentos de alta energía y entusiasmo, y no debe descartarlos ni menospreciarlos. Pueden formar parte del impulso hacia un acto de servicio, ya sea hablar en la reunión de adoración, o durante otra ocasión que requiere cierto riesgo. Sin embargo, no hay que darles más importancia de lo que merecen. La «inspiración» que buscas puede incluir tales momentos, y lo que dura más es un sentido de claridad, de atención espiritual, y de estar disponible, de estar muy presente para con Dios y para aquellos con quienes te encuentras.

No obstante, suponiendo que has aprendido a mirar más allá de estos cambios de ánimo pasajeros, a veces sí te vas a encontrar dentro de un periodo más extenso en el que te sientes débil y descorazonado. En tales periodos, la senda más segura y sabia hacia la comprensión reside en sentarte y esperar a sentir la presencia del Señor antes de considerar tu condición.

No quiero decir que al sentarte en la quietud, por seguro vas a recibir consuelo rápido y específico, ni respuesta mágica alguna. Lo importante es restablecer la conexión con tu Guía y Consejero. Mary Capper advierte:

> Nadie ha buscado al Señor en vano, aunque a veces le place esconder la luz de Su rostro a Sus hijos que lo esperan y dependen de él. Nuestra seguridad yace en la sencillez, la humildad, y la fe.[1]

Tienes que comenzar a hundirte hasta ese lugar donde puedes reconocer la presencia de Dios, no importa lo intenso de tu agitación, ni lo mucho que sientes que nada te mereces. Prepárate para ver que algo, o mucho de tu agitación o del sentido de sobrecarga es en realidad furia o frustración. Sea o no justificada, esta cuenta es menester saldarla. Después de reconocer tu condición, tienes que buscar de dónde proviene.

Ten paciencia al buscar el lugar donde puedes sentir la Semilla, porque solo en esta presencia puedes hacer la labor de entender y responder a tu desaliento. Se nos manda amar al Señor nuestro Dios con todo corazón, alma, fuerza y mente.[2] Solo cuando estamos en ese lugar donde podemos sentir que amamos a Dios y que Dios nos ama, podemos comenzar la labor de oración que hace falta para comprender nuestra condición. Cuando estamos en ese lugar, es probable que sintamos la confirmación de nuestro valor fundamental como hijos de Dios. Recibimos la audacia para examinarnos a nosotros mismos ante la verdad, y la humildad suficiente para aceptar guía, primero del Señor, y segundo de cualesquiera de sus fieles siervos que quizá acuda a nosotros a traernos consejo. También me ayuda evocar el pasaje de la Escritura: «no temáis a los que matan el cuerpo, mas el alma no pueden matar; temed más bien a aquel que puede destruir el alma y el cuerpo [...] ¿No se venden dos pajarillos por un cuarto? Con todo, ni uno de

1 Capper, 1860, p. 57.

2 Deuteronomio 11:13; Lucas 10:27. TR.

ellos cae a tierra sin vuestro Padre».[3] Aun dentro de nuestra más baja y más débil condición, si deseamos ser fieles, Dios llega a nosotros incluso en medio de nuestra infidelidad y desconcierto.

Una vez que has encontrado este lugar más hondo que el miedo y la autorrecriminación, puedes comenzar a considerar, en la Luz, la naturaleza de tu desaliento. Al buscar respuestas, tanto con la mente como el corazón, podrás reconocer cuando has encontrado parte de la verdad. Mas no te apures a aferrarte a lo primero que se te ocurre, la primera queja que se te sale en lo interior. En esos momentos, sigue esperando en la Luz, y permite que se manifiesten en tu consciencia cualquier otra queja que puedas tener, y otros miedos que puedas haber sentido. Esto te ayudará a evitar conclusiones prematuras, y un cierre precipitado a tu indagación.

Durante este proceso, para no sobrecargar demasiado tu memoria, tal vez quieras escribir tus inquietudes en un diario, o incluso en una hoja de papel desechable. Lo más importante es quedarte en ese lugar de sosegada confianza, para que no tengas que temer cualquier cosa que entre en la mente. «El eterno Dios es tu refugio, y acá abajo los brazos eternos».[4]

Quizá te ayude leer sobre algunos de los tipos de desaliento que otros ministros han sentido y con los que han luchado. Al considerar estas cosas, a veces he dicho: «¡Ah, eso mismo es!», aunque igual a menudo he dicho: «Estoy seguro de que no es ninguna de estas cosas. ¿Qué otra cosa puede ser?», y, de esta manera, he utilizado estas ideas como una manera de impulsarme a buscar con más esmero las fuentes de mi propio problema.

¿Has sido infiel en algo que se te ha requerido?

Ministros de todos los tiempos han luchado mucho con esta pregunta, no importa cuán grande sea su llamado y crecimiento en el espíritu. En verdad, mientras llegas a tener más experiencia en escuchar la voz del Señor, en sentir dónde su vida se alza en ti y en otros, y en acogerla con gozo, también estás más consciente acerca de dónde esta vida está obstaculizada, y, en especial, dónde puede ser que tus propios hechos o

3 Mateo 10:28–29.

4 Deuteronomio 33:27.

actitudes la obstaculizan. De cierto, en mi pequeña medida, este problema me ha cortado en lo profundo.

Es muy posible que sepas con mucha claridad que te has quedado corto en algo. En su ensayo, «En relación a ser movido por el Espíritu Santo a dar ministerio en la adoración pública»,[5] Lewis Benson escribe: «Si el llamado es de Dios, la fuerza será dada. Si no, el ministro sentirá una tierna reprensión y un desasosiego interior después de hablar». En ocasiones, otro Amigo reforzará el mensaje que el Señor ha enviado a tu interior.

Me acuerdo de un momento en que hablé en la adoración, tomando como texto el padrenuestro. Me senté con una sensación de desasosiego, sintiendo que quizás había calculado que hacía falta dar este mensaje, en vez de sentirme guiado a ofrecerlo ante los presentes en este momento. Dentro de unos minutos, un Amigo visitante se puso de pie, y empezó aludiendo a Cromwell: «por las entrañas de Cristo, pensad que es posible que estéis equivocados».[6] Continuó con un mensaje muy diferente, apropiado a la necesidad de la reunión, señalando al hacer la transición que no veía la conexión entre la cita de Cromwell y la otra parte del mensaje, pero sentía que tenía que decirlo. ¿Quién sabe si fue guiado a esto porque otro Amigo —yo— necesitaba una lección de discernimiento?

Aquí deseo añadir un pasaje del diario de Joseph Hoag:

> Estuvimos en la junta de Mamaroneck. Aquí, al darme cuenta de que mi mente era guiada hacia varios temas, decidí dejar de hablar en lo que pensé era un momento oportuno. Pero después de sentarme, no sentía esa clara quietud que, por lo general, siento cuando mido el tiempo correctamente; no estaba dispuesto a ponerme de pie de nuevo, ni a arrodillarme —porque mi mente encontraba un freno contra ambos—. Me quedé sentado hasta que eso se desvaneció, y entonces cerré la reunión. Después de salir, un anciano consejero vino y me tomó la mano y me dijo: «Joseph, has predicado a otros para que sean fieles a sus dones; ¿has sido fiel al tuyo? Confieso que no esperaba que la reunión se cerrara así», y se fue. Aunque yo no esperaba ser descubierto de tal manera, me alegró encontrar tanta honestidad en el Amigo.[7]

5 Benson, 1979.

6 Célebre frase de una carta de Oliver Cromwell a la Iglesia de Escocia. TR.

7 Hoag, 1861, p. 153.

Por supuesto, el problema puede radicar en alguna acción que tomaste o descuidaste en tu trabajo o tu vida familiar. La perturbación interior que emerge de tal acontecimiento puede hacerte menos capaz de sentir hacia dónde debe ir tu senda, y provocar chubascos o trastornos emocionales que debilitan tu juicio y tu fuerza durante cierto tiempo. Todos somos propensos a tener experiencias sobre las que sentimos desazón, remordimiento o vergüenza, que nos recuerdan que nos hace falta progresar más antes de que podamos vivir día tras día, y hora tras hora, con la consciencia alerta a la presencia de Dios. Además, tenemos que mantenernos atentos a nuestra porción de la obra de reconciliación en el mundo, en especial, cuando tenemos un desacuerdo con otra persona, o nos hace falta pedir o dar perdón. Tal vez tengas que dejar el ministerio hasta encontrar alguna solución: «si traes tu ofrenda al altar, y allí te acuerdas de que tu hermano tiene algo contra ti, deja allí tu ofrenda delante del altar, y anda, reconcíliate primero con tu hermano, y entonces ven y presenta tu ofrenda».[8] Sin embargo, es importante que no te aferres a una respuesta demasiado rápido. Es posible que una idea que lleva cierto peso de veracidad solo es la puerta hacia tu verdadero problema.

¿Sientes que tu labor no produce el éxito que esperabas?

Quizá nadie brinda aliento al servicio que ofreces. Quizá solo te ofrecen desaliento. Tal vez sientes que los Amigos u otros malinterpretan tu intención, tu sinceridad, tus métodos, o tu capacidad; esto es particularmente doloroso si la junta de la que eres miembro no puede apoyar tu interés espiritual o tratarlo de manera seria y respetuosa. También puede ser que las circunstancias parecen conspirar contra ti; «no se abre el camino», a veces por largo tiempo. Entonces es importante explorar si has de mantener tu cometido al interés espiritual, quizá con un cambio de planes para la acción.

Conozco una amiga quien había recibido un llamado fuerte y claro para ayudar a establecer una nueva institución para servir a ciertos Amigos pobres en África. El llamado era tan claro que, cuando hablaba de la apertura, se levantaba en los oyentes un sentido de regocijo e inspiración. Sin embargo, cuando seguía adelante, encontraba más y

8 Mateo 5:23–24.

más obstáculos humanos. Algunos tenían sus propias agendas; otros sospechaban los motivos de ella; unos temían que ayudarle a ella disminuiría su propio *status*; algunos pensaban que debía formar parte de una estructura institucional que en realidad no tenía lugar para ella. ¡Cuán aguda es la angustia cuando encontramos obstáculos de este tipo! ¡Cuán doloroso, que algo tan hermoso se trate como un asunto sospechoso y quizá sórdido! ¿Por cuánto tiempo puede continuar la esperanza y la ternura antes de que empecemos a preguntar: ¿qué fue lo que pasó aquí? ¿Era una moción del amor de Dios, o simplemente una buena idea nuestra carente del fluir de la Vida Divina para abrir camino hacia la ejecución? Puedes traer esto a la oración, y al consejo de tus Amigos, y recibir guianza para que perseveres, para que esperes con confianza a que se abra el camino. Tal fue la experiencia de mi amiga.

Sin embargo, es recomendable estar dispuesto a considerar sin temor si el llamado ha sido retirado. Esto puede suceder por razones que en poco o nada se relacionan contigo. No implica fracaso, sino simplemente que has sido tan fiel como te era requerido. Aquí es útil otro pasaje de Joseph Hoag. En 1823, Joseph se sintió guiado a visitar a los Amigos en varias juntas anuales. Escribió que había hecho algunos enemigos porque había sido activo en la disciplina, y ellos no se sentían cómodos para apoyar esa guianza: «Al hacerlo, había ofendido a tantos que no querían permitir que yo fuera. Mi Amo respondió: 'Haz lo que te mando, y si no te abro el camino, estarás claro'».[9]

Sin embargo, hace falta una pregunta final: «¿estoy equivocado?». La tensión entre tú y tu comunidad puede ser un indicio de que tus amigos sienten una renuencia o resistencia bien fundada. Si tus palabras o acciones causan disensión o división, o un sentido de dispersión y agotamiento en vez de un sentido de unificación y entrada en una vida nueva, entonces es deber de tus amigos dirigirse al problema de manera sencilla, amorosa y directa, y el deber tuyo es escuchar en oración, con mente y alma abierta.

¿Sientes que no recibes el reconocimiento o apoyo que mereces?

Este sentido es muy familiar para cualquiera que se esfuerza por servir. Sin embargo, es algo difícil de admitir. A menudo cuando estamos

9 Hoag, 1861, p. 249.

avergonzados de lo que pensamos, no nos permitimos examinarlo honestamente. He aquí uno de los momentos en que, al obrar en nosotros, la Luz nos dirige hacia lugares incómodos y nos enseña cosas que preferimos no ver. Para poder reflexionar sobre tus sentimientos de forma provechosa, es importante pedir al Señor calma en la mente. Solo cuando hayas explorado con cuidado estos sentimientos y sus causas, será posible desplazarte hacia una resolución, o quizás es mejor decir, hacia quedar liberado de estos sentimientos. Pero no puedes ser liberado si no los extirpas de raíz, y esto puede requerir una larga búsqueda.

Además, a veces es difícil discernir tu debido *status* dentro de la comunidad de Dios. Puedes decirte repetidamente: «el mayor de vosotros sea siervo de todos»,[10] y puedes saberlo intelectualmente. Pero no es tan fácil poder sentir cuán verídico es, y morar en el movimiento de amor que te hace posible servir como el Señor quiere. Después de todo, la meta de tal servicio es hacer posible que tu hermano o hermana viva como ciudadano de la Mancomunidad Divina, y (según se abra el camino) nutrir la vida de Cristo que crece dentro de él o ella.

Aunque primero y ante todo podemos y debemos confiar en Dios para nuestro sustento, también existen buenas razones para desear de los demás cierta retroalimentación, cierta seguridad de que sí prestas algún servicio valioso. Ofrecemos nuestro servicio para el bien de los demás, en un contexto social y psicológico con su propia validez que se debe considerar. Sin embargo, a veces nos quedamos a solas, sin apoyo humano alguno. Si nadie te brinda reacción alguna, y sin embargo, te queda claro que estás en tu debido lugar, tienes que aceptar el sentido de privación como parte del orden en que ejerces tu servicio.

No obstante, si después de orar y reflexionar en serio la cuestión persiste y te hace dudar de tu llamado, entonces ha llegado el momento de buscar el consejo de tus amigos. Puede ser que el camino se te esté cerrando, que la gente no acepta tu servicio, y tu pregunta dará la oportunidad a tus consejeros para explicar si estás haciendo algo que debilita tu ofrenda. Por otra parte, la petición de consejo puede estimular a los Amigos a que reconozcan su negligencia en expresar

10 Mateo 23:11. TR.

gratitud por tu labor, y puede impulsarlos a buscar formas apropiadas para dejarte saber que tu servicio ha sido aceptable. Existe un arte y destreza en la práctica de alentar a los demás que no estamos tan prestos a desarrollar como deberíamos hacerlo. Con mi carácter reservado, no me daba cuenta lo poco que alentaba a otros hasta que la falta se me presentó en oración, y fui guiado a prestar más atención en celebrar las cosas buenas que otros hacen, de forma que ellos puedan oír y recibir aliento. A veces las buenas intenciones interiores no bastan para nutrir a un ministro que se esfuerza quizá con mucho sacrificio.

Al igual que un gran esfuerzo físico requiere descanso y nutrición, cualquier tipo de servicio fiel requiere lo mismo. Pero tal vez no reconocemos este premio y aliento cuando se presenta, o quizá no aprovechamos el valor real que contiene. Por eso, cuando has actuado basado en un interés espiritual, no solo quédate alerta a la corroboración interior de que no te extraviaste de la senda, sino quédate alerta también para reconocer el premio cuando llega. Si te habitúas a dar gracias tan pronto como sea posible, y a reconocer el sentido de cumplimiento que acompaña la fidelidad, entonces obtendrás una buena parte del reconocimiento que te hace falta.

¿Sientes que te hace falta ayuda, o que no sabes cómo proceder, o que te estás enfrentando a un obstáculo insuperable?

Con frecuencia, algún Amigo acepta un interés espiritual para algún servicio, y todo le va bien al principio, pero después se interponen obstáculos. Nos parece que la senda se va cerrando, o sentimos que la energía y el optimismo menguan en nosotros, hasta sentir que no podemos dar el próximo paso.

Los Amigos dicen que, si seguimos una guianza verdadera, «el camino se abrirá». Cuando el camino parece cerrarse, nuestro impulso es poner en tela de juicio la guianza, o nuestro discernimiento inicial. Quizá me equivoqué sobre el momento oportuno, o el llamado, o mi entendimiento del encargo; tal vez mi comité no estuvo suficientemente centrado, o no expresaron sus dudas con franqueza. Sin duda algo anda mal.

Por supuesto, es cierto que algo puede haber fallado en aquel momento inicial. Sin embargo, también puede ser que la materia que traes entre manos, la gente o las alianzas o los asuntos pertinentes, simplemente resultan difíciles y van a requerir persistencia y renovada visión. En los diarios de ministros encontramos frecuentes lamentaciones sobre la dificultad de la labor del ministerio en diversas ocasiones. A veces el ministro está claro que la junta misma se ha endurecido y está poco receptiva al ministerio que se le ofrece, «cosa dura para el miserable viajero» según Elias Hicks expresa más de una vez.

Cuando se sienten abandonados o impedidos, los que escriben diarios suelen buscar lo que esto puede significar; a veces es útil acordarnos de estas meditaciones, aunque quizá tus explicaciones sean expresadas en otro lenguaje.

Por ejemplo, el agradecimiento de Job Scott por estos momentos de prueba crecía con el paso del tiempo porque le recordaban las limitaciones de sus propias fuerzas, y del hecho de que su ministerio era solo un apoyo a la obra interior de Cristo, cuya vida trataba de arraigar más su influencia entre el pueblo. Esto lo ayudaba a acordarse de que solo era un siervo, y que, si se mantenía fiel en lo que le había sido encomendado, nada más le sería requerido, y podía sentirse satisfecho de que caminaba al mismo paso de su Guía.

> Viajaba por muchas altas y bajas en mi mente [...] y me parecía que estaba más cerca que nunca de perder toda fe y esperanza en Dios [...] no siempre moraba en la atalaya lo suficiente, con confianza en aquel que nunca me ha fallado [...].[11]

Al escribir sobre un viaje en el ministerio a Irlanda, Martha Braithwaite se preguntó por qué saboreaba tan a menudo el gozo de servicio aceptable, y después caía en un periodo de vacío y debilidad. «Reflexionó que la vasija que mucho se usa, mucho hay que lavarla y volverla al estante, lista para la próxima vez», y así vio que los cambios de estado anímico eran en realidad parte de la totalidad del proceso de mantener su disponibilidad consistente durante un periodo de servicio intensivo.[12]

Por supuesto, tienes que buscar guía en la oración, y también confiar en un Amigo o Amigos que consideras capaces de escuchar con

11 Scott, 1831, vol. 1, p. 243.

12 Martha Braithwaite en Emmott, 1896, pp 55–56.

discernimiento y de ofrecer comentarios útiles. También mantente alerta a la dirección inesperada, mientras continúas el debate o interrogatorio interior. Lo más importante es no precipitarte a decidir qué hacer, sea seguir adelante o dejarlo a un lado. «Prueba con el vellón mojado y seco»,[13] sobre todo si la dirección inicial había parecido muy clara, y si Amigos aptos para discernir lo habían apoyado y afirmado. Confía en el don tal como se te presentó con toda claridad, y dentro de las dificultades del momento resiste a renunciar el sentido de bendición que se manifestó con el don. En particular, si los problemas del momento se relacionan con el proceso y los preparativos, permítete entrar en un retiro para orar en sosiego de corazón, incluso insiste en pasar tiempo en descanso y oración hasta que la tranquilidad de corazón te sea devuelta, y recuerda que oración también es acción. Te hace falta estar libre de la ansiedad de tener buen o mal éxito, y estar dispuesto a abandonarlo todo, aunque anheles continuar —y viceversa—. Cuando de verdad estás en esa condición en que tu propia voluntad está dispuesta a obedecer, y puedes dar gracias por la porción que recibes, serás más capaz de aceptar consejos y de discernir el próximo paso.

¿Te sientes descorazonado porque personas o ideas con las que no puedes simpatizar parecen muy comunes o incluso en aumento?

En estos tiempos de turbulencia cultural tanto dentro como afuera de la Sociedad de los Amigos, a veces vas a ver cosas que te llevan al dolor o incluso a la desesperación sobre el tipo de testimonio que los Amigos puedan estar dando al mundo. Puede ser que la gente devalúe o descarte tus creencias y tu forma de expresión, y quizá parezca que las cosas que tú consideras de mayor importancia resultan insignificantes para muchos de los demás. Los corazones parecen endurecidos o —aun peor— indiferentes a los asuntos más profundos. Esto te desgarrará. Cuando otros rechazan y marginan las cosas que consideras importantes, el sentido de dolor e ira puede ser muy intenso y persistente. Además, cuanto más progreses en tu vida espiritual, cuanto más te mantengas alerta y obediente a la Luz, tanto más llegarás a

13 Véase Jueces 6:37–40. TR.

sentir que las aperturas y los peligros espirituales son esenciales y urgentes.

Sin embargo, consuela poco saber que este tipo de angustia ha sido el destino de muchos a través de los siglos; sentirás las tentaciones de la ira y el desaliento frescas en ti mismo. Sin embargo, la única senda segura, la senda que da testimonio del Espíritu de Cristo, es la senda que todo lo sufre,[14] y con esperanza busca el testigo de Dios, que siempre está presente.

14 1 Corintios 13:7. TR.

CAPÍTULO 16

Discernimiento, guía y el papel de los ancianos consejeros

Los anacianos consejeros

En años recientes, al discutir lo que hace falta hoy para la vitalidad de las juntas, en ocasiones nos hemos referido a los papeles tradicionales denominados «ministro» y «anciano»(o «anciano consejero»). Es mejor considerar el tema de los ancianos consejeros teniendo en mente que no se trata de una abstracta «descripción de funciones», sino de individuos que están «bien maduros en la Verdad», que están alerta a los impulsos del Monitor Interior, y tienen un interés espiritual amoroso hacia la junta y también para con sus miembros. ¿Cómo se explica «la ancianía»?[1]

Empecemos con unas palabras sobre la institución de los «ancianos». Los primeros Amigos suponían que personas de madurez espiritual iban a emerger en su comunidad bajo la dirección del Espíritu, y al igual que en muchos otros grupos adoptaron el término Anciano para denominar tales personas —un término que tiene buenas raíces bíblicas.[2] En las primeras etapas, e incluso hasta el siglo XVIII, «anciano» era una descripción de la condición del individuo, más que un cargo. Se hablaba de George Fox, el gran ejemplo del ministro profético, como «ese loable Anciano en Sion»; y en algún momento también esto se

1 Entre varios grupos de Amigos angloparlantes, se dice «anciano» (*elder*) en vez de «anciano consejero» para el individuo, y desde muy temprano en la tradición se desarrolló el uso con aspecto verbal (*to elder*) que para traducirlo al español tenemos que poner en uso el barbarismo «ancianar» y sus conjugaciones, y para el correspondiente sustantivo abstracto (*eldership*) el vocablo arcaico «ancianía». En inglés estas palabras son muy peculiares al cuaquerismo, y no se usan en otros contextos; por lo tanto, al traducir al español vale la pena reproducir cierta rareza. En el uso actual a menudo se utilizan estos términos en un contexto negativo, refiriéndose solo a la función de amonestación. TR.

2 1 Pedro 5:1–2. También véase 1 Timoteo 5:17. TR.

decía de la mayoría de los Publicadores de la Verdad.[3] Sin embargo, desde la primera época, se reconoció que había individuos en cada comunidad cuyas cualidades espirituales brindaban un ancla para la vida comunitaria, distinta del sostén dado por los Publicadores de la Verdad, y complementaria a ese ministerio. Ya en 1653 William Dewsbury sugirió que los Amigos identificaran unos pocos ancianos consejeros en cada junta, los «bien maduros en la verdad».[4] Estos Amigos, con experiencia en la vida interior, formaban el núcleo de las sesiones de asuntos, que al principio no incluían a todos los miembros de la junta. (No había membresía formal en esos días, y, por lo tanto, valía la pena identificar algunos reconocidos como espiritualmente estables.)

Las funciones de los ancianos consejeros eran varias, y al igual que los ministros, no había papeles fijos. Los ancianos también servían de contacto para los Amigos viajeros; convocaban a reuniones, y tenían la responsabilidad de cuidar las reuniones de adoración (en aquel entonces al igual que hoy). A veces estos Amigos se reunían para consejo y apoyo mutuo. En Londres, Amigos varones que no eran ministros se reunían cada quincena en una reunión paralela a la Junta Matutina del Segundo Día de Amigos Ministros.

Desde el principio del movimiento cuáquero, los «Amigos públicos» —ministros y apóstoles— se brindaban un cuidado especial los unos a los otros. Se alentaban y aconsejaban, con frecuencia trabajaban juntos, y compartían noticias de sus viajes y de los acontecimientos y las personas con quienes se encontraban. A menudo recomendaban que otros ministros visitaran un lugar específico, y de forma muy esmerada se mantenían al tanto de hacia dónde viajaban los demás. Un gran

3 Los primeros apóstoles del cuaquerismo se llamaban «los Publicadores de la Verdad» —los que proclamaban la Verdad, el evangelio según los Amigos lo entendían. Nótese que estos Amigos no predicaban sobre un libro, ni sobre una historia, sino sobre el poder presente de Dios para la salvación, la obra actual de Cristo, la Verdad. Este grupo también se conocía como los sesenta valientes, nombre basado en un versículo favorito de George Fox, Jeremías 9:3; en inglés *valiant for the truth upon the earth* (valientes para la verdad en la tierra).

4 En su primera epístola (1652), William Dewsbury aconseja a los Amigos: «que sean escogidos entre vosotros uno o dos bien maduros en el Poder y la Vida, en el discernimiento puro de la Verdad, para responsabilizarse por el cuidado y gobierno del rebaño de Dios en ese lugar; he aquí la Palabra del Dios viviente a quienes sois escogidos». Dewsbury, 1689, p. 2.

número de cartas de Fox y otros sobre estas actividades se han preservado; muchas circulaban de mano en mano, pasando con frecuencia por Swarthmore Hall y Margaret Fell. Con regularidad aparece en una epístola general algún párrafo dirigido a «mis hermanos», y queda claro por el contexto que el escritor se dirige a otros ministros. Desde muy temprano, estos Amigos públicos sentían que era importante reunirse cada vez que fuera posible —según se abriera el camino, o cuando se presentaba algún asunto importante.

Cuando Londres llegó a ser un centro cuáquero destacado, se desarrolló la costumbre de que los ministros que estaban en la ciudad se reunieran en la mañana del segundo día (lunes). Se encuentran referencias a «la junta matutina del segundo día»; «la reunión matutina», y en tiempos más recientes «la junta matutina del lunes» — todos refiriéndose a la misma reunión. Adoraban, compartían las noticias y reflexionaban sobre cuestiones de mutuo interés. También repasaban la condición de las juntas en la ciudad y consideraban la distribución del ministerio entre las reuniones de adoración. Se tenía cuidado de que hubiera ministros de cada junta entre los presentes, especialmente porque en esa época las reuniones de adoración eran eventos públicos, parte de la obra evangelista de la Sociedad, la proclamación del Evangelio según los Amigos lo entendían. Se consideraba importante que los ministros no «anduvieran de un lugar a otro amontonados»; es decir, muchos en un lugar y ninguno en otro. Para ese fin, la junta matutina dirigía a los ministros a una reunión u otra durante la semana; con la salvedad de que se respetaba cualquier interés particular de un Amigo hacia una reunión específica. Se han preservado unas copias de las tabulaciones hechas para esta distribución. Por lo general, los ministros que podían se reunían temprano por la mañana del primer día para orar antes de salir hacia las varias reuniones públicas. También es menester recordar que había muchas «reuniones retiradas» en las que los Amigos dedicados se congregaban durante la semana. Los ministros viajeros también las visitaban, aunque tales reuniones solían ser más silentes y recogidas mientras los reunidos seguían atendiendo a la obra interior de Cristo.

De la década de 1690, en Irlanda, se han preservado los primeros documentos que distinguen «anciano consejero» como una función específica. Se escogía a pocos ancianos en cada junta que se reunían por separado de los ministros para considerar la condición espiritual de la junta. También asistían a las reuniones de ministros quienes desde los primeros días del movimiento se habían reunido regularmente para intercambiar dirección, consejo y refrigerio espiritual. Así empezó esa tendencia, que más tarde llegó a ser tan criticada, en donde los ancianos consejeros ejercían una influencia en contrapeso a la de los ministros en el liderazgo de la Sociedad Religiosa de los Amigos. En realidad, el liderazgo formal de la junta evolucionó hasta que se formó un triángulo estable de papeles contrastantes y complementarios: anciano consejero, supervisor, y ministro. Los supervisores eran los Amigos responsables del cuidado pastoral, y de la obediencia a las normas de conducta establecidas por la junta para el hogar y otros asuntos cotidianos. La labor de los supervisores podía parecerse a la de los ancianos; aunque los ancianos se concentraban en guiar a los ministros y en la atención a la adoración y al orden apropiado de discernir los asuntos de la iglesia. Sin embargo, en el sentido positivo los ancianos consejeros cumplían con su función de nutrir y cuidar. Se puede decir que su voz está incorporada hoy en nuestros cuestionamientos,[5] porque siempre preguntaban: ¿Cómo está la reunión de adoración? ¿Tienen los Amigos el ministerio que les hace falta? ¿Se educa bien a los niños y jóvenes? ¿Eres fiel y puntual en la asistencia? ¿Existe buen orden en la forma en que los Amigos son enterrados, se casan, se establecen en negocios, escogen sus viviendas, según la costumbre de los Amigos?

A mediados del siglo XVIII, la estructura del liderazgo de la junta se había establecido en un modelo sólido que se disolvió (al igual que muchas otras cosas) durante el siglo XX. Los ministros ejercían autoridad carismática; los ancianos consejeros ejercían la autoridad del discernimiento; los supervisores ejercían la autoridad pastoral. La división del trabajo era estricta. Por ejemplo, la junta anual wilburita[6]

5 Véase «Consejos y cuestionamientos» [accesible en raicescuaqueras.org] TR.

6 Los Amigos llamados wilburitas se organizaron a partir de una división en la Junta Anual de Nueva Inglaterra en 1845. El grupo wilburita (así llamado porque su líder principal era John Wilbur, ministro muy respetado) no estaba de acuerdo con las tendencias de modernización por las que abogaba el Amigo británico Joseph John Gurney (líder cuyo nombre es adoptado para referirse a los «gurneyitas»). Los wilburitas se aferraban a la disciplina de la adoración silente según la tradición cuáquera, vigente desde los primeros días, en los días de John Woolman, y hasta mediados del siglo XIX. La separación se extendió a varias otras juntas anuales, en particular a la Junta Anual de Ohio, que sigue

en Nueva Inglaterra recomendaba que un anciano consejero debía tener la responsabilidad de cuidar la reunión de adoración y clausurarla, para liberar a los ministros de la atención especial de este deber. Más notable aun, si un anciano consejero empezaba a hablar en las reuniones, él o ella debía suspender el ejercicio de la ancianía, y esperar que se aclarara su llamado —no se pensaba (por lo menos a nivel de disciplina) que una misma persona pudiera tener los dos llamados—. Aunque parezca innecesariamente rígido, esto refleja la percepción importante que a menudo los diferentes tipos de obra interior correspondientes a cada tipo de servicio son muy distintos.

Al mirar atrás hacia aquella época, pensamos hoy que los ministros eran la fuente de iniciativa y renovación —y a veces de error; los ancianos y supervisores representaban la estabilidad—.[7] Esto no es más cierto que cualquier otra generalización de este tipo —cierto en algunos

---

en pie hasta hoy en día. Su adoración es no-programada, y son definitivamente cristianos. Insisten que hay que confiar en la guía inmediata del Espíritu Santo en la adoración, en el discernimiento de los asuntos de la iglesia, y en todo aspecto de la vida cotidiana; esto matiza su ministerio vocal con un aspecto místico dirigido al corazón en vez de al intelecto.

Mantienen el compromiso tradicional de los Amigos con la paz y la sencillez —en vestido, consumo material y lenguaje—. Esto se extiende al habla directa, honesta y sencilla, cumpliendo con el consejo de Jesús. «Sea vuestro hablar: Sí, sí; no, no» (Mateo 5:37). Muchos Amigos wilburitas y otros asociados con las juntas conservadoras todavía usan el «lenguaje sencillo» de los cuáqueros: la segunda persona del singular (tú) para dirigirse a una sola persona, el rechazo de títulos convencionales tales como Señor/Señora, y el uso de la numeración de los días de la semana y los meses en vez de usar los nombres convencionales, la mayoría de los cuales se deriva de los nombres de dioses paganos (el miércoles, tres de enero se expresa «cuarto día, tercero del primer mes»).

Los demás grupos wilburitas o menguaron y desaparecieron, o se unieron a otros grupos de Amigos (por ejemplo, el caso de la Junta Anual de Nueva Inglaterra cuyas ramas wilburita y gurneyita se reunificaron en 1945, incorporando además tres grupos independientes). Un grupo con miembros de la Junta Anual de Ohio fundó la junta y la comunidad de Monteverde, en Costa Rica. Muchos individuos que toman como ejemplo a los wilburitas todavía siguen participando en juntas no-programadas en los Estados Unidos y en otros lugares.

7 Esta tensión estereotípica se representa bien en la controversia sobre el ensayo de Job Scott acerca de la Salvación por Cristo. Luke Howard, escribe que Job Scott fue culpable de publicar doctrina defectuosa en algunos de sus escritos, dice: «En el carácter de este querido Amigo ciertamente había un exceso por el lado de la imaginación y las emociones. Lo mismo había sido el caso con muchos hombres buenos y útiles antes de él, y este temperamento hace un ministro fiel, o valiente y enérgico en el cumplimiento de su deber, pero en cierta medida lo descalifica como juez competente de doctrina y controversias». Howard en Scott, 1993, pp. 70–71.

casos, inexacto en otros—. Es indiscutible, los ancianos consejeros sentían la necesidad de mantener la estabilidad y continuidad durante épocas de trastorno en la Sociedad Religiosa de los Amigos; y en cualquier lugar en que surgían innovadores poderosos, también se levantaban personalidades poderosas para resistirlos. El papel conservador de los ancianos consejeros condujo a las connotaciones negativas del verbo «ancianar».

Es fácil identificar a los Amigos en el ministerio; parte de su llamado es ponerse de pie y dejarse oír. Pero es difícil saber cómo nutrir el nacimiento y crecimiento espiritual de los ancianos, porque a menudo suelen ser muy discretos. Son esos Amigos que callan, piensan, y oran, cuyo aprendizaje y crecimiento interior no cesa, y cuyo cuidado por la junta crece en la medida en que ellos crecen.

La vida de una junta necesita guía estímulo, y cultivo —una dieta saludable de varios tipos de disciplina—. Un anciano consejero (¡no importa su edad!) puede decirnos las verdades difíciles para apoyar y alentar, para frenar y hasta reprender, porque sentimos cuánto nos aman en su fidelidad. Por supuesto, no hacen falta las palabras cuando el vivir es el mensaje, y personalmente sé que he estado aprendiendo las lecciones de sencillez, franqueza, y oración llana de algunos ancianos que conozco, quienes enseñan simplemente con su cometido a vivir lo que los Amigos entienden del Evangelio, tanto en la vida interior como en la vida exterior.

Siempre, los Amigos en el ministerio, u otros que llevan en sí un interés espiritual, han sido aconsejados a buscar uno o dos ancianos aptos en el discernimiento, quienes deben escuchar con simpatía y franqueza a su expresión del interés. No se deben seguir todos los intereses espirituales, o por lo menos no de inmediato; no todos deben ser seguidos por el primero que discierne la necesidad, ni en la forma que primero aparece. Un anciano consejero que ha tenido experiencia con muchos Amigos, y que ha mantenido una vigilia interior, puede ofrecer una conexión poderosa con la Verdad al ministro u a otro Amigo en el tumulto de guianza, confusión, o tentación. Un Amigo o una Amiga puede abrirse mejor al sentido del poder divino, y atreverse a tomar riesgos en el servicio, al saber que Amigos sabios y comprensivos (sean «ancianos» o sean «ministros») van a entender, aconsejar, alentar y refrenar con amor y franqueza según se requiera.

Buscar el consejo de otros ministros

Debemos estar agradecidos que los cuáqueros han redescubierto la importancia de la presencia de esos Amigos con un don particular de ancianía. También vale la pena acordarse que, al igual que el ministerio, la «ancianía» puede ser ofrecida por cualquier persona en una ocasión específica, bajo la dirección del Espíritu. Además, nada puede reemplazar el consejo y la hermandad que los ministros pueden ofrecerse los unos a los otros, y este tipo de cultivo y apoyo mutuo hace mucha falta. La razón para empezar este libro radica en lo raro e inestimable del franco y sincero intercambio entre los Amigos en el ministerio; la intención de este pequeño libro estriba en ofrecer por lo menos un eco de este intercambio.

Cuando un Amigo no ha madurado en el interés espiritual, hay mucho por aprender sobre cómo saber cuándo se debe actuar o hablar, y cuándo permanecer a la espera. Los que han luchado con las mismas incertidumbres pueden ofrecer apoyo y consejo fundados en la experiencia personal. Anne Crowley describe cómo, mientras acompañaba a unos Amigos viajando en el ministerio, ella misma empezó a sentirse llamada a presentarse en el ministerio. Sin embargo, se refrenaba porque creía que podría estar equivocada, y de todos modos sus compañeros contaban con más experiencia y ella no debía interferir en su labor. Continuaba callada, pero también callaron. En medio de la incertidumbre, sintió confusión, pero:

> Pasé una tarde instructiva con mis compañeros, quienes creo estaban bautizados en un sentir de mi condición. La próxima mañana […] se renovaba mi ejercicio; pero todavía tenía miedo de creer que fuera llamada a una obra tan grande e importante como ser ministro del sempiterno evangelio de paz y reconciliación.[8]

Llegó a entender que el silencio de sus compañeros era una consecuencia del suyo, y que en esas reuniones ella había recibido cierto servicio que abriría la senda para los demás:

> Me pareció que mi acción de retener más de lo apropiado les cerró la senda a mis queridos compañeros para la labor pública. De verdad, he llegado a creer que para conocer el levantamiento de la vida y poder

8 Ann Crowley en Skidmore 2003, pp. 39, 104.

en nuestras asambleas religiosas, hace mucha falta que todos los miembros vivientes del cuerpo mantengan su orden de rectitud, sea en actuar o en sufrir por amor a la causa.[9]

Sin embargo, otros retos brotan mientras uno lleva en sí el interés espiritual por los altibajos de la vida. En tales casos, el sentido de hermandad y responsabilidad mutua entre ministros puede brindar consuelo verdadero además de consejo sincero. Lydia Lancaster escribe a una vieja amiga suya:

> La última vez que supe de ti, fue en un periodo de mucha debilidad en ti, cosa que me impresionó profundamente [...] Quizá nos veremos en la reunión de primavera; mientras tanto sigamos fieles en nuestros deseos la una por la otra, y por Israel, y por la herencia de Dios en todas partes, pidiendo que la Verdad aumente y cubra la tierra para su alabanza en forma más general, y por el consuelo de todos sus enlutados,[10] que se vistan con mantos de alegría en lugar de espíritu angustiado[11] —eso desea, eso ora tu firme amiga con amor verdadero, en el pacto de la vida indestructible.[12]

No solo en periodos de lucha y oscuridad, sino también en periodos de gozo o de sólidos logros, una palabra de alguien que reconoces como un colega experimentado puede confirmar tu propia experiencia. Hace varios años, recibí un mensaje que irrumpió con un nuevo sentido de libertad y arrojo, para hablar desde mi vivencia interior con más fuerza y más ternura de lo que había podido hacer antes. Después, un Amigo mayor me dijo en una oportunidad que podía confirmar que había oído algo auténtico y fresco, y que por fin yo estaba «llegándole cerca». Conociendo su don para escuchar, y su propia larga historia en la búsqueda de la fidelidad, me sentí muy alentado —y también alerta más que nunca—. Cuando tal Amigo dice: «Hoy fuiste bien utilizado», esto significa mucho; y te hace más deseoso de afirmar y alentar a otros.

Pero estos encuentros personales, aunque son importantes, no representan todos los recursos que el cuaquerismo ha desarrollado para apoyar a los que llevan en sí el interés espiritual por el ministerio del Evangelio. Un servicio notable de las juntas tradicionales de

9 Crowley en Skidmore 2003, pp. 147–48.

10 Isaías 57:18. TR.

11 Isaías 61:3.TR.

12 Véase Hebreos 7:16. TR. Lydia Lancaster en Skidmore, 2003, pp 39–40.

ministros y ancianos consejeros era ofrecer una oportunidad constante para quienes llevaban el mismo interés (cada quien según su don) pudieran hablarse y aconsejarse mutuamente. Cuando estas juntas ejercían control y represión hacían daño, y nadie desearía su restablecimiento. Sin embargo, tenían la virtud de ser una afirmación explícita de la Sociedad Religiosa de los Amigos que los ministros deben reunirse para darse apoyo y consejo.

En su ensayo «Nuestro ministerio cuáquero veinte años después de cesar la inscripción de reconocimiento», T. E. Harvey (de la Junta Anual de Londres) deplora la pérdida de la oportunidad durante la sesión anual para que los ministros reconocidos se reunieran y se aconsejaran mutuamente, cosa que él había considerado un gran solaz y ayuda durante su juventud. No obstante, tal vez algunos no cuentan con un entendimiento claro del tipo de consejo que Harvey tiene en mente cuando escribe:

> Hay muchos tipos de consejos sencillos y prácticos que quienes son llamados a hablar en la reunión pueden ofrecerse los unos a los otros, consejos que no pueden expresarse en la misma forma por quienes nunca abren la boca en la reunión y no entienden desde dentro lo que significa hacerlo.[13]

También es probable que tales reuniones provoquen preocupación o temor de que representan una «élite» o «minoría selecta» dentro del cuerpo más amplio. Tales temores solo pueden calmarse con la evidencia de la experiencia de servicio más humilde, intrépido y eficaz entre quienes asisten y se benefician de tales encuentros.

> Eran ocasiones en las que los ministros de experiencia, con gran ternura y bajo el sentido de bendita unidad en el amor y servicio de Cristo, a menudo daban consejo sabio y útil a sus hermanos más jóvenes. En un espíritu amoroso y confidencial se evaluaba las ofrendas en el ministerio de aquellos cuyos nombres todavía no estaban plasmados en la lista de ministros aprobados; y cuando parecía que la ocasión lo requería, algunos individuos eran designados para concertar entrevistas con algunos de esos Amigos y comunicarles mensajes de consejo o aliento según lo requiriera el caso.[14]

13 Harvey, 1946, p. 189.
14 Dymond, 1892, p. 15.

Para los Amigos modernos no programados, quizá sea más práctico que los ministros (que puede significar «cualquiera que hable en la reunión de adoración y se sienta atraído a asistir») se reúnan, de manera informal, de vez en cuando para el apoyo y el consejo mutuo. En ocasiones es difícil organizar este tipo de reunión en la junta en que un Amigo es miembro —quizás por bochorno o algún otro tipo de recelo sobre la mera mención de que alguien tiene dones, o el temor de causar desacuerdos o desazón dentro de la comunidad. Por esta razón, a un visitante con este interés espiritual a veces le es más fácil lograr este tipo de reunión. A veces los Amigos en el ministerio ejercían el interés espiritual de convocar a los ministros en su área o durante algún viaje. Tales acontecimientos son bastante mencionados en los diarios de la época media del cuaquerismo por Amigos como Scott, Churchman o Bownas, para quien esto era un interés perenne. Más recientemente, T. Harvey escribe:

> Me acuerdo de asistir en Londres hace unos cuarenta años [c. 1900] a la reunión de Ministros Reconocidos que tenía lugar de vez en cuando [...] es casi la única reunión de Amigos en el servicio del Ministerio que puedo recordar por propia experiencia, a pesar de la instrucción muy explícita de la Junta Anual [de Londres] que recomendaba este tipo de hermandad en todas partes.[15]

Sabemos de encuentros de este tipo desde los primeros días del movimiento cuáquero; por medio de reuniones y correspondencia, los Amigos que llevaban en sí alguna parte del ministerio se entrenaban, se guiaban, se alentaban y se reprendían los unos a los otros con franqueza y amor, por la causa de la obra. Ya en el siglo XIX, J.J. Dymond recordaba el valor de esas ocasiones e incitaba a que se volvieran a hacer en su día:

> Si se pudieran restaurar las «reuniones de Predicadores» que existían en los primeros días de la Sociedad Religiosa de los Amigos, para mí sería el cumplimiento gozoso de un deseo de muchos años [...] no hace falta describir en detalle lo que debe ser la responsabilidad de tales reuniones. Brindarían [...] la oportunidad para oración unida, para la consideración de las necesidades del rebaño, y para consultar en pro del aumento y eficacia de la obra del Evangelio entre nosotros.[16]

15 Harvey, 1946, p. 189.
16 Dymond, 1892, p. 16.

Puedo informar de experimentos recientes y esperanzadores que quizás harán esta idea más concreta, más realista, y menos amenazante de lo que puede parecer a algunos lectores de este capítulo. En Nueva Inglaterra durante las décadas de los 1980 y 1990, los Amigos que estaban viajando en el ministerio nos reuníamos tres o cuatro veces al año y también manteníamos contacto por medio de un boletín informativo ocasional. Estas reuniones eran informales, típicamente unas pocas horas de un sábado; la asistencia variaba de seis hasta unos quince. Después de la adoración de apertura, nos tomábamos un tiempo para contar lo que habíamos hecho, a dónde habíamos ido, cosas interesantes que habíamos visto en las juntas que visitábamos. De esta manera todos mejorábamos nuestro conocimiento de lo que acontecía en varias partes de la junta anual, y también nos dábamos cuenta de las juntas específicas a las que le hacía falta visitas de Amigos.

Muchos de los que asistíamos no viajábamos tanto, o solo pensábamos hacerlo, y podíamos enterarnos de toda la variedad de visitaciones que se hacían, con o sin minutas, con o sin intereses o tópicos específicos de qué hablar. Intercambiábamos consejos sobre minutas de viaje, o cuestiones sobre cómo dar informes a nuestras propias juntas, nos brindábamos retroalimentación los unos a los otros y orábamos los unos por los otros. También encontrábamos compañeros de viaje, hacíamos arreglos para el acompañamiento y compartíamos almuerzos y relatos de nuestras vidas cotidianas. Las reuniones se desvanecieron cuando dos de los Amigos que las convocaban no pudieron seguir arreglando los detalles ni publicando los boletines. Sin embargo, mientras continuaron nos brindaban instrucción, refrigerio, aliento, y esparcimiento.

Desde esa etapa, he tenido un interés espiritual para convocar reuniones de Amigos en el ministerio dentro de Nueva Inglaterra y más allá. Mi función ha sido crear la oportunidad para una primera sesión, que haga visible una parte de la comunidad de Amigos en el ministerio en la región. Tales eventos incluyen tiempo social, adoración, y conversación. Les explico lo que entiendo del valor de tales grupos y su posible función para instrucción y aliento mutuo, y facilito la conversación entre los miembros del grupo. Después de la reunión inicial no hago más excepto por correspondencia ocasional. En algunos casos una reunión dio lugar a una práctica continua porque un Amigo local se sintió guiado a convocar el grupo; en cada caso el grupo se ha desarrollado de su propia forma. Otros Amigos han hecho esfuerzos parecidos, dentro de Nueva Inglaterra y en otras partes de los Estados Unidos. Estos encuentros informales han brindado aliento, ya sea una sola vez o como reunión continua.

La lectura de los diarios de ministros

> ¡Con cuánto esmero algunos de nosotros hemos leído las biografías publicadas de nuestros predecesores en el ministerio, buscando allí un entendimiento más hondo de la manera en la que han sido guiados! ¿Cuán profundamente interesantes nos han sido las palabras dejadas como huellas por los hombres y las mujeres que caminaron —quizás un poco antes que nosotros— en nuestra misma senda de servicio; leemos con la esperanza de que tal vez podríamos encontrar algunas señales para nuestro propio consuelo o guía?[17]

A pesar de su saludable desconfianza en la razón humana y la intelectualización, los Amigos ministros han sido atraídos a la lectura y el estudio —las Escrituras por supuesto, los textos de los Amigos, y también (según su inclinación) la historia, la filosofía, la ciencia, la teología, y más. Además de cualquier otro material, recomiendo encarecidamente la lectura de los diarios y otros escritos de los Amigos ministros del pasado. Son nuestros hermanos y hermanas, colegas en la obra, quienes han hecho lo posible para dejar constancia de sus experiencias mientras trataban de vivir fieles a su interés espiritual para con toda la gente, tanto los Amigos como los demás.

Cuando por primera vez llegué entre los Amigos, fui convencido por la vida que sentí en la junta que había encontrado. Sin embargo, después de cierto tiempo tuve hambre de guía, cosa que no pude obtener de los Amigos a mi alrededor. No digo que no fueran capaces de brindármela, pero yo no sabía lo que me hacía falta, y durante mucho tiempo nadie diagnosticó lo que obraba en mí. Comencé a buscar ayuda en los textos de los cuáqueros; me di cuenta que los escritos de los Amigos del siglo XX y el muy leído *Diario* de George Fox no era lo que me hacía falta. Cuando encontré el libro de Howard Brinton, *Quaker Journals: Varieties of Religious Experience among*

17 Dymond, 1892, pp. 30–31.

Friends (Diarios Cuáqueros: Variedades de la experiencia religiosa entre los Amigos), descubrí un extenso mundo de personajes cuyo testimonio quizá podía hablarle a mi condición.

Comencé con John Woolman (siempre una buena elección) y después descubrí a Samuel Bownas y Joseph Hoag. Al leer sus crónicas, saqué provecho de lo que sentí sobre la profunda obra en que se ocupaban, y de mi intuición de que su ocupación en esta obra estaba bajo la influencia del Espíritu del Señor. Con la ayuda de una oportuna ancianía, llegué a reconocer mi condición como la de un ministro en ciernes, y entonces comencé en serio a educarme con todos los relatos que pude encontrar de Amigos que habían luchado con esta experiencia, tanto en el pasado lejano como recientemente. Una vez que mis ojos fueron abiertos de esta manera, pude ver más y más personas cuyas palabras y vidas podían instruirme. Aunque las palabras y los ejemplos de los Amigos vivos son muy valiosos, también recomiendo a cualquier Amigo la lectura de diarios, y, en especial, a aquellos que sienten la moción interior de un llamado al servicio en el ministerio del Evangelio.

El valor de formar el hábito de leer diarios está en que mientras tu experiencia en el servicio aumenta, no desaparece tu necesidad del buen consejo —y el ejemplo— de otros ministros, y tu propia experiencia te permite ver y oír cosas que antes no te habrían llamado la atención. Al principio, tal vez, te parezca que los antiguos ministros están viviendo dentro de una cultura bastante distante a la tuya, distancia parecida a la que encuentras en los relatos de la Escritura. Tal vez sus experiencias sean distantes y difíciles de entender, y no solo por el lenguaje que usan para describirlas. No obstante, cuando tu servicio madure llegarás a un sentir íntimo y vívido de gran parte de lo que describen. En ocasiones, cuando estés luchando con nuevas experiencias o nuevas dudas, será más fácil visitar a tales consejeros, que no piden relación ni conversación con el lector, y cuyo cometido y dedicación impregnan lo que cuentan.

Apuntes sobre la experiencia de ser un ministro reconocido

Cuando los Amigos hablan de cómo alentar el ministerio, especialmente en el contexto del discernimiento y nutrición de dones, es probable que se mencione el tema de «los ministros reconocidos» o «los ministros inscritos». Esto genera una desazón que a veces llega a la disputa apasionada. Puedo dar testimonio de que ser un ministro reconocido me ha convertido, en cierta humilde medida, en un pararrayos. A continuación, ofrezco reflexiones sobre mi experiencia. No propongo que haya que fundar de nuevo una institución ya en desuso. Sin embargo, quiero afirmar lo siguiente:

- Primero: a menudo la institución se malinterpreta, y esto obstaculiza su posible relevancia hoy en día.
- Segundo: la institución antes sirvió a varios propósitos que los Amigos todavía necesitan cumplir. Esto representa un reto para que los Amigos busquen estructuras alternativas si las antiguas no sirven.
- Tercero: este reto está relacionado a cuestiones primordiales de teología y práctica entre nosotros, sobre las que valdría la pena esforzarnos para llegar a un entendimiento compartido. Me parece que las cuestiones apropiadas se relacionan con la manera en que nuestra comunidad reconoce (es decir, «llega a ver») los dones que están siendo derramados sobre nosotros[18] *y también* acepta un papel activo en su cultivo, sin el que los dones no van a producir el debido fruto.

Es menester relegar a un segundo lugar toda consideración de «la maquinaria» (o con más decoro, «gobierno eclesiástico») y atender primero al enfoque sobre la atención práctica a la nutrición de dones. ¿Cómo podemos hacernos más fuerte como una comunidad profética que proclama su testimonio? Existen palabras que no pronunciamos, actos que no realizamos, preguntas que no estamos preguntando; sospecho que parte de nuestra debilidad está relacionada a la forma en que no cuidamos los dones otorgados a nuestra comunidad. Además, sufrimos porque la gama de dones tradicionalmente nombrados como ministerio del Evangelio o ministerio público, no se apoya ni se nutre como es debido.

Como menciono en otras partes de este libro, desde el principio del movimiento los Amigos reconocían que el llamado al prolongado ministerio público representaba una gran responsabilidad y un servicio

18 Véanse Joel 2:28, Hechos 2:17. TR.

que requiere humildad —en especial para los que creían que todo ministerio brota de un fresco movimiento del Espíritu de Cristo—. Rápidamente se dieron cuenta de los problemas, los retos, los escollos, y las recompensas de un compromiso apasionado con esa vocación, y los Amigos sentían que hacía falta cuidar a los que se encontraban en esta condición. En los primeros días del movimiento cuáquero, los Amigos que sentían el llamado al ministerio público se mantenían en contacto con reuniones frecuentes y por correspondencia a nivel local, regional y nacional. Surgían espontáneamente, y eran intensamente conscientes del compañerismo, de su relación especial con otros Amigos Públicos, como resultado de su llamado compartido.

Desde la década de 1670 se reconocía que eras miembro de la Junta Matutina del Segundo Día al firmar en un libro grande cuando entrabas en la reunión. Sucedió en 1734 que un Amigo firmó, pero su derecho de asistir fue cuestionado. Después de largas disputas, la junta anual decidió que la Junta Matutina del Segundo Día no podía excluir a nadie que tuviera una carta de su junta mensual atestiguando que este Amigo era un ministro en buen estado entre ellos. Esta costumbre de Londres se aceptó en combinación con otras costumbres —las reuniones de ministros anteriores, la práctica de Amigos viajeros de llevar cartas que atestiguaban el beneplácito de los Amigos, la inclusión de ancianos consejeros en las juntas de ministros —elaborando así el sistema de nutrición y responsabilidad vigente durante gran parte de los siglos XVIII y XIX (con complicados detalles en los años siguientes).

¿Qué proceso se utilizó en mi caso?

Fui reconocido por la Junta Trimestral de Salem a petición de la Junta Mensual de Lynn en octubre de 1983. Tenía treinta años en ese momento.

La junta trimestral no había reconocido a ministro alguno desde hacía muchos años, aunque sí había aceptado la transferencia de las membresías de ministros reconocidos en otras juntas. Además, había juntas constituyentes de la junta trimestral que habían aprobado actas afirmando su oposición en principio a la práctica del reconocimiento de ministros. Sentían que era anticuada, que ya no hacía falta, y además que quizá no concordaba con los principios de los Amigos. Otra complicación era el status de Nueva Inglaterra como junta anual que había sido dividida en el pasado, y que ahora estaba reunificada. Como resultado, quedan varias juntas mensuales pastorales en Nueva Inglaterra. Un gran número de Amigos en las juntas no programadas asocian la práctica del reconocimiento de ministros con el sistema pastoral.

Por lo tanto, había una gran variedad de opiniones, unos aprobando y otros desaprobando la práctica, y los Amigos me comunicaban los dos tipos de opinión con franqueza. Sin duda había una suposición de parte de algunos que yo buscaba crear un status de autoridad para mí mismo o que estaba cayendo en algún otro pecado por orgullo. Dos Amigos mayores expresaron claramente que no pensaban que nadie «merecía» tal status, porque algunos ministros en el pasado habían transgredido los principios de los Amigos sin ser castigados, y muchos otros Amigos vivieron vidas santificadas y de notable servicio dentro y fuera de la Sociedad sin jamás llevar ese título. Algunos se preguntaban si yo estaba tomando partido con «el ala pastoral». Todo esto sucedía durante un periodo en que el lenguaje cristiano estaba emergiendo de las sombras en muchas juntas, y en ocasiones causaba división. Fue una etapa de muchos retos en Nueva Inglaterra, que en todo caso es una junta anual bastante dinámica.

¿Qué impacto ha tenido en la junta?

En primer lugar, quiero decir que ser un ministro reconocido no me ha conferido *status* alguno en particular, no más de lo que la junta destaca a su presidente o tesorero. A menudo pienso en esta comparación cuando escucho a algunos Amigos decir que reconocer dones en el ministerio público no es del todo democrático. Por ejemplo, los Amigos escogidos para ser tesoreros de una junta son reconocidos como personas que tienen la capacidad y el temperamento para cumplir con esa responsabilidad; los que sienten la importancia de esta labor llevan en sí el interés espiritual en el significado de nuestras finanzas aun después de cesar en esa función. Tales Amigos son considerados valiosos en nuestras juntas por su sagacidad y percepción —tienen autoridad espiritual por sus dones, y por la forma en que los han ejercido y se han madurado por medio de su servicio y oración.

El Nuevo Testamento (véase Hechos 6, Romanos 12, 1 Corintios 12) enseña la importancia para la comunidad de todo tipo de labor ejercida por amor. Cada forma de servicio debe ser recibida con gratitud y ejercida con esmero. No existe barrera que determine que no puede haber muchos Amigos en la misma junta con el mismo don. (Véase Capítulo 4, «Variedades de servicio»), y si esto es cierto, la junta está mejor dotada, con todos laborando bajo la guía del mismo Espíritu. Lo mismo sucede con el ministerio público del Evangelio (véase en Capítulo 4, «El reto del banco de enfrente»).

Los Amigos han visto mi servicio en términos funcionales, y en cierto sentido representa un tema al que regresamos de vez en cuando. No he sido la primera persona a quien las juntas han recurrido para la educación de adultos ni para otros asuntos. Las juntas han esperado que yo esté consciente de mis guianzas y las siga, y que yo les informe sobre mi servicio y pida ayuda cuando me haga falta. Mi servicio (cuando ha sido fiel) es uno de los muchos frutos de la vida de la junta, y de ningún modo es más exaltado que los otros.[19]

¿Qué impacto ha tenido en mí?

Aliento. El proceso de reconocimiento fue una ocasión para que la junta le diera nombre a un don que veían en mí, y me encomendara la mayordomía de ese don. Esto me ha ayudado a perseverar en el compromiso al servicio, y a la vigilia cotidiana, especialmente en periodos cuando ha sido difícil saber cómo seguir adelante.

Compañerismo. Ser un ministro público me ha hecho reconocer a otros (tanto en el pasado como hoy) que han aceptado el mismo llamado. He sentido que adorar y consultar con otros que llevan en sí el mismo interés espiritual forma parte de mi servicio. Es parte del aprendizaje continuo.

Claridad sobre mi labor. He considerado con cuidado lo que de verdad podrían ser mis dones o mi llamado. ¿Era lo que fue elogiado cuando los Amigos hablaban conmigo sobre el reconocimiento, o sobre uno u otro taller o visita a una junta? Comencé a explorar esto

19 Hoy por hoy, nuestra junta mensual tiene dos ministros reconocidos, y nuestros llamados son muy diferentes, aunque sí sentimos una hermandad basada en el sentido de estar comprometidos, o (por así decirlo) consagrados a la obra según la entendemos.

con más profundidad, a emplear un nuevo nivel de escepticismo al evaluar mis suposiciones sobre mí mismo. Este sentido de atención intensificada, y de intensificado cometido a la fidelidad, empezó durante el proceso de consideración sobre el reconocimiento, cuando sentí que estaba pasando algo importante (tanto emocionante como aterrador), y que estaba metido en algo cuya integridad yo tenía que mantener lo mejor que pudiera. Me puse más quieto. Mantengo un discernimiento más estricto al aceptar invitaciones para dirigir talleres o visitar juntas, y ajusto mis responsabilidades en la junta con todo el cuidado posible, para mantener mi agenda abierta y dar lugar a intereses espirituales inesperados de visitar juntas o individuos.

Rendir cuentas. En términos prácticos, ¿cómo debo rendir cuentas a mi junta? Aunque se dice o se escribe mucho que al ser reconocido un ministro entra en un tipo de pacto con su junta, en muchos casos esto no tiene ninguna forma concreta o visible. Esto ha sido mi experiencia en las cuatro juntas en que he tenido membresía desde que fui reconocido como ministro en 1983. Puesto que no hay método generalmente aceptado para rendir cuentas por los dones o los llamados de larga duración (incluso dones de largo plazo en el ministerio vocal), cada junta tiene que hacer sus propios experimentos. Espero que los muchos experimentos que se han hecho estén recreando una renovada y eficaz cultura cuáquera de responsabilidad y cultivo.

Para concluir

El movimiento de modernización que surgió en el cuaquerismo británico a fines del siglo XVIII y principios del XIX adoptó como cuestión central la renovación de un ministerio vital. Como consecuencia de este movimiento, la Junta Anual de Londres abolió la práctica de reconocer ministros en 1924, y al mismo tiempo adoptó el siguiente consejo dirigido a sí misma y a sus juntas mensuales y trimestrales: había que cultivar con esmero los dones en el ministerio de los Amigos, y la vida vigorosa del espíritu de donde todo ministerio brota. Sin embargo, un discurso retrospectivo presentado por T. H. Harvey en la década de 1940 sugiere que la junta anual no tuvo buen éxito en su intención de cultivar el ministerio por medios más «democráticos».

Queda mucho por hacer también hoy en día. No digo que nos haga falta la antigua maquinaria; pero esa maquinaria 1) concordaba con nuestra teología, y 2) se enfocaba en necesidades reales que hoy no estamos supliendo adecuadamente. Puesto que pocos de nosotros nos criamos dentro de un ambiente donde las antiguas tradiciones seguían vivas en cierta medida, hoy las costumbres antiguas no pueden tener el mismo significado para nosotros. Sin embargo, sí pueden ser instructivas y desafiantes. Por supuesto, esto incluye las maneras en que las prácticas tradicionales no eran adecuadas para lo que intentaban hacer —¡ningún sistema social es perfecto!

Nuestro reto como Sociedad Religiosa de los Amigos es enfrentarnos a las necesidades reales de nuestra comunidad. ¿Qué va a liberar nuestros dones y oportunidades? ¿Cómo vamos a ponerlos en mejor uso? La conversación sobre el reconocimiento debe continuar entre nosotros en tal forma que no solo decidamos sobre una vieja costumbre, sino también que tomemos pasos creativos que se basan en nuestro entendimiento actual, y en tres siglos de práctica cuáquera —práctica en una senda espiritual específica con sus propios límites y sus propios tipos de verdad.[20]

20 *Sobre el reconocimiento de ministros como una «acreditación profesional»*. A menudo, cuando se pregunta qué valor pueden tener los ministros, las respuestas recurren a necesidades prácticas: poder entrar en lugares como prisiones u hospitales, aprobación eclesiástica de consejeros pastorales, acreditar personas que pueden hablar o actuar oficialmente (por ejemplo, oficiar en bodas), y representarnos en agrupaciones tales como asociaciones de clérigos.

Tengo que confesar que siento bastante desazón con el uso del proceso de reconocimiento de ministros para tramitar algún tipo de acreditación profesional. Esta desazón tiene varias fuentes. El decaimiento del ministerio del Evangelio como un interés espiritual ha coincidido con un aumento en la valoración del entrenamiento formal para líderes de los Amigos, y con la institucionalización del modelo del Amigo Público basado en el instructor de talleres o el «líder invitado». Me parece que debemos esmerarnos para preservar nuestro ideal del Ministerio Libre del Evangelio, que incluye la afirmación de que cualquier persona puede ser llamada, erudita o no. Además, la actitud que insiste que hay muchos tipos de ministerio —sin duda, cosa verídica y evidente— se ha extendido devaluando o eclipsando el ministerio vocal, a pesar de su enorme importancia para el progreso y el bienestar de la Sociedad Religiosa de los Amigos.

Por estas razones, me parece mejor buscar diferentes modos de «acreditación eclesiástica» que puede ser necesaria para la práctica profesional en campos como consejería pastoral, capellanía, entre otros.

CAPÍTULO 17

La comunidad de ministros

Los amigos necesitan urgentemente fieles ministros del Evangelio, ministros que tengan dones de hablar, predicar y enseñar bajo la dirección del Espíritu. Ciertamente hacen falta más obreros,[1] aunque también hace falta una manera de ayudar a madurar en su labor a aquellos ministros que sí tenemos —cada cual según su don—. Por supuesto, es importante estar bajo alguna forma de dirección de la junta mensual. Cursos, grupos de estudio y retiros pueden ser útiles. Además, comités de supervisión y apoyo, un mecanismo que más y más juntas están utilizando para apoyar a los Amigos que llevan en sí algún interés espiritual a largo plazo, algo que ha tomado muchas diferentes formas.

Nuestra tradición también incluye una técnica que pudiera llamarse «red educativa para obreros dirigidos por el Espíritu», y empleamos estos términos generales porque la técnica puede ser utilizada por cualquier grupo interesado en realizar una labor de largo plazo bajo la guía del Espíritu Santo.

Aunque he basado este bosquejo en la práctica de los Amigos en los primeros años de nuestro movimiento, no lo escribo por interés anticuario ni por apego nostálgico a una «edad de oro» caduca. Al contrario, en esa práctica veo varias características muy aptas hoy. También hay diferencias, por supuesto, y no las paso por alto. Veo nuestra tradición como recurso, no como ídolo.

Debemos aplicar nuestra tradición con discernimiento, de la misma forma en que recibimos el ministerio que oímos en una reunión de adoración: lo recibimos, lo sostenemos en la luz, y aceptamos lo que nos nutre en las formas que tienen vida. Lo que en este momento no tiene vida para ti no se rechaza, sino que se guarda con respeto —tal vez más tarde esto se vea como nutrición para otro momento, o quizá no.

1 Véase Lucas 10:2. TR.

También considero nuestra tradición importante como contrapeso —no como «correctivo»— a las muchas voces que oigo (y los Amigos oyen) de nuestra cultura actual. Bien sabemos que aun cuando nos esforzamos por vivir bajo la guía del «principio Puro»,[2] escuchamos muchas otras voces del yo y de la cultura que proponen, obligan, invitan. Quizás algunas de estas voces, aunque no sean de Dios, pueden ser útiles; otras pueden ser contrarias a la vida que queremos vivir. Escucho lo que me dicen la práctica y el testimonio de los Amigos del pasado como una manera de triangular, para desafiarme a mí mismo a examinar si alguna alternativa que estoy considerando es más o menos consistente con los compromisos espirituales de los cuáqueros.

He llegado a ver algún paralelismo entre la condición actual de los cuáqueros que conozco y la de los primeros Amigos, cosa que pienso hace especialmente útil la idea de la «red educativa».

1. *La fe inestable*: Había en aquel entonces, al igual que hoy, una gran cantidad de alternativas, estilos, interpretaciones, vocabularios, y recursos espirituales para el buscador —desde el no teísmo y el ateísmo, varios tipos de misticismo y escepticismo, una gama desconcertante de protestantismos, además de variedades de catolicismos, y más—. Aunque se despreciaba el judaísmo, había entusiastas de la cábala,[3] y el Corán[4] ya estaba accesible en traducción (por lo menos, en parte). La variedad era estimulante para algunos, amenazadora para otros, y paralizante para muchos.
2. *Tradición ausente*: Los primeros Amigos fueron congregados para formar un pueblo; no nacieron en una institución preexistente. Eran adultos, muchos de ellos adultos jóvenes. Todos tenían un pasado como buscadores de una base espiritual

2 «Hay un principio puro, sembrado en la mente humana, que en diferentes lugares y épocas ha tenido diferentes nombres. No importa cuál nombre tenga, es puro y procede de Dios. Es hondo e interno, no está limitado a forma alguna de religión, ni es excluido de ninguna, siempre que el corazón se mantenga firme en sinceridad perfecta. Cuando esto echa raíces y crece, en cualquier persona, de cualquier nación, todos ellos son hermanos en el mejor sentido de la palabra.» John Woolman, 1989, p. 236. TR.

3 Una antigua tradición mística y esotérica de los judíos, todavía practicada en tiempos actuales. TR.

4 Libro sagrado del islam, que según los musulmanes es la palabra de Dios revelada a Mahoma. TR.

auténtica, y una comunidad; la mayoría estaba profundamente impregnada en la Biblia como instrucción y como una narrativa en la que participaban. En el cuaquerismo que yo mejor conozco, el del siglo XXI, la gran mayoría de los Amigos también son Amigos convencidos. Esto es tanto una fuente de fortaleza como también de retos a la coherencia e integridad de la visión del movimiento. Los Amigos convencidos (en aquel entonces y hoy) han escogido «su familia», y traen consigo frescas perspectivas y energía. A veces hay (y había) una tendencia de ver en el cuaquerismo parte de lo que valoraban de sus sendas anteriores.

3. *Práctica en cierne o en vía de transformación*: Los primeros Amigos no tenían estructuras ni costumbres con las cuales expresar la vida del Espíritu en términos humanos, aunque los modelos del Nuevo Testamento les servían de anclas importantes. Los Amigos modernos tienen recursos abundantes al respecto, gracias a la historia cuáquera, aunque a menudo estamos aprendiendo desde el exterior, como recién llegados. Los Amigos tienen que buscar el significado y después evaluar las prácticas tradicionales, para corroborar que estamos sometiendo nuestras vidas «a la dirección del Espíritu Santo».[5] Las estructuras heredadas tienen valor porque indican una necesidad o una función que los seguidores de la senda cuáquera consideraron importantes durante cierta época. Aunque quizá decidamos que la solución antigua ya no sirve, vale la pena comprender por qué esa solución se desarrolló, y cómo se vivió para ser fiel al Espíritu. Esto nos puede ayudar a mantenernos abiertos al maestro interior que siempre ha estado activo, tanto entonces como ahora, y puede ayudarnos a aumentar la probabilidad de que hoy sigamos su guía con fidelidad.
4. *Equilibrar la libertad con la reglamentación*: Los primeros Amigos siempre sentían la tentación del disparatismo[6] por una

5 Junta Anual de Londres, *Consejos-Cuestionamientos*, 704.iv [accesible en raicescuaqueras.org]. TR.

6 Los disparatadores, y el disparatismo (*ranters*, *ranterism*): Durante la revolución antimonárquica en Inglaterra a mediados del siglo XVII, había disensión generalizada contra la iglesia establecida (la Iglesia Anglicana, o Episcopal). En varios casos, la disensión empezó como movimientos que con el tiempo se desarrollaron en iglesias organizadas; la

parte, y de la reglamentación por la otra —que en ciertos casos puede llegar al exceso de reglamento y control—. Tenemos que establecer un equilibrio entre estas mismas tendencias. Nuestro Dios es un Dios de orden, no de confusión; donde está Dios ahí mora la libertad.

5. *Crisis de autoridad*: Entre los primeros Amigos, el cometido a la autoridad absoluta del Espíritu de Cristo dio forma al uso e interpretación de las Escrituras, y a su severa crítica de la tradición que la iglesia había desarrollado después del periodo apostólico. Hoy por hoy, no hay autoridad alguna sobre la que los Amigos están de acuerdo excepto el Espíritu —con la complicación adicional que no estamos de acuerdo en que es el Espíritu de Cristo. Para mí, no es el nombre lo que importa, sino sentir su virtud y poder en el corazón, como dice Penington.[7] Por lo tanto, nuestras prácticas de discernimiento, de búsqueda compartida, y de integridad tienen una importancia vital para la salud del cuerpo espiritual.

¡Aquí se están engranando muchas piezas sueltas! En medio del alboroto causado por la conmoción religiosa y política de su tiempo, aquellos que se llamaron los Hijos de la Luz se concentraban en la presencia y la actividad de la luz y el espíritu de Cristo, tanto interiormente como en el pueblo que estaba agrupándose. Los Publicadores de la Verdad y otros que se presentaron en el ministerio

---

Sociedad Religiosa de los Amigos es uno de estos casos. Otros siguieron como movimientos, carentes de liderazgo reconocido y de organización estable; los disparatadores eran un grupo de este tipo. Rechazaban toda autoridad excepto la inspiración de un espíritu que ellos identificaban con el Espíritu de Dios. El movimiento tenía algunos predicadores y escritores influyentes, que impresionaban a la gente con sus denuncias proféticas de la opresión y la iniquidad de los poderosos en la iglesia y en el estado. Por creer que el Espíritu da libertad absoluta y mora dentro de todas las cosas, enseñaban que comer, beber, fumar, bailar, y la actividad sexual eran formas de adoración tan aceptables como leer, orar, o cualquier otra actividad. Se oponían contra toda función religiosa organizada, tales como la adoración en horas fijadas, y contra el reconocimiento de líderes en la iglesia. Durante la segunda mitad del siglo, algunas personas que habían sido atraídas al disparatismo se hicieron cuáqueros. Algunos adversarios acusaban a los cuáqueros de ser disparatadores, a pesar del énfasis de los Amigos en la conducta recta y moderada.

7 «Sería mejor para ti que aprendas su nombre al sentir su virtud y poder en el corazón, en vez de memorizarlo sin reflexionar. Sin embargo, si eres capaz de recibirlo, he aquí su nombre: la Luz; la Luz del Mundo.» Isaac Penington, 1995, Vol. 1, pp. 123–24.

hacían posible este enfoque creciente; tanto para los Hijos como para el mundo, ellos expresaban lo que estaba sucediendo y explicaban las formas que la fidelidad estaba tomando — en el habla, la conducta, la adoración y más. También explicaban (o desarrollaban cómo explicar) las maneras en que este nuevo movimiento estaba vinculado en continuidad con la revelación anterior— uno de los enfoques principales de la *Apología* de Barclay.[8] Otras innovaciones, como por ejemplo el desarrollo de la disciplina y la organización común, formaban parte de esta labor y también entraban (¡y entran!) en tensión con la misma función, contradicción que probablemente sea saludable si de verdad somos guiados por el Espíritu que «sopla de donde quiere».[9] La vida del Evangelio es el misterio de una libertad obediente a la ley.

Las primeras generaciones de ministros entre los Amigos vieron que su modelo era un nuevo y radical nacimiento que brota del Espíritu. Los más sabios vieron que era una labor verdadera, y llena de peligros tanto para el movimiento como para los ministros. Desde temprano les fue revelado que, al ser fieles, todos sus esfuerzos eran frutos de un mismo Espíritu y que de ese Espíritu ellos eran siervos que representaban a todo el pueblo emergente. Puesto que eran portavoces públicos y visibles de ese Espíritu tenían que mantenerse alerta para no hacer nada que pudiera dañar a los espiritualmente jóvenes, ni deshonrar ni manchar el movimiento en los ojos de los no convencidos.

Tomaban muy en serio este sentido de cooperación, y me parece que todos sus métodos de colaborar eran necesarios, y se reforzaban mutuamente:

1. Trabajaban juntos según el camino se abría o según los Amigos pedían. Hacían planes para campañas y viajes, compartían escritos, intercambiaban consejos sobre la mejor manera de enfrentarse a la oposición o la controversia. Elaboraban horarios y listas para organizar su labor.
2. Oraban los unos por los otros, y se amaban por amor a la obra.
3. Se escribían los unos a los otros. Existe gran cantidad de cartas generales «a los Amigos en el ministerio» escritas por la mayoría de los primeros líderes, y por algunos otros durante los primeros

8 Barclay, *Apología* [accesible en raicescuaqueras.org]. TR.

9 Juan 3:8. TR.

dos siglos del movimiento. (Ciertos Amigos sentían una ternura especial para con sus consiervos —e.g. George Fox, Charles Marshall, Martha Routh, Samuel Bownas.) Además, hay muchas cartas entre individuos en el ministerio —compartiendo noticias sobre lo que están haciendo, sobre los lugares que están visitando, las personas con quienes hablan, desafíos y triunfos, tristezas y gozos. Sus comunicaciones no solo son alentadoras, sino también educativas. Se ofrecían consejos y advertencias, y se pedían ayuda los unos a los otros.

4. Se reunían tan a menudo como fuera posible para adorar juntos y compartir consejo y consuelo mutuo.
5. Confiaban en que los obreros fieles iban a crecer en el don, mediante la experiencia y todo este mutuo y franco apoyo. Comentaban sobre el progreso y los errores de cada uno.
6. Mantenían los ojos puestos firmemente en su servicio que brotaba del Espíritu de Cristo, para servir al Cuerpo de Cristo, en colaboración con otros dones y llamados, y recordaban que todo lo que recibían era dádiva de ese Espíritu, para mayordomía no para poseer.

Un aspecto clave de esta estrategia es el reto mutuo y la responsabilidad mutua por la fidelidad y el crecimiento: ¿Cómo podemos mejorar mientras llevamos en nosotros mismos el interés espiritual por el ministerio del Evangelio? Para mí, la raíz de la respuesta se bifurca en dos: primero, ser explícito sobre la intención de crecer en la obra; segundo, reconocer que todos los llamados y servicios dirigidos por el Espíritu son uno, diferentes manifestaciones de la obra de Cristo en el mundo. Todos estamos entrelazados estrechamente en la obra común de la vida común. Adentrarnos en la vida de estos dos principios va a estimular posibilidades de apoyo mutuo. Aquí ofrezco algunos conceptos de mi propia cosecha:

Cuando se reúnen los Amigos ministros

Durante los años recientes, en cuatro juntas trimestrales de Nueva Inglaterra (por lo menos) ha habido reuniones de Amigos ministros. convocados al principio por un Amigo que estaba de visita, que siguieron reuniéndose varias veces al año, con una forma y ritmo propio en cada grupo. Habiendo asistido a varias de estas reuniones, me he preguntado, *¿Cómo podemos tomar el próximo paso en la educación mutua, activa e intencional, para que todos podamos crecer en la obra, en lo intelectual, lo espiritual y lo práctico?*

Debemos mantener la sencillez —usando el tiempo y otros recursos con cuidado, para que la gente y las juntas sean nutridas y no sobrecargadas con demasiada estructura. Por otra parte, es menester evitar la simplificación excesiva y la subestimación de la labor que tenemos que hacer. También, hacen falta muchos canales de apoyo y comunicación, tanto para el grupo, como de individuo a individuo —correo electrónico, llamadas telefónicas, blogs, oración mutua—; además de reuniones grandes y pequeñas, planificadas y espontáneas.

Las reuniones en persona —las convocadas o las más sencillas visitas— anclan y nutren (y son nutridas) mediante el tejido conjuntivo de correspondencia y comunicación continua para que mantengamos y enriquezcamos nuestro sentido de compañerismo y cuidado mutuo, nuestra presencia los unos con los otros.

Cuando los Amigos en el ministerio se reúnen, sugiero que, después de la adoración, exploren juntos unas preguntas clave, que debemos hacernos persistentemente, cada uno a sí mismo y los unos a los otros. He desarrollado una lista que ha servido en reuniones de Amigos en el ministerio durante muchos años —no digo que todas tienen que considerarse en cada reunión; sin embargo, vale la pena hablar de todas de vez en cuando.

1. ¿Qué has hecho en el ministerio recientemente? ¿Cómo describes tu interés espiritual? ¿Cómo relacionas este interés al Evangelio? ¿A las raíces de tu cometido religioso?
2. ¿Has sido fiel? ¿Ha habido momentos en los que no has sido fiel? ¿A qué cuestiones te enfrentaste? ¿Qué te hace sentir agradecido en esta obra?
3. ¿Cómo va tu vida devocional? ¿Has hecho cambios? ¿Hay cosas sobre las que te estás debatiendo? ¿Cómo afecta (o no afecta) tu llamado a la forma en que pasas tu tiempo de oración? ¿Sientes que tu vida está ordenada lo suficiente como para poder mantener la vigilia cotidiana, o tienes que enmendar algo al

respecto (sea por razones personales, o por factores que parecen fuera de tu control)?

4. ¿Qué estás leyendo? ¿Por qué? ¿Estás buscando un entendimiento más profundo sobre cuestiones, temas o problemas específicos? ¿Qué lecturas te parecen desafiantes o valiosas? ¿Cómo estás trabajando con la Biblia? ¿Con los escritos cuáqueros?
5. ¿Cómo está tu relación con la junta mensual (en especial, si el interés espiritual te guía hacia actividades mayormente fuera de la vista de la junta)? ¿Cómo conoce la junta tu obra en el ministerio? ¿Cómo le informas o relatas lo que estás haciendo? ¿Cómo te apoya o te alienta la junta?
6. ¿Se te abren nuevas preguntas? ¿Por dónde estás creciendo hacia lo desconocido? ¿Qué deseas aprender de otros Amigos? ¿Sobre qué estás orando? ¿Qué apoyo en oración pedirías?

Como ya dije, estas preguntas han sido útiles. El «Acta de ejercicio y cuestionamientos para Ministerio y Consejo» (2014) de la Junta Anual de Nueva Inglaterra también puede ser útil.[10]

El requisito clave es que los Amigos acudan a la conversación con un deseo sincero y práctico de mejorar y llegar a ser más útil, más accesible a cualquier labor a la que Dios te dirija, para refrigerio de los Hijos de la Luz.

A.R. Barclay nos da un informe sobre las actas de una reunión de este tipo:

> Junta de ministros y ancianos en Chesterfield
>
> El quinto día del octavo mes, 1698
>
> En nuestra reunión de Amigos ministros y Ancianos, en la casa de reunión de Chesterfield, sucedió lo siguiente:
>
>> Primero, durante nuestra espera en el Señor, el Señor se manifestó para nuestro gran consuelo con mucha dulzura y poder entre nosotros, y dentro de nosotros. Alabado sea su nombre por siempre.
>>
>> Segundo, tuvimos un periodo muy apreciado de oración y súplica al Señor, en el dulce fluir de la corriente de la Vida Eterna.

10 New England Yearly Meeting, "Minute of Exercise." 2014.

> Tercero, después de la oración, cada uno de nosotros quien tenía su porción en el ministerio declaró cómo nos había ido en relación a nuestra fidelidad en la obra, y dónde habíamos encontrado por experiencia que el enemigo, en ocasiones, nos había dañado o nos había alcanzado desprevenidos.
>
> Cuarto, se habló de las trampas, cebos, tramoyas, ratoneras, redes, etcétera del enemigo y se mostraron a plena vista. En el amor de Dios nos dimos entre nosotros advertencias, avisos y consejos provenientes de él.[11]

En un periodo cuando había pocos recursos tradicionales que pudieran ofrecer lecciones aprendidas y corroboradas por el cuerpo basado en su experiencia con la guía de la Luz, los Amigos trabajaban solo bajo esa guía. En el Espíritu, la autoridad de la Escritura se usaba como precedente y revelación, y se evaluaba la sabiduría de individuos y grupos de adoración. Confiados en que siempre que fueran fieles iban a ser guiados por la misma vida y verdad; los que tenían dones de profecía, enseñanza y consejo vivían adentrándose en un aprendizaje compartido —mutuamente responsables por los diversos dones y obras del Espíritu—. ¡Nosotros también podemos hacerlo!

11 A.R. Barclay, 1876, p. 287.

PARTE III

Temas especiales

CAPÍTULO 18

Being Dipped into Sympathy: The Minister's Eye, the Minister's Belly

Ya recordamos que Bownas dijo que el ministerio es un nacimiento. Si es así, no es sorprendente que un ministro o ministra encuentre sus sentidos espirituales ejercidos en formas nuevas, quizás hasta inquietantes. La fuente del cambio está relacionada con el cambio de perspectiva (la renovación del entendimiento[1]) causada por el crecimiento en el ministerio. Al describir cómo le afectó el reconocimiento de su don por la junta un Amigo me dijo: «No lo pude creer. De repente el mundo entero me parecía diferente». El ministro o la ministra, al aprender cómo adentrarse en su sentido de responsabilidad, en la espera de lo que exige el Señor, comienza a ver, oír, sentir, esperar, orar como siervo. A veces el ministro es fiel, a veces se queda corto, mas el interés espiritual continúa a diario, y le da el matiz a su manera de estar en el mundo. Un pasaje del diario de Martha Routh expresa algo de esta experiencia:

> Sentada bajo la renovación del bautismo, tuve que creer que la condición de la junta era muy complicada. Sin embargo, esto solo es para que tú lo leas, oh compañera de viaje, tú que lo puedes hacer en una senda parecida, que sabes lo que significa estar así empeñada, y cuán grande es el cuidado y la vigilia necesaria aun bajo la santa unción.[2] Las condiciones de la gente te son abiertas como flores en un huerto, algunas hermosas a la vista y de grato olor; otras de apariencia contrahecha emitiendo un aroma ofensivo; otras con poco o ningún olor. Es un asunto grave saber cómo usar la mano del hortelano para ayudarlas; nada excepto esa sabiduría venerable, la única capaz de dirigir, puede lograrlo de acuerdo con la voluntad divina.[3]

1 Romanos 12:2. TR.

2 Véase 1 Juan 2:27.TR.

3 Routh, 1823, p. 215.

«El vientre del ministro»[4]

A veces William P. Taber hablaba de «el vientre del ministro», término que expresa la experiencia visceral[5] de la consciencia y compasión que cimienta el ministerio auténtico. Esta frase curiosa brotó en Bill al recordar que cuando joven fue abrazado por un querido, corpulento ministro, cuya solidez corporal intensificaba de cierta forma su cálida expresión de cariño. «El vientre del ministro» fue la frase que usaba para hablar del cuidado benévolo y sincero que forma gran parte del ministerio del Evangelio, y tiene el poder de extenderse por encima de la reserva, de cultivar dones, de alentar la reconciliación, de superar el miedo.

Tenemos que llevar este amor en mente, especialmente cuando pensamos en las otras palabras que los ministros usan para describir su servicio. Cuando alguien como Catherine Stephens o Job Scott escribe que en cierta ocasión se había sentido «hondamente ejercitado»[6] o «metido en aguas profundas» al sentir la condición de una reunión, lo primero que pensamos es sobre su sentimiento de congoja al ver a los Amigos enajenados de Dios. Cuando Samuel Bownas o Elías Hicks hablaban de ver «un campo ancho de doctrina» abriéndose mientras estaban sentados «manteniendo el ojo fijo» en un mensaje en ciernes brotando dentro de ellos, es fácil enfocarnos en la obra intelectual que elaboraba tal mensaje —pero si hablaban centrados en la Vida, el amor también era palpable. Walt Whitman[7] expresa esto en sus memorias sobre la predicación de Hicks a la que asistió en su juventud:

> Una convicción implorante, tierna, casi abrumadora, y una corriente magnética de natural elocuencia a la que se rendían por entero y sin

4 Adaptado de Drayton, y Taber, 2016, p. 109.

5 Esta frase refleja el uso frecuente de la palabra *bowels* (entrañas) en el lenguaje de los cuáqueros del siglo XVII para indicar «compasión visceral» como por ejemplo en este pasaje de una epístola de William Dewsbury: «Queridos corderos, llamados en la Luz a echaros en el seguro redil de descanso, en Cristo nuestra vida —en las tiernas entrañas del amor os ruego, sed fieles en reuniros juntos, en el nombre del Señor Jesucristo, y esperad con esmero para conocer vuestras propias medidas de gracia en Cristo», Dewsbury, 1689, p. 175.

6 Ejercicio se refiere a «la condición de estar profundamente movido o estimulado en espíritu» (Drayton, y Taber, p. 132). TR.

7 Walt Whitman (1819–1892), célebre poeta y escritor de los Estados Unidos de América, nacido en Long Island cerca del hogar de Elias Hicks. Aunque no eran cuáqueros, sus padres se interesaban en el cuaquerismo. TR.

excepción todas las mentes y naturalezas, todas las emociones altas y bajas, patricias o plebeyas —esto era su intención, método y efecto. Muchos y muchos se quedaban con los ojos llenos de lágrimas.[8]

También había otro matiz cuando Bill decía: «el vientre del ministro». Podía sugerir la amplitud interior que surge cuando el ministro depende de las fuerzas de Dios y no de las suyas, hasta que el tiempo y la energía también se expanden para cumplir con las necesidades del momento; se deriva de morar más y más en el amor.

Ser bautizado en la empatía

Los Amigos han usado, de manera tradicional, la palabra «bautismo» o «ser sumergido» con muchos significados; no obstante, con frecuencia indica un peregrinaje del espíritu hacia una empatía honda y vital con la condición de una junta o un individuo. Aunque a veces esto sucede de forma inesperada o espontánea, a menudo emerge como resultado del ejercicio de la oración concentrada en una persona o una junta. Cuando llegas a darte cuenta que la presencia y el poder del Espíritu te han conducido a esta empatía con alguien, puede guiarte a un periodo de oración más a propósito o más agudizada, cuando el ejercicio interior te hace más consciente de las cuestiones con las que está luchando el Amigo con quien empatizas.

> Visitar el lugar donde yace la vida inmortal requiere gran concentración en lo espiritual [...] ¡Oh! ¡En esta situación, cuán claramente ha sido abierta a mi mente la condición de juntas e individuos, tan evidente como estar viendo el rostro de alguien con los ojos naturales![9]

Interés espiritual por otros ministros

Por lo general, los ministros sienten un interés espiritual para con otros en el ministerio, y una parte del proceso de madurar como Amigo es estar alerta a oportunidades para actuar movido por tal interés. A menudo pienso que los cuáqueros muy rara vez ofrecemos palabras de aliento o agradecimiento. En más de una ocasión he sido levantado de

8 Whitman, 2000.

9 Grubb, 1863, p. 39.

un sentido de esterilidad espiritual cuando un Amigo menciona un momento en que he sido útil, a veces años atrás. Una historia contada sobre J.S. Rowntree ilustra esta práctica, y la manera en que hemos de rendirnos a ese interés del amor:

> Su propia porción de servicio en el ministerio le dio una honda simpatía con el servicio de los demás, tanto mayores como menores, y no se cohibió de demostrarlo. Una estimada ministra estaba visitando York en servicio religioso [...] bajo un sentido secreto de profunda desazón interior [...] Con percepción empática, [Rowntree] había vislumbrado su depresión, y le dio ánimo para sobrepasar su timidez y reserva natural, y para contarle cómo, años atrás en una «visita familiar», palabras de ella habían llegado al corazón de él con poder eficaz, y habían sido exactamente el mensaje que le hacía falta. Cuando ella lo escuchó, su tristeza y depresión se disiparon, y entró en la reunión con un cántico de regocijo en su corazón, de nuevo fuerte para poner de su parte.[10]

Primero, hace falta escuchar con empatía, y con la intención de apoyar al otro: «Examinadlo todo; retened lo bueno».[11] Tal vez a un Amigo movido por un interés espiritual le sea requerido ofrecer consejo o reprimenda, cuando siente que el otro no fue fiel.

Edward Hicks describe cómo, cuando ministro joven, él fue reprendido públicamente por un anciano. Con humildad y firmeza aceptó cualquier reprimenda aplicable; sin embargo, afirmó que aun así sentía que no estaba equivocado. Hicks cuenta del comentario de un ministro mayor en aquel momento:

> Thomas Scattergood habló casi exactamente así: «Me regocijo, Amigos, que esto ha pasado de esta forma. Yo lamenté la interrupción, y sentía mucho por el joven, que veía era forastero. Pensaba que se había perdido un poco, y lo acompañaba en espíritu, buscando un lugar seguro de desembarque».[12]

Un caso bien conocido es el de David Ferris, a quien Comfort Hoag, anciana de mucha experiencia, estimuló en este sentido a reconocer y actuar según la responsabilidad que estaba emergiendo en él:

10 Doncaster, 1908, p. 25.
11 1 Tesalonicenses 5:21.
12 Hicks, 1851 p. 60.

> [Mientras acompañaba a Comfort y sus compañeras cuando ella estaba visitando en mi comarca] asistí a una reunión con ellas, en la que sentí un interés espiritual para hablar a la asamblea, pero lo evadí como siempre. Después de la reunión, Comfort me dijo: «David, ¿por qué no predicaste hoy?» Yo [...] traté de parecer inocente e ignorante de cualquier interés espiritual de ese tipo [...] Al día siguiente, vino sobre mí un interés parecido, y lo evadí igual que antes. Después de la reunión, Comfort reiteró: «David, ¿por qué no predicaste hoy?» Traté de pasarlo por alto como antes, pero ella añadió que no valía la pena evadirlo, porque estaba segura de que yo debía haber predicado ese día, y que yo casi le había estropeado la reunión con mi abstinencia, cosa que había obstaculizado su servicio.[13]

Cuando por fin se rindió al llamado a hablar (había resistido toda moción de este tipo durante veinte años), Comfort se acercó a él y le dijo que:

> Su deseo por mi liberación de ese cautiverio era tal que estaba dispuesta a ofrecer su vida natural al Señor, si esto pudiera ser un medio para sacarme a la luz en el ministerio; y que cuando hizo la ofrenda, me puse de pie para hablar.[14]

Sin duda se conoce este tipo de experiencia hoy, y de vez en cuando se describe, especialmente cuando los Amigos están conversando sobre la relación entre ministros y ancianos durante la intervisitación, cuando la urgencia y el sentido de lo requerido y del enfoque es más intenso. Sin embargo, a menudo sucede en una reunión de adoración semanal; más de una sola vez he sido hecho sensible a la condición de un Amigo, ya sea presente conmigo en la misma reunión o a cierta distancia, cuyos sentimientos y necesidades percibo mientras estoy sentado en la adoración de espera —e igualmente mis propias necesidades se han presentado a otros.

Esta sensibilidad también contribuye una parte importante del buen orden que se levanta bajo la guianza del Espíritu durante la adoración, cuando puede haber varios Amigos que sienten el ejercicio de la reunión. En tales casos es especialmente bueno que cada Amigo que se sienta movido a ponerse de pie, antes de hacerlo, mire a su

13 Ferris, 2001, p. 52.
14 Ferris, 2001, p. 53.

alrededor una vez más, para sentir si es otro el que debe levantarse en ese momento. El discernimiento sobre esto puede ser más fácil si los Amigos, responsables de cuidar la reunión no son puntillosos en cerrar la reunión por el reloj, sino que esperan para permitir que el ejercicio de adoración llegue a una buena clausura.

Job Scott describe lo que piensa sobre esta cuestión de atravesarnos en el camino los unos a los otros:

> Es posible que me haya interpuesto en el servicio de algún otro instrumento en su ejercicio espiritual. Estoy convencido que es posible tener tanta empatía con el ejercicio de otro, que hace falta gran cautela, no sea que nos sintamos movidos por el encargo de esa persona sin un verdadero encargo nuestro [...] Puede ser que sientas tu espíritu sumergido en una empatía muy cercana con el ejercicio de otro ministro que está bajo la mano cualificadora, alguien que en ese momento está presto para ser movido por la fuerza y la claridad de un encargo cabal. Si no tienes un cuidado estricto de esperar por una apertura clara, es posible que caigas al actuar basado en lo que sientes del ejercicio de ese otro, para tu propio daño y para daño de ese otro instrumento que en realidad estaba recibiendo el encargo, y aun para el gran daño de la reunión entera. Al extraviar tu senda, al precipitarte por delante de tu guía, vas a retrasar tu propio progreso en la senda debida [...] Si siempre tienes cuidado de esperar el encargo que te toca, y nunca te mueves sin ese mandato, nunca perderás la senda correcta, sino que sin duda serás preservado.[15]

Por supuesto, la empatía que se siente quizás en nada se relacione con levantarse a hablar en la reunión de adoración. Tal vez recibas una visión clara que te indica que un Amigo específico debe ser animado sobre algún otro interés espiritual. Aunque sea natural sentirse indeciso respecto a declarar nuestra visión (porque es bien fácil equivocarnos), también es bueno actuar basado en lo que sientes, aunque sea con cautela, porque es posible que fuiste alertado sobre la condición del Amigo en el momento crucial para esa persona. Actuar por un interés espiritual con el debido cuidado te dará cierta experiencia y sabiduría sobre la precisión de tu discernimiento.

15 Scott, 1831, vol. 1, p. 232.

CAPÍTULO 19

Con tu propia junta: Bajo disciplina

Si sientes un llamado al ministerio, esto te pone en una situación complicada respecto a tu fiel asistencia a la adoración en tu junta local. ¿Cuán a menudo debes hablar? ¿Qué peligro representa que tú hables con frecuencia en tu junta? Es válido decir: «Aférrate a tu don, y habla solo cuando seas llamado», aunque francamente estar en tu propia junta puede ocasionar cuestiones que dificultan tal discernimiento.

Si piensas que las reuniones del Primer Día en tu junta son el único lugar para ejercer tu don, vas a gastar mucho tiempo y esfuerzo; es más, de vez en cuando vas a sentir mucha ansiedad, al tratar de decidir si debes hablar cada vez que asistes a la reunión. Esto es especialmente cierto si eres novato en el llamado —cosa de lo que puedo dar testimonio por experiencia propia.

No nos sentamos[1] a menudo con las familias, ni tenemos reuniones convocadas, ni viajamos bajo un interés espiritual, ni tenemos mucha adoración abierta en nuestras sesiones de asuntos. Aunque hay excepciones valiosas, nuestra práctica en este respecto está empobrecida, y son muy pocas las aperturas en donde el ministerio puede ser requerido. En una cultura cuáquera tan constreñida, tan carente de oportunidades para hablar, una persona con un verdadero llamado bien puede sentir en un momento dado una presión para hablar en la reunión, a la que sería incorrecto ceder.

Aquí vemos un problema del yo, y además un problema de mayordomía. Si tienes un llamado, y no lo ejerces, ¿cómo disciernes que sí lo tienes? Desde el punto de vista del yo, hablar en la reunión puede ser importante para la autoconfirmación. Este problema puede agudizarse si hace poco tiempo que has llegado a sentirte bajo el interés

1 «Sentarse» se emplea para una ocasión informal en la que un grupo pequeño se sienta para orar, especialmente en el hogar o durante una visita familiar.

espiritual por el ministerio, y te hace falta el tipo de guía y afirmación que la acción exterior puede ocasionar. La cuestión de mayordomía brota de una urgencia parecida, la de ser tan fiel como sea posible, cosa que puede entenderse como «ser tan activo como sea posible».

Otra fuente de tensión (y tentación) puede presentarse porque quizás actúas basado en la teoría de que las reuniones necesitan cierta cantidad de ministerio, y si nadie más lo ofrece, debes hacerlo tú. El motivo de hablar puede ser especialmente fuerte en una junta que es débil —porque está disminuyendo, o porque es nueva y pequeña, o porque cuenta con pocos Amigos de experiencia, o porque ha perdido su senda y ha llegado al letargo y a la poca profundidad. Un Amigo de interés espiritual que puede sentir estos indicios silenciosos de la salud de una junta sentirá estas condiciones de debilidad con mucha agudeza, y basado en esto querrá responder de forma constructiva.

He sentido esa presión con mucha fuerza en juntas tan pequeñas, que el sentido de la vida espiritual escaseaba, y el ejercicio vocal poco frecuente era estereotipado, o no parecía basado en la experiencia espiritual, no importa cuán bien considerado pareciera en otros aspectos. A veces en tales condiciones, he hablado con la esperanza de que una voz nueva alentara a estos Amigos a más consideración de su propia responsabilidad, y a más participación. Existen muchas juntas en las que el ministerio fiel puede desempeñar un valioso papel para edificar la vida desde un nivel bajo, y si tienes un sentido fuerte de que la junta está pasando por un periodo de necesidad, esto puede estimularte a estar más alerta a guianzas auténticas para hablar, y también más alerta en momentos de oración entre una reunión y otra.

No pienso haber hecho gran daño cuando hablé desde la urgencia en vez de desde una verdadera moción espiritual dentro de la reunión. Sin embargo, también considero que en esos momentos mi actividad era un mero gesto humano, que probablemente no añadió cualidad positiva alguna a la práctica espiritual de la junta, sino que la dejó en lo superficial. Cuando he ofrecido ministerio poco profundo es posible que haya alentado a otros a hablar a la ligera, basándose más en la cabeza o el corazón, que en la enseñanza del Espíritu. Algunos ofrecen mensajes basados en su propio pensar, y se cohíben de pretender que sienten algún impulso divino para hablar, aunque ofrecen sus mensajes con buenas intenciones, y forman parte del ministerio de enseñanza de la junta. No obstante, una dieta constante de este tipo de mensajes es dañina para una junta, y puede llegar a este extremo si esos miembros sienten demasiada necesidad de que alguien hable.

A veces algunos comienzan bien, adquieren un sentido de confianza y utilidad, y después, en caso de atribuir el mérito a sí mismos, hablan en la reunión para establecer su propia importancia, o para justificar el aliento que han recibido. Esto es humano, fácil de sentir, y tóxico si no se reconoce y se extirpa enseguida.

> Considero que algunos de nosotros sentimos la tentación de pensar que, a menos que se nos vea tomando alguna parte activa en el servicio de la Verdad, quizá los demás nos consideren, o tal vez nos consideremos a nosotros mismos, como miembros sin utilidad y sin vida. Mi parecer es muy diferente en este momento. El viajero humilde y paciente, que lleva en sí la carga de la palabra hasta el momento apropiado para proclamarla (cuando el mensaje va acompañado por una medida de poder y autoridad), sin duda labora para el bien de todos.[2]

Ahora bien, hablar en nuestra propia junta es una manera segura de ir a la escuela. Es allí donde con mayor probabilidad recibirás aliento o freno sinceros, ofrecidos por amor y con verdadero conocimiento. Si los mensajes no son arrogantes, ni agresivos, ni muy intelectuales —si los Amigos de discernimiento sienten que tus intenciones son buenas y que no estás meramente afirmándote a ti mismo— entonces la junta va a retener lo bueno[3] y va a alentarlo con ternura; y su amor, su oración, y sus comentarios te ayudarán a conocer tu senda y a comprender qué es tu don en ese momento, y lo que en realidad no es requerido. A lo largo de los siglos, los Consejos han recomendado paciencia con los inexpertos y los demasiado entusiastas, los de buena intención cuyo juicio no ha madurado.

Además, hablar con excesiva frecuencia puede brotar de forma natural de un exceso de tu nueva disciplina. Si te sientes atraído en la práctica devocional a más lectura de la Biblia, por ejemplo, o a luchar con las raíces del testimonio de la paz o de algún otro tema que ocupa tu mente y corazón, vas a estar lleno de ideas y emoción, y tu espíritu

2 Capper, 1860, p. 53.

3 1 Tesalonicenses 5:21. TR.

va a ser cultivado. Tal vez esto se exprese en tu ministerio —¡pero no necesariamente ahora, ni en este momento cuando aún está muy fresco en tu mente!

Toda persona que habla en la reunión hablará con más frecuencia en ciertos periodos, y menos en otros. Vale la pena observarte a ti mismo, y preguntarte si al ponerte de pie lo haces por un entusiasmo excesivo, o por costumbre o por necesidad emotiva. Algunas personas hablan más cuando están en medio de un ejercicio o dificultad interior. Sería bueno llegar a reconocer que estamos en tal condición, y discernir si buscamos consuelo para nosotros mismos en vez de hablar para beneficio de la reunión. ¡No digo que estos se excluyan mutuamente! Tal vez el ministerio que a ti te hace falta oír viene a través de tu propio servicio en el ministerio.

Algunos Amigos hacen bien al hablar a menudo en su propia junta, sirviendo a los Amigos con humildad y sencillez. Sin embargo, si estimas, según mejor lo entiendes, que de verdad estás siendo guiado a hablar con mucha frecuencia, vale la pena considerar, si debes viajar más porque el Espíritu está obrando en ti con intensidad, y es posible que el interés espiritual no se limite solo a tu propia junta. Consultar a tus Amigos consejeros va a ser importante, porque al luchar con tales preguntas es muy fácil extraviarte. Tanto para el bien de la junta como para el bien de tu servicio, debes tener cuidado sobre «aparecer en el ministerio»[4] con demasiada frecuencia.

Dejo esta sección con una cita de *El origen y progreso* de William Penn:[5]

> Si antes hablar nos era una cruz, aunque el Señor lo requería, tampoco callarnos debe ser una cruz para nosotros, cuando el Señor no nos requiere hablar.[6]

Dicho esto sobre algunas cuestiones de discernimiento, vuelvo por un momento para alentarnos a ir más allá de lo convencional. Mientras

4 En el lenguaje tradicional cuáquero, «aparecer en el ministerio» significa «hablar en ministerio vocal». TR.

5 Al presentar el Discurso Swarthmore sobre el ministerio cuáquero en 1925, John William Graham dijo que en 1691 Penn ya había escrito el Discurso Swarthmore sobre este tema. Las páginas 65–86 en la edición de Friends United Press (1980) son encantadoras, sabias, amorosas y en el estilo de Penn más lúcido y agradable.

6 Penn, 1980, p. 69.

más los Amigos se sientan abiertos a la adoración (y es más, deseosos de la adoración, en muchos lugares y diversos tiempos, durante periodos más breves o más largos), mejor es para todos nosotros. Recomiendo esto en general, aunque también es un punto clave para la salud de tu ministerio, y para la renovación de un ministerio viviente entre los Amigos. Por lo tanto, es bueno que estés abierto a la posibilidad de que eres llamado a otros tipos de servicio además de la adoración del Primer Día.

El ministro que está alerta a las mociones con las que el Espíritu nos alienta debe percibir toda oportunidad para servicio en cualquier momento, y en variedad de formas. Quizá no sea presentar un mensaje en la reunión. Tal vez sea hablarle a alguien en un momento de ternura y disponibilidad. Tal vez hacerle un sencillo servicio material. Tal vez entrar en un breve periodo de oración mientras viajas a tu trabajo o durante otro quehacer cotidiano. De esta manera podemos aprender a estar más alerta a la Presencia a cada paso, en cada situación. Vivir en este estado de consciencia es la fuente de nutrición y profecía para nosotros mismos y para nuestra época, en medio de un hambre desesperada de oír las palabras del Señor.[7] Tal vez sea rendirte al sentido de que ha llegado el momento urgente de escribirle a alguien, o de darle las gracias, o de pasar un rato pensando en un problema que te ha preocupado de alguna forma y de repente está listo para ser solucionado.

Por último, todo ministro (al igual que todo miembro) brinda una contribución verdadera al participar en la reunión de disciplina,[8] los comités, y otras labores de la junta con tanta reverencia, humildad, y atención como sea posible; con esta participación, aunque nos quedemos callados, ayudamos a que otros participen en profundidad. Esto también es parte de tu educación espiritual, porque abre nuevas sendas para ver la Vida de Cristo obrando en los demás miembros, o verla obstaculizada en ellos, y además para aprender de ellos.

Muchas de estas acciones van a ser invisibles a la vista de todos; sin embargo, son parte de la obra tanto como de la acción de hablar. Forman parte de nuestra experiencia del Espíritu, que nos es dada tanto por su valor en sí, como quizá también para el beneficio de otros

7 Amos 8:11.

8 Término antiguo para la sesión de asuntos. TR.

—si la digerimos correctamente— hasta que, cuando llegue el momento, esta experiencia modere o matice o enriquezca nuestro servicio, o haga nuestro hablar más lleno de verdad y de fe. Según escribió Joseph Hoag: «les hace falta a los predicadores aprender, tanto como enseñar».[9]

Estar bajo disciplina

Los dones espirituales son otorgados para la salud del Cuerpo; la oportunidad para cuidar los dones dentro de la comunidad es una bendición adicional. Al aceptar esta responsabilidad, los Amigos ya han hecho un cambio decisivo en la práctica. Si creemos lo que decimos, que un interés espiritual es el resultado de la obra del Espíritu, la mayordomía fiel de cada interés es evidencia de la actividad de Dios. Un gran número de juntas no saben cómo cuidar los dones —reconocer cuando están brotando, alentar y cultivar el crecimiento del ministro en el servicio, apoyar y guiar tanto a los jóvenes en la obra como a los veteranos, y sostener a todos con amor, como frutos de la obra del único Espíritu.

Se le aconseja al ministro buscar métodos para rendir cuentas a su junta, y también reconocer que esto puede requerir que la junta crezca, a veces, en formas incómodas. En algunas juntas anuales, los Amigos están acostumbrados a nombrar comités para el cuidado de un interés espiritual —llamados comités de supervisión, de apoyo, o algo parecido—. Si todos los Amigos entran en esta labor con humildad y con el cometido de ayudar al ministro a ser fiel, el comité, el ministro, y la junta aceptarán las sorpresas y retos inevitables como parte integral del don que están apoyando. En algunas juntas el comité considera que su labor representa una responsabilidad mutua.

Vale preguntarse si el papel del comité consiste solo en dar consejos, o si ejerce una autoridad más estricta a nombre de la junta. He conocido a Amigos que piden que su comité discierna si debe aceptar nuevas oportunidades para viajes u otro servicio —si el comité dice: ¡Ve!, el Amigo va; si el comité dice: ¡No!, el Amigo no acepta la oportunidad. Otros Amigos se reúnen con su comité rara vez y lo usan principalmente como «caja de resonancia» en vez de como una entidad que discierne.

9 Hoag, 1861, p. 342.

Las expectativas para la relación deben expresarse de forma explícita y reexaminarse de vez en cuando. Hay muchos experimentos en marcha en el mundo cuáquero, y la diversidad de modelos y de lecciones aprendidas brindarían la materia para una investigación muy valiosa.

Mi propia experiencia ha sido un poco diferente. Por lo general, he sido miembro de juntas pequeñas (a veces muy pequeñas), con recursos limitados para el trabajo en comités, y a menudo pocos Amigos con alguna experiencia sobre la responsabilidad espiritual excepto el uso de comités de clarificación. Consciente de que me hace falta ser responsable ante mi comunidad, he utilizado las estrategias siguientes:

1. Presentar informes a mi junta con regularidad, y dejar claro que voy a aceptar cualquier consejo que ellos sean guiados a ofrecer.
2. Tratar a mi junta como un comité de supervisión; cuando tengo una pregunta sobre cómo proceder, la traigo a la sesión de asuntos para el discernimiento de los Amigos presentes.
3. Mantener correspondencia con Amigos ministros y ancianos consejeros con experiencia en otras juntas, enviándoles mis informes y a veces pidiendo consejo sobre cuestiones específicas. Estas son amistades espirituales, muchas de largo plazo —aunque también escucho con cuidado a Amigos más jóvenes a quienes no he conocido ni con quienes he trabajado por tanto tiempo.
4. Cada vez que sea posible asistir a reuniones con otros Amigos en el ministerio, dependiendo mucho de la «comunidad de ministros» para percepción, refrigerio, y desafío.

Concluyo con una observación muy básica, más importante que todas las cuestiones de método u organización: los dones espirituales son otorgados para la salud y el crecimiento de la comunidad, aunque estos dones no son lo más importante: *la contribución de cualquier Amigo no depende solo (ni quizá primordialmente) de su ejercicio de un don específico*. Lo que más edifica al cuerpo es que cada uno participe de todo corazón en la vida del mismo: nuestras fuerzas y debilidades, nuestros dones, nuestras necesidades de ser nutridos por otros, y el gozo profundo e inocente de vernos los unos a los otros viviendo íntegros en la vida común, florecientes y fructíferos pámpanos de la misma Vida.

CAPÍTULO 20

Escuchar el ministerio de otros

Al desarrollar más intencionalidad sobre un interés espiritual por el ministerio del Evangelio, quizá te sientas más vulnerable a la tentación de concentrarte más en si hablas o no hablas en la reunión, y menos en orar para que el Evangelio sea predicado en el corazón de los presentes. En tu oración durante la semana, y cuando estás sentado en la adoración con tus Amigos, un tema importante debe ser el anhelo de que los Amigos sean instruidos, abiertos, guiados y consolados según su necesidad, ya sea en palabras o por la obra silente del Espíritu de Dios.

Como parte de esta fervorosa oración por la prosperidad de la vida evangélica, también debes orar para que las personas idóneas sean guiadas a hablar si hiciera falta, y para que puedas apoyarlas con tu atención, ternura y amor cuando aparecen en el ministerio. En esto, vale la pena esforzarte por prestar más y más atención al ministerio de los demás, orando para que dé fruto en las vidas de los oyentes, y esforzándote aun más para ver cómo ese ministerio te puede instruir o nutrir. Además, a veces es posible acompañar a los que ofrecen ministerio mientras los apoyas en oración. Como se observa en el capítulo anterior, los Amigos a menudo han podido percibir cuando alguien se ha portado demasiado tímido, ya sea refrenándose o extraviándose de su guianza.

Esta empatía y el deseo del bienestar de la junta y de los ministros puede hacerte más presto y perspicaz para ofrecer aliento y compañerismo. Por otra parte, resultará muy beneficioso aprender más sobre los muchos tipos de dones que son derramados sobre el pueblo. Esto podría abrir conversaciones instructivas y guía mutua.

Samuel Bownas describe cómo él y su amigo Isaac Alexander, quien comenzó en el ministerio más o menos al mismo tiempo, se habían re-encontrado después de un periodo de separación, y observaron que los dos habían crecido en sus dones:

> Nos alegramos mucho de vernos, y también de escucharnos; me parecía que Isaac había adelantado bastante, y él dijo lo mismo de mí, observando que yo predicaba la doctrina práctica del Evangelio más que él, según pensaba; porque su predicación utilizaba muchas comparaciones y alegorías, cosa que él se temía no era ni tan sencillo ni tan fácil para el entendimiento de la gente común como lo que yo decía. Entonces tuvimos la oportunidad de abrirnos la mente el uno al otro.[1]

No obstante, aquí hay un posible riesgo: puede ser que al escuchar con cuidado y atención veas cosas en el don de otro que te hagan desvalorar tu propio don, y desear tener su erudición, su elocuencia o capacidad para explicar la Escritura, su uso del humor, etcétera. Es posible que el otro Amigo o Amiga te parezca mejor aceptado, más consultado, o que habla con más autoridad, o que de cierto modo es más pulido. Al expresar tales sentimientos en palabras, vemos claramente cuán mezquinos e indignos son; sin embargo, sí ocurren, especialmente cuando estamos en un periodo de incertidumbre o dificultad, y nos estamos esforzando a ser tan útiles en la obra como sea posible. En tal situación solo queda ser honesto contigo mismo y con Dios. Acuérdate del amor y perdón de Dios, y espera con paciencia hasta poder sentir la dádiva dulce y pura de la presencia divina, liberándote de las preocupaciones y los malestares que la autocondena te echa encima. Entonces, espera por un sentido renovado de lo que Dios te llama a hacer personalmente en este mismo momento.

1 Bownas, 1839, p. 8.

CAPÍTULO 21

Atracciones sentimentales

Aunque la senda del crecimiento espiritual debe ser una jornada hacia mayor integridad de la personalidad, esta integridad viene paso a paso. A menudo nuestro crecimiento espiritual es lento o se estanca y nos ponemos a esperar algo que pueda ocasionar un gran avance. Quizá no estemos conscientes de haber llegado a un periodo de estancamiento, y por eso, cuando se presenta un avance, se añade el poder de la sorpresa a la emoción del despertar, y nuestras primeras sensaciones son de calidez y ensanchamiento. Si esto nos pasa con relación a un encuentro personal, la otra persona puede llegar a ser el enfoque de nuestra atención y de un caluroso afecto a un nivel inapropiado.

Estoy hablando en términos generales, porque este tipo de experiencia ocurre en más de una sola forma. El ministro está expuesto a tales confusiones al igual que cualquier otro; sin embargo, tienes más razones que la mayoría para estar alerta y evitar la confusión porque eso te distraería de escuchar a tu Guía. Esto puede tomar la forma de una atracción apasionada a un partido o facción, por ejemplo, hasta caer cediendo tu juicio al grupo, y bajo esa influencia llegas a tener opiniones sobre asuntos, personas, y acontecimientos solo porque son las opiniones o la política del grupo.

Sin embargo, a menudo toma la forma de una atracción sentimental hacia una persona, cuya voz, palabras, ejemplo, o personalidad te han tocado y despertado de alguna manera, hasta que te sientes más abierto y animado, optimista, motivado, dedicado. En muchos casos esto hace poco daño, e incluso hace mucho bien, y la intensidad inicial pronto se desvanece. Pero puede causar mucho daño bajo ciertas circunstancias. He aquí dos formas que puede tomar: idolatría del héroe o atracción sexual. Los ministros pueden ser tanto el objeto como el sujeto de cualesquiera de las dos; su manera de responder puede tener consecuencias importantes para su propio bienestar espiritual y para el de la otra persona. Hace falta un enfoque tenaz en la claridad, la pureza, y la quietud como cimiento de una actitud constructiva a esta experiencia poderosa y ambigua, aunque de todos modos creativa.

Idolatrar al héroe

Quizás esta idolatría es más común entre la gente joven, pero algunas personas de cierto carácter son propensas a caer en esto a cualquier edad; pienso que a mí mismo me pasa. Alguien que tiene fuerza de personalidad y percepción puede poseer las características exactas para atraer, despertar, desafiar, e inspirar a otro, y parece incorporar en sí mismo todo un curso de estudio. Los sentimientos, enteramente naturales y en cierto sentido ordinarios, pueden ser muy fuertes, especialmente si «el héroe» parece haber sido el catalizador de la solución de algún problema importante, o una fuente particular de consuelo. En el lenguaje de su época, James Nayler le escribió esto a George Fox en 1653:

> Padre mío, padre mío,[1] gloria de Israel, mi corazón está embelesado con tu amor más allá de lo que se puede declarar [...] durante este mes he sufrido mucho; desde que tuve noticias de ti mi corazón está colmado de amor. Querido, ora por mí; aquí todos quieren sangre, mas la verdad viviente se extiende en abundancia, alabanzas para siempre.[2]

Cuando tú mismo te sientas cautivado por una persona que tiene este tipo de efecto en ti, si retienes tu propia orientación y te esfuerzas en la Luz para incorporar lo que el «héroe» te ha permitido ver como nutrición en tu propia búsqueda, la experiencia es una verdadera bendición. El hecho de centrarte en la presencia del Señor y dar gracias por la persona y su efecto en ti es una manera de desplazarte más allá de lo personal, de empezar a separar lo que está en la Vida de lo que es más pasajero sin menospreciar los sentimientos humanos.

También puede suceder que tú mismo engendres esa emoción en otra persona, y que te des cuenta. Entonces es bueno acordarte de la

1 2 Reyes 2:12. TR.

2 Nayler, 2004, vol. II, p. 577.

frase «ayo (o nodriza) en Israel»,[3] y acordarte también de tu llamado, que es amar, honrar, y alentar la vida divina en otros según puedes. Un pasaje de Catherine Phillips es muy elocuente al respecto:

> Cuando somos hechos instrumentos del bien en las manos de la Providencia, y tenemos un efecto específico en el alma de alguien, esa persona puede sentir una tendencia natural a inclinarse un poco hacia el instrumento y a preferirnos a todos los demás, cosa que puede permitirse durante un tiempo. El Señor, guiando la mente desde el amor por otros objetos hacia el amor total por él mismo [...] puede permitir por un periodo que esa mente se incline hacia un instrumento. En ese caso, nos hace falta una reserva prudente, y también una atención tierna al crecimiento de la persona que recibe tal visitación.[4]

Pasión sexual

La corriente de calidez engendrada por una experiencia de intensidad espiritual puede tomar una forma muy diferente. Quizá la mejor manera de expresarlo es decir que tales momentos de apertura nos hacen muy conscientes de alguien a múltiples niveles, y esto puede incluir el nivel de la pasión sexual. Logan Pearsall Smith escribe con amargura sobre el lamentable amorío que su carismático padre tuvo con una mujer que asistió a uno de sus cultos de reavivamiento:

> La naturaleza, en una de sus economías más escandalosas ha puesto las sedes del éxtasis espiritual y del éxtasis amoroso tan cerca la una de la otra que cualesquiera de estos sentimientos se presta para suscitar al otro. Estas dos formas de éxtasis se asemejan tan exactamente, que hasta el santo más consagrado, hasta la más devota monja, a veces ha tenido mucha dificultad en distinguir entre los dos [...] Cuando un santo predicador se sentaba cerca de una hermana consagrada, o una penitente al lado de su confesor, se hacían más conscientes del Bautismo del Espíritu; y como mi madre lo expresó sardónicamente, mientras más cerca se sentaban el uno al otro, más profunda y rica era esta consciencia.[5]

En cierto sentido, parece que casi no vale la pena comentar sobre esto, porque es algo común en los escándalos de la iglesia durante

3 Isaías 49:23. TR.

4 Phillips en Skidmore, 2003, p. 76.

5 L.P. Smith, en West, 1990, pp. 378–79.

cualquier siglo. No obstante, es importante nombrarlo en este libro, porque es un fenómeno bastante común entre los Amigos, no importa cuánta importancia le restamos al liderazgo carismático. Aunque en las juntas no programadas no contemos con gente cuya atracción sea amplificada por los micrófonos ni por la alta calidad y las refinadas técnicas de producción que se ven en algunos círculos evangélicos, sí disponemos de una práctica que promueve y valora la intimidad y la sinceridad, y en seguida reconoce cualquier sentido de participación apasionada en asuntos espirituales. Las personas radiantes son atractivas para los demás; un Amigo que describe su vida interior con intensidad es radiante. También lo es un Amigo o una Amiga que escucha abiertamente y con un verdadero enfoque. La respuesta inicial a esa irradiación puede sentirse como el comienzo de una relación amorosa, y por lo tanto ambas personas son vulnerables, porque a menudo se intercambian señales a un nivel inconsciente, y uno o los dos se enredan antes de tener consciencia de lo que sucede. Hay calidez, deleite, y un sentido de idoneidad y ensanchamiento, que son naturales y poderosos, y capaces de abrir sendas en las que es mejor no caminar.

Esto no es un aspecto peculiar de la época reciente, en la que se ha eliminado el «cerco» de la formalidad y el protocolo cuáquero. Podemos citar a Catherine Phillips otra vez, amonestando a «las jóvenes solteras que viajan en el servicio del ministerio» con palabras aplicables a los dos sexos de cualquier edad:

> Deben custodiar sus propias mentes, no sea que permitan entrar cualquier imaginación placentera, y la estampen con el venerable nombre de «revelación»; y así resbalar a una intimidad y libertad de conversación y conducta con tendencia a atraer los afectos de los jóvenes. Segundo, deben esforzarse en retener un sentir de la condición del espíritu de aquellos con quienes están entrando en confianza [...] para ser más capaz de juzgar sus motivos en acompañarlos, o en cualquier otro acto de bondad; y para que puedan refrenar con sabiduría cualquier pensamiento atrevido que mira más allá de la amistad.[6]

El reto siempre radica en aceptar el valor positivo de tales aperturas, y en cierto sentido escoger entre los muchos hilos del sentir para

6 Phillips, en Skidmore 2003, p. 76.

alentar los que prometen verdadero crecimiento espiritual. Esto requiere que el ministro tenga bastante tacto, y consciencia de sí mismo. Alguna distancia o alguna retirada puede hacer falta en ciertos casos, aunque a menudo basta una atención cuidadosa a los límites para establecer la relación sobre un cimiento más firme. Phillips escribe:

> Confieso que a veces requiere una fina sutileza, eso de estar presto a servir a tales personas y preservar la unidad del Espíritu, sin mezclar el afecto natural. Temo que algunos, para su gran daño, han pasado por alto esta distinción que la Verdad hará relucir, si a la Verdad nos aferramos para que nos dirija a navegar con seguridad entre tales peligrosos extremos.[7]

Es probable que cualquier Amigo público se haya enfrentado a este tipo de situación sentimental. La mayoría lo manejan apropiadamente, pero algunos no. En tal situación, es urgente que recuerdes tu función como emisario, como siervo que cumple con una tarea, y que, si has sido fiel hasta ese punto, una parte de lo que ha abierto los sentimientos de la otra persona es que has transmitido un sentido de la realidad de la Presencia, y de la hermosura de ese Espíritu por el que has sido guiado. Si no lo recuerdas, si no sientes un interés espiritual por no deshonrar el cometido al servicio y al llamado que allí te llevó, entonces haces gran daño a la vida espiritual tuya y a la de la otra persona, y también a la de todos los que se dan cuenta de la situación.

Es importante dejar bien claro la fuente del daño: viene porque tomas algo que se piensa tiene una dimensión divina, y lo haces cuestión de emociones humanas. No hay nada malo en enamorarse, y no hay nada malo en el proceso anterior en que, en un momento de intimidad y confianza espiritual, una persona llega a ser vulnerable y atraída hacia otra. El mal viene de no distinguir los motivos que están operando, de la tentación de engañarte a ti mismo o al otro, y de no reconocer que, si se despiertan fuertes emociones, es muy probable que tu capacidad para discernir sea muy perjudicada. Hablar de tal situación duele mucho, y los Amigos están renuentes a conversar sobre esto con un amigo de confianza, o a que se mencione esta cuestión con referencia a uno mismo. (Véase Capítulo 23, Las oportunidades.)

7 Phillips, en Skidmore 2003, p. 76.

Considero que los viajes a otras juntas mensuales o a grandes reuniones como sesiones de juntas anuales, la Reunión de la Conferencia General de Amigos, o las sesiones trienales de la Junta Unida de los Amigos son ocasiones en las que este tipo de confusión es aun más probable que en la junta en la que somos miembros. Durante un viaje existe el hecho natural de estar fuera de las limitaciones y tensiones de la vida cotidiana, y los encuentros con nuevas personas nos estimulan y nos hacen menos reservados. También, al viajar hay una tendencia de llevar nuestra mejor cara —en el curso de un verdadero llamado a viajar en el ministerio, a menudo sucede que logras una condición de coherencia y claridad interior que no siempre es la tuya bajo circunstancias normales, y en cierto sentido es un don especial que brota de tu concentración en el servicio. Si reconoces que tu viaje ha ayudado a suscitar un periodo poco usual de enfoque espiritual, y con cuidado te mantienes centrado, esta experiencia de enfoque bien puede ser una oportunidad de crecimiento y dirección para ti. Además, esta humildad puede ayudar en el discernimiento si te das cuenta de que alguien se siente atraído a ti en este momento de intensidad y apertura.

Nada de esto es exclusivo al Amigo viajero; pero la informalidad y naturalidad de nuestros intercambios, el valor que ponemos en las guianzas y los sentimientos que pueden tener muchas fuentes, nuestra carencia de formalidad sobre la supervisión y el apoyo de los Amigos que viajan bajo interés espiritual —todas estas cosas representan razones adicionales para ejercer cautela.

A fin de cuentas, lo fundamental es recordar *de Quién* eres, y para quiénes recibiste el poder de obrar.

CAPÍTULO 22

«Llevar en sí la carga» de un interés espiritual

Un interés espiritual o una guianza es evidencia de que Dios está obrando entre nosotros. Los intereses pueden ser grandes o pequeños, de corto o largo plazo, privados o públicos. Quizá sea el impulso de hablar en la reunión un domingo, o de escribir una carta a un senador, o de emprender una obra dentro de la comunidad sobre las relaciones raciales, o de cuidar mejor tu salud. Si vienen acompañados con un sentido de requisito divino, ¿qué podría ser más importante, más venerable, más corroborativo?

De vez en cuando hay narraciones en los diarios de ministros que relatan cómo una «carga» sobre un ministro no es aprobada por una junta, y el ministro «la deja con la junta» para que la junta la cargue. Este ejemplo es del diario de Joseph Hoag:

> Día tras día sentí mi mente presionada por un proyecto de hacer una visita religiosa a los habitantes de Nueva Escocia y las provincias británicas adyacentes, y a los Amigos y a otros generalmente en Nueva Inglaterra. Después de considerar la importancia del tema durante varios meses, el Señor me permitió ver claramente que el momento había llegado para informar a los Amigos sobre mi interés espiritual; impulso que obedecí en la próxima junta mensual, bajo un sentido del gran significado del proyecto. La junta aceptó el tema y nombró un comité [...] ellos se demoraron casi un año sin dar un informe detallado. A fin de cuentas, el interés me abandonó como si nunca hubiera existido; y así lo informé a la junta. Esto pareció consternar a los Amigos que lo habían refrenado con su demora; y ahí se quedó el asunto. No sentí nada de ese interés durante más de un año, y me quedé bien tranquilo; pero esos Amigos que lo habían refrenado estuvieron muy intranquilos durante todo ese tiempo.[1]

1 Hoag, 1861, p. 78.

Edward Hicks describe el momento en que encuentra a un Amigo aislado, quien no ha tenido contacto con una junta durante largo tiempo, y que evidentemente no es muy religioso. Hicks le pide, por ser el único cuáquero en la comarca, que invite a la gente del área a una reunión. El Amigo responde que no tiene interés en ayudarlos, y los despide bruscamente. El compañero de Hicks dice: «No queremos causarte a ti ni a nadie problema alguno, ni inconveniente; solo lamentamos que los Amigos [...] se hayan equivocado tanto sobre tu persona. Por eso, te decimos adiós, y nos vamos».[2] Hicks escribe:

> Mis amigos se pusieron de pie para salir, cuando el viejo dijo algo así: «Espera, espera, esto no conviene, no vais a echar la responsabilidad de este asunto sobre mis hombros. No puedo someterme a eso; tengo que ver si los metodistas pueden acomodaros; a ellos les gusta la predicación como a cualquier otro».[3]

A primera vista hay algo muy misterioso en este tipo de relato. Pero más reflexión desvela parte del entendimiento de los Amigos que yace bajo la superficie. Primero, los Amigos en esa época (¿y ahora?) creían que, si un Amigo sentía un interés espiritual de hacer un servicio religioso, bien podía ser que Dios estaba interviniendo en la historia, de la misma manera que en el pasado Dios envió a los profetas y los apóstoles en sus viajes. Segundo, puesto que los Amigos creían que la junta debía probarlo para corroborar si era una guianza verdadera o no, la junta compartía la responsabilidad por el ministerio, una responsabilidad que no era abstracta. ¡Ay de la junta que obstaculice las mociones auténticas del Espíritu! Evidentemente, en la historia de Elias Hicks, incluso el escéptico viejo Amigo que no quería tener nada que ver con la predicación, aun así, sentía algún residuo de reverencia por el interés espiritual del ministro, y lo vio como algo que requería cuidado responsable.

Una dimensión adicional se relaciona con la manera en que una comunidad acepta intereses espirituales. Al aceptar el interés de un ministro, si es ordenado correctamente, la junta se abre a dones espirituales de varios tipos. Anima a que uno de sus miembros sea fiel sin reservas a la guianza del Espíritu. Pone en acción su fe en que el

2 Véase Lucas 9:5. TR.

3 Hicks, 1851, p.79.

Espíritu derrama dones para el bien del pueblo, y que, conjuntamente, la junta y el individuo pueden sentir y aceptar estos dones y cuidarlos bien, no importa cuán grandes o pequeños sean. Quizá nadie pueda predecir lo bueno que viene por medio de la fidelidad de Joseph Hoag: el aliento, la mejoría de la salud espiritual, el buen ejemplo que él pueda dar a otros, el consuelo y la dirección que él pueda ofrecer; y no menos importante que todo, lo que él pueda aprender, la forma en que él pueda crecer si es fiel. Todos estos aspectos son valiosos, al hablar espiritualmente, y están en juego en la respuesta de la junta a la «carga» que el ministro siente y les presenta al grupo. La junta puede tener razón en decir: «No; no estamos claros de que vayas»; sin embargo, es bueno que la junta lo diga a sabiendas. Esto también es la razón que hace tan importante que las juntas participen constructivamente y en oración en el apoyo de los intereses espirituales: esto puede abrir el camino hacia una vida más abundante para uno o para muchos.

Una reflexión final: al supervisar a Amigos que están bajo un interés espiritual, es demasiado fácil hablar de la logística, o de las experiencias anteriores del Amigo, o de su condición emotiva o sus perplejidades, en una manera humanamente cálida y sustentadora, pero separada del interés espiritual en sí. En medio de la experiencia de la labor, las personalidades y eventos, puede haber ocasiones en que el ministro mismo no pueda retener en mente el centro del interés. El comité de supervisión, o tú como amigo que simpatiza, debe mantener la suficiente calma para preservar el contexto del cuidado y mayordomía del interés espiritual en medio de todas esas conversaciones necesarias, naturales, y fascinantes. ¿Ha cambiado el interés espiritual? ¿Parecen diferentes las dificultades u oportunidades de las que el Amigo habla al reconsiderar el interés original? ¿Hay algo que están pasando por alto?

Esto puede parecer obvio, considero que lo sea. A menudo he visto algo así (una mezcla un poco disfrazada de dos situaciones reales y recientes). Una Amiga tenía un llamado a servir en un país en desarrollo; el interés espiritual vino con mucha pureza y urgencia, en un momento de su vida oportuno, aunque sorprendente. Parecía maravilloso cómo se abría el camino para conseguir fondos, consejo y aliados; y la claridad del interés espiritual era evidente a la junta y al comité de supervisión. Además, mientras seguía el interés, la Amiga descubrió dones nuevos de los que antes no había tenido consciencia o que antes no había entendido, y su fe —es decir, su confianza en la guía de Dios— fue fortalecida. Al seguir adelante con el interés, encontró problemas; aspectos de sí misma que necesitaban transformación o curación, retos logísticos imprevistos, motivos mixtos entre sus aliados, hasta el punto de que no podía estar segura del significado de ciertas promesas que había recibido, aparentemente en apoyo de su labor.

Cuando los conflictos exteriores y las dudas interiores aumentaron a un nivel bastante alto, naturalmente, la Amiga se paralizó sin poder seguir adelante; no quería hacer daño alguno, ni insistir en una tarea insoluble, pero tampoco se sentía libre de la guianza que la llamaba a brindar ayuda. Cuando el comité se reunió con ella, la inclinación natural fue seguir lidiando con los detalles de las dificultades, discutirlos y tratar de entenderlos; sin duda este tipo de reflexión hacía falta. Aunque también requería cierto freno, porque si no, todo iba a quedarse en el plano de personalidades y motivos, estrategias y tácticas. En realidad, aunque estas cosas podrían ser útiles, de cierta forma también confundían a la Amiga que sufría las complicaciones de su ministerio porque este nivel de discusión se enfocaba en acciones específicas y sus consecuencias. Esto puede ser como pasar de un cuarto a otro: el contexto original se deja atrás, y si prosigues adelante cuarto tras cuarto, se hace más y más difícil volver al origen, y los marcos de referencia se alejan más y más de la entrada. Un Amigo del comité se dio cuenta de que la conversación iba a la deriva, y dijo: «Espera un momento. Volvamos a tu interés espiritual original. ¿Puedes describirlo de nuevo, así como te vino por primera vez? Ese interés era valioso y claro. ¿Todavía sigue contigo?»

Fue un momento liberador, porque ofreció una posición coherente, cimentada en la oración y aprobada por la comunidad, desde donde se podía preguntar cómo los problemas del momento se relacionaban al don original. Permitió que la Amiga y su comité consideraran, si acaso el interés todavía seguía vivo en ella, cómo podría encontrar otra manera de cumplirlo; o si por el contario el interés había cambiado, de qué forma cambió y cómo se relacionaba con las dificultades del momento. Quizá más importante que cualquier otro efecto, este regreso al don permitió que la Amiga y los demás restablecieran un renovado contacto con el momento de gracia y poder que habían sentido, y a partir de ese lugar saludable consideraran si el camino hacia adelante estaba obstaculizado o si el llamado era hacia la persistencia, o si había que buscar algún nuevo camino. El punto clave era acordarse que la Amiga y su comunidad habían recibido un don en la forma de un interés espiritual, y compartían la carga de cuidarlo debidamente.

Este entendimiento de la responsabilidad compartida es inevitable, si de verdad creemos que los intereses espirituales y las guianzas brotan de la obra de Dios en el corazón. Aunque es posible que seas guiado a seguir una senda solitaria sin acompañantes, y que tu junta no sea guiada a aceptar junto contigo la responsabilidad del interés espiritual; no obstante, el interés es un tesoro valioso, aunque pequeño, y todos deben sentirse solícitos de su bienestar, como un huésped espiritual quien ha llegado para visitar durante cierto tiempo. Tal vez esta hospitalidad more primordialmente en el corazón de uno solo; mas toda la comunidad debe sentirse solícita para cuidar el interés espiritual.

CAPÍTULO 23

Oportunidades: Primera parte[1]

El sistema espiritual cuáquero de siglos anteriores ofrece instrucción para nuestros días al suponer que la adoración, en sus múltiples formas, era parte de la vida cotidiana. Con la insistencia en «periodos frecuentes de retiro» para la oración, los Amigos hacen eco a casi todas las prácticas religiosas de Oriente y de Occidente. Una nota distintiva se escucha en el uso cuáquero de la adoración en grupo. Además de las reuniones del Primer Día, los Amigos de siglos anteriores reafirmaban que la imprevisible presencia de Dios desempeñaba un papel central en varios aspectos del cuidado pastoral y la instrucción religiosa. Desarrollaron métodos para prestar atención a la dimensión divina en casa, en el trabajo, o en los intersticios de lo normal. Perturbaban los ritmos ordinarios de la vida para avanzar la obra interior de Cristo. Estas incursiones de adoración se han llamado «oportunidades».

La palabra «oportunidad» sugiere mucho sobre las dinámicas de nuestra vida espiritual. Estas ocasiones son dádivas, interrupciones en la rutina, que proveen otra manera menos institucional para encontrar al Dios viviente, con un mensajero humano vivo como intermediario. Si alguien es guiado a ofrecer una ocasión no anticipada para la adoración, en público o en casa, hemos de aceptarlo con gratitud, porque nunca podemos anticipar lo que Dios nos depara. En siglos pasados, los Amigos suponían que, por ejemplo, las visitas que Rebecca Jones hacía a todas las familias en una junta eran una señal del cuidado y la actividad de Dios, igual que el viaje de Jonás a Nínive, aquella gran ciudad.[2] La oportunidad es evidencia de que Dios está obrando, un movimiento del agua en el estanque de Betesda.[3]

1 Este capítulo se adaptó de un artículo "On Opportunities", por Brian Drayton en *Friends Journal*, 36, No. 9 (September 1990) pp. 8–9. Utilización autorizada para esta edición.

2 Jonás 1:2. TR.

3 Juan 5:2–4. TR.

Los Amigos han empleado la palabra «oportunidad» para dos tipos de acontecimientos. El primero es algo completamente espontáneo, que muchos de nosotros podemos describir por propia experiencia: un grupo de Amigos está conversando, y en medio de la conversación alguien se siente sobrecogido por un sentido de veneración o presencia y se adentra en la adoración silente. Cuando el Amigo que lleva en sí el interés espiritual se somete a esta urgencia de enfocar la atención en la Presencia, otros se dan cuenta de que algo sucede, y el interés se extiende entre el grupo; para admiración de todos, quedan inmersos en adoración profunda por cierto tiempo. El Amigo en el epicentro quizás hable desde el silencio, o quizás el grupo, gradualmente, «resurge a la superficie» y continúa en tono social como antes, con residuos de reverencia y ejercicio espiritual.

El segundo tipo de ocasión que los Amigos han llamado «oportunidad» es diferente por ser más intencional, y en cierta época funcionaba como una forma importante de cuidado pastoral en nuestras juntas. Está casi en desuso, en parte porque las vidas modernas suelen tener menos espacio que las de antes, en parte por la intensidad espiritual de la práctica. Sin embargo, mientras el interés espiritual por la intervisitación y la renovación del ministerio ha avanzado entre los Amigos no programados, muchos Amigos también han sido guiados a una renovación de este tipo de oportunidad. Esto es el tema de este capítulo.

Este tipo de oportunidad puede suceder durante un viaje bajo un interés espiritual, o como resultado de un interés especial hacia un grupo u otro, o simplemente en el curso normal de la vida en una junta. Los Amigos que hoy viajan en el ministerio tienden a hacerlo por invitación en vez de bajo el ímpetu de su propio interés espiritual, y el evento programado puede ser el único enfoque de la visita. Sin embargo, vale la pena que los Amigos estén alertas a la posibilidad de reunirse con individuos o grupos pequeños en el curso de otras tareas públicas, y que programen cierto tiempo extra en sus itinerarios para dar cabida a la posibilidad. Con más y más frecuencia, los Amigos que viajan bajo un interés espiritual van a sentir que deben quedarse en un área durante más de un día o dos, «visitando a profundidad», y las oportunidades pueden formar parte de esta práctica.

La eficacia de este tipo de visitación desde afuera depende de hasta qué punto nos hemos familiarizado con otros tipos de oportunidades, en las que nos sentimos atraídos específicamente a reunirnos con un Amigo o un grupo de Amigos dentro de nuestra propia junta. Puede nutrirnos, en cualquier caso, pero si la cultura de la comunidad está familiarizada con las oportunidades, los visitados pueden alentar a los visitantes a sugerirlas (cuando de lo contrario podrían haber dudado de hacerlo). Por eso, es bueno que los Amigos se alienten los unos a los otros a buscar oportunidades, y a estar muy abiertos a la posibilidad de experimentarlas. El interés espiritual de pedir una oportunidad puede tener muchas formas. Por ejemplo, un Amigo en nuestra junta ha buscado oportunidades en muchas otras juntas con Amigos que suelen hablar en la adoración a menudo; otros Amigos se han sentido guiados a visitar a oficiales gubernamentales en espíritu de adoración; y a veces en el contexto de la adoración o de un periodo de contemplación sosegada, un rostro o un nombre se manifiesta a alguien con un sentido de que sería bueno reunirse con esa persona. Es posible que te sientas guiado a buscar una oportunidad con alguien quizá porque esa persona puede brindarte dirección o consejo, o tal vez sin ninguna razón que tú puedas ver. Simplemente puedes sentir que es importante dedicar tiempo para sentarse juntos ante la presencia de Dios.

Algunos pueden sentirse atraídos a quienes están pasando por una condición específica en su vida, por ejemplo, los que por cuestiones de salud no pueden salir de casa, o parejas que piensan casarse, o los nuevos asistentes a la junta, o los que hablan frecuentemente en la reunión. Con los años otras personas han llegado a estar más alertas a los impulsos del Guía para acercarse a ciertos individuos, y pueden actuar en estas guianzas ocasionales de forma bondadosa y aceptable. Tales Amigos han ejercido mucho cuidado pastoral en las juntas, de forma complementaria a la labor de los supervisores[4] u otras estructuras de atención pastoral. Un caso especial es el Amigo que se siente llamado a visitar a algunos o a todos los miembros sistemáticamente. Hay que recordar además que en el pasado las juntas, por lo general, nombraban un comité pequeño para visitar a cada familia de miembros. Aunque el

4 Hasta los últimos veinte o treinta años existían entre los Amigos no programados comités de *overseers*, encargados de la atención pastoral de la junta. La palabra *overseer* significa supervisor, función equivalente a diácono en el Nuevo Testamento. Estos comités todavía existen, pero el nombre se ha cambiado a «cuidado o atención pastoral», para evitar el eco esclavista de la palabra overseer que también se usaba para denominar la función del capataz o mayoral que ejercía una brutal autoridad sobre las personas esclavizadas. TR.

propósito de estas visitas a veces era el deseo de imponer la disciplina con más vigor, también eran a menudo momentos de apoyo, refrigerio, y mutua compenetración.

Las oportunidades que se presentan dentro de una junta son bien importantes, pero puede ser difícil emprender tales ocasiones por nuestra timidez para reunirnos con tanta intimidad, o porque nos sentimos avergonzados de ser abiertamente religiosos, o por muchas otras razones. Cuando alguien te propone tal visita, quizá te preguntes si esa persona tiene alguna agenda, crítica, o tarea para ti. La persona que busca la oportunidad debe dejar muy claro que «el amor fue la primera moción»,[5] y que el amor y presencia de Dios son el contenido fundamental de la visita, por encima de cualquier otra transacción o motivo que pueda ser incluido.

¿Qué ocurre en tal oportunidad? Sobre esto se puede generalizar —con las mismas limitaciones— de forma parecida a la manera en que se generaliza sobre la reunión de adoración. He aquí un bosquejo compuesto, suponiendo que dos personas participan (aunque por supuesto puede haber más). Después de la reunión pública, el que siente el interés habla con otro para sugerir que los dos se reúnan en una ocasión más tarde para orar juntos. Después de reunirse en el lugar y a la hora concertada, típicamente los dos pasan un rato relacionándose en conversación. Antes de asentarse en adoración, deben hacer los arreglos necesarios para mantener el periodo de adoración confortable y sin interrupciones. Es útil dejar claro cualquier complicación u otros detalles que puedan afectar la sesión, y hacer los preparativos necesarios antes de asentarse en la adoración; por ejemplo, algún límite de tiempo o cualquier otra cosa. Si un tema específico forma parte de la ocasión, pueden dirigirse a eso si es necesario para prepararse (como en una reunión de clarificación).

Entonces los dos hacen silencio, y la adoración comienza. En tales circunstancias el silencio puede tener una cualidad extraordinaria, y el

5 «El amor fue la primera moción y entonces se alzó en mí un encargo espiritual de pasar un tiempo entre los indios, con la esperanza de sentir y entender su vida y el espíritu en que viven, por si acaso pudiese yo aprender de ellos, o si mi obediencia entre ellos a la guía de la Verdad les pudiese ayudar a avanzar en alguna medida.» Frase muy citada de John Woolman sobre su visita a los indígenas en 1763. Woolman, 2018, p. 111. [accesible en raicescuaqueras.org] TR.

tiempo resulta muy atesorado por la intimidad de la ocasión y el acuerdo de reunirse ante Dios.

La adoración puede continuar durante largo tiempo, aunque con frecuencia la oportunidad suele durar alrededor de media hora. Es difícil decirlo con precisión, porque la sesión puede desarrollarse de tal manera que la adoración profunda se mezcla con la conversación por un buen rato.

A menudo, pero no siempre, palabras brotan desde el silencio; una persona o los dos pueden llevar en el corazón un mensaje para el otro. Muchas veces la oración vocal fluye con más libertad en este tipo de sesión que en otros momentos, y puede desarrollarse en formas extraordinarias. De cierto, la oportunidad puede ser especialmente poderosa, como escuela de oración.

Las palabras que vienen pueden tocar asuntos personales o no. Muchos Amigos pueden dar testimonio de que tareas, advertencias, profecías, o aliento específico les han sido dadas en tales ocasiones, cuando un Amigo que tiene dones espirituales «le habla a su condición».[6] Pero no se puede ni esperar ni forzar este tipo de mensaje, porque cuando no es de Dios, la impostura es obvia y puede hacer daño. La oportunidad ha sido una de las ocasiones principales en las que los ministros han recibido consejo, y los que están en la «infancia de su ministerio»[7] han sido alentados en su llamado.

Vengan las palabras o no, es común que uno se sienta especialmente escudriñado, consolado, abierto y amado. Aunque la sesión no tenga resultados aparentes, los participantes sienten que han recibido refrigerio para el espíritu, y a menudo también para el cuerpo.

El tiempo de adoración concentrada llega a su fin cuando los Amigos empiezan a moverse o a indicar de otras formas que este periodo de atención especial ha terminado. Es aquí quizá donde vienen los frutos más dulces de la oportunidad, cuando los dos intercambian pensamientos o sentimientos que han surgido en el silencio. El interés espiritual que ocasionó la sesión puede expresarse más completamente

6 «Uno hay, y es Jesucristo, que puede hablarle a tu condición». Frase muy citada en el *Diario* de George Fox. Fox, *Uno hay*, p. 3. [accesible en raicescuaqueras.org] Fox, Diario, 1939, p. 9 [accesible en institutoalma.org] TR.

7 Referencia a «Consejo a los ministros en la infancia de su ministerio». Bownas. *Una descripción*, cap. 3. [accesible en raicescuaqueras.org]. TR.

aquí, liberado por la unidad encontrada en la adoración. La conversación tiene una cualidad de ternura y reposo, y queda el sentido que los dos están escuchando agudamente, aun cuando las palabras reemplazan el hondo silencio.

Los Amigos modernos han incorporado parte de esta experiencia en nuestras reuniones de clarificación, y en ciertas otras reuniones de grupos pequeños. Con frecuencia grupos de adoración compartida y comités tienen oportunidades del tipo espontáneo, cuando la reunión se siente saturada por la presencia y acción de Dios, y las relaciones entre los miembros del grupo se profundizan de forma palpable. Aunque gratas y valiosas, estas ocasiones no son suficientes. Si aceptamos con sinceridad el reto de estar conscientes de la presencia de Dios constantemente durante todo el día y en todo lugar, nos hace falta ayudarnos los unos a los otros a llegar a estar más alertas y ser más capaces de responder a esa Presencia, y menos cohibidos en hacerlo. Es extremadamente difícil abrir nuestros horarios y quizá nuestros hogares a otros para tal ocasión, y más difícil aún sugerirlo. Muchos tienen un círculo de relaciones con los que la idea es confortable, casi una expectativa como parte de sus visitas sociales. Es algo maravilloso que se suma a esas relaciones, y una buena manera de cultivar la experiencia de las oportunidades; pero las posibilidades que tenemos para buscar y reconocer la presencia de Dios en toda la vida no se limitan a estas ocasiones habituales. He aquí otra forma en la que podemos mantener viva la naturaleza «experimental»[8] de la vida cuáquera.

8 Aquí Drayton usa un juego de palabras peculiarmente cuáquero. Cuando en su *Diario* George Fox dice: «Uno hay, y es Jesucristo, que puede hablarle a tu condición», seguidamente comenta: «y esto lo supe por experiencia». La palabra en inglés es *experimentally* que hoy en día quiere decir: «por medio de experimentos», pero en la época de Fox quería decir: «por medio de la experiencia». Drayton parece sugerir que la fe cuáquera enfatiza la experiencia o vivencia de la presencia de Dios, y además que los cuáqueros hacen experimentos en su crecimiento espiritual. TR.

CAPÍTULO 24

Oportunidades: Segunda parte

El capítulo anterior brinda, por así decirlo, una visión general e introductoria a la idea de la «oportunidad». Ahora quiero prestar atención a la perspectiva del visitante.

Los momentos en que he pedido adorar con una familia o un individuo resultan ser algunos de los puntos más elevados de mi jornada espiritual. Estos momentos han ocurrido cuando al llegar a la casa visitada, muy consciente de la bendición de ser acogido, y muy claro que mi primer propósito era acercarme a la Luz de Cristo en cada uno de los presentes.

Esta claridad interior alivió mi ansiedad y me permitió sentarme en tranquila adoración con las personas a quienes estaba visitando. También me liberó de manera sorprendente de cualquier idea preconcebida que hubiera tenido sobre la visita, o sobre la persona a quien visitaba. Me sentía especialmente agradecido por esa claridad cuando tenía algún sentimiento fuerte hacia el Amigo, ya fuera positivo o negativo, y recibí la capacidad de ver a esa persona en sencillez y en dulzura verdadera con cierta medida del amor del Evangelio, que no es personal, aunque sí abarca a la persona.

Descubrí que esto también era cierto, cuando había pedido sentarme con esa persona teniendo en mente un interés espiritual específico. Si, por ejemplo, había venido porque esa Amiga había estado mucho más activa recientemente en cierto ministerio, y me parecía un buen momento para visitarla y darle aliento, o de otra forma estar presente mientras ella exploraba las nuevas dimensiones de su vida y de su práctica espiritual. He descubierto que vale la pena sentarme y extenderme hacia la Luz al principio, y no dirigirme al asunto que pensaba que me había traído. De esta manera, he podido ser siervo de la Luz en esa persona, según mi capacidad, y la sesión ha resultado nutritiva para ambos.

Vale la pena recordar que una oportunidad puede incluir más de un tipo de comunicación. Uno o los dos pueden hablar desde el silencio en verdadero ministerio para con el otro; a veces las palabras o el silencio —o las palabras y el silencio— son meros preámbulos hacia una conversación empática y relajada en la que se siente que la Luz está muy presente. A veces toda la oportunidad es una conversación lenta y meditativa, con pausas en las que los participantes se extienden de nuevo hacia la Presencia, para estar seguro de que las próximas palabras van a ser auténticas.

Es importante ser cauteloso al ofrecer consejos, función que a menudo nos conduce a hablar con una facilidad sospechosa. Sí se puede ofrecer consejo; pero debe brotar del momento, y con mucho cuidado. En tiempos anteriores, los Amigos que visitaban un hogar en ocasiones sermoneaban a la persona presente, y caían en la tentación de representar el papel del ministro cuáquero, por así decirlo, en vez de dar verdadero servicio. Aunque sea fruto del autoengaño, la impostura hace daño. En la actualidad es raro que alguien pida una oportunidad, y la visita que haces puede ser la única visita de este tipo que ese Amigo haya tenido. Si no se hace con humildad, sinceridad, y valor, el resultado puede ser dañino a la fe de ambos. Puede socavar el respeto a la idea de la oportunidad y a la experiencia de la oración, y también el respeto hacia ti mismo, el visitante. Nuestra fe es tan débil hoy que debemos tener extremo cuidado en no dañarla con imposturas. John William Graham escribe: «Una vez en mi juventud tuve una experiencia de este tipo de oportunidad familiar con un Amigo americano. Lamento tener que decir que en mi caso fue un absoluto error, y pensé que era fingido. El don no se consigue por rutina».[1]

En mi experiencia, los momentos más hondos y dulces han sido cuando si se pronuncian palabras en la adoración de espera, estas son palabras de oración. Tengo el recuerdo vívido de la visita a mi casa de un ministro querido, cuando nos sentamos juntos en adoración antes de ir a dormir. Como era frecuente en su caso, fue guiado a orar por nosotros en voz alta, larga y dulcemente, agradeciendo a Dios por varios aspectos de mi familia. Su oración tuvo poder porque su agradecimiento se centraba en un área donde un gran problema se

1 Graham, 1933, p. 34.

estaba fermentando, aunque yo no lo sabía y por eso no hubiera podido mencionarlo. Él nunca supo cómo su oración afectó mi vida; sin embargo, cuando él derramaba sencillas y cálidas palabras de gratitud, mis ojos fueron abiertos para ver la oscuridad que antes no había visto, y, de esa manera, comenzó algo de curación.

También en mi propio caso, he descubierto que cuando estuve más vacío y centrado en la presencia del Señor con nosotros, fui guiado hacia un tipo de oración de la que no tenía ninguna otra experiencia, y fue una dádiva muy necesitada en ese momento. Es así que, en los momentos de vulnerabilidad directa de una persona a otra, se puede ver por experiencia la Sabiduría del Señor, y su misericordia obrando en sus hijos.

Basado en esta experiencia, me parece importante ofrecer las siguientes observaciones a todo Amigo que se sienta atraído a hacer visitas a familias o individuos bajo un interés espiritual:

- Si tienes un interés específico bajo el cual estás viajando, ten cuidado de no enfatizarlo durante el periodo de adoración, a no ser que brote de nuevo, muy vivo y apropiado en el momento. Si sientes dentro de ti alguna reprimenda o resistencia que vaya más allá de la timidez, ¡préstale atención! Tu presencia en amor allí es la dádiva fundamental; en caso de dudas, aférrate a eso.

- Acepta que el tiempo puede pasar en silencio. Siempre y cuando te quedes con tu Guía, el valor de la visita va a ser manifiesto. La mayoría de los Amigos sencillamente se contentan de tener adoración en su hogar, cosa que a menudo es un gran placer de por sí. En todo viaje en el ministerio (aunque vayas muy cerca), el mensaje central es el Amor de Dios obrando entre nosotros.

- Presta atención para empezar abierto, sosteniendo a cada persona en oración, estando presente con ellos, para que la reunión sea centrada en ellos y en sus vidas. Si después eres guiado a palabras, ten confianza que siempre y cuando mores en un lugar tierno, aunque sean pocas, las palabras serán las apropiadas.

- Por una parte, es importante no caer en la trampa de la impostura clarividente; por otra parte, también importa decir la verdad si estás realmente convencido que es verdadera. Si el mensaje viene

> y persiste con luz, compasión y poder, es probable que no haya peligro en decirlo. Si viene con la *apariencia* de poder (es decir, con urgencia), pero no con luz y compasión, ¡ponte en guardia!

Quiero añadir algo sobre esos momentos cuando vas a sentarte con un Amigo a quien tienes que plantear un tema difícil. En ciertas ocasiones he tenido que hablarle a un Amigo quien también era una amistad personal para darle una advertencia, porque yo tenía una fuerte impresión de que la condición de su vida personal era tal que en ese momento estaba incapacitado para servir en el ministerio al que se sentía llamado. Yo no podía simplemente decir que sentía reparos en que mi Amigo continuara como siempre sin hablar de los problemas específicos que se presentaban como obstáculos. En estos casos, mi interés primordial era destacar que su primera responsabilidad era atender a las relaciones perturbadas. De forma secundaria tenía que hacerle ver que si seguía adelante como si no hubiera problema alguno, su condición se haría más evidente, y despertaría reproches acerca del concepto mismo del servicio bajo obediencia al Espíritu Santo por sospechas que tal servicio se basaba en motivos más personales. En uno de estos casos, me concentré tanto en el dolor que pensé pudiera causarle a mi Amigo aun procediendo con máxima cautela, que no fui capaz de hablar simultáneamente en amor y en verdad; como consecuencia el lazo de confianza y amistad entre nosotros fue dañado —perdurable fuente de dolor para mí.

En otro caso algunos años después, de algún modo fui capaz de esperar lo suficiente para tener un sentido claro del don del Amigo, don que los Amigos habían reconocido como válido, y que había sido servicialmente ejercido en varias partes de nuestra junta anual. Esperé hasta poder sentir a Dios presente, y entonces sentí empatía con el Amigo perturbado, y compartí su remordimiento de que un interés espiritual real y vivo tenía que ser dejado a un lado por algún tiempo hasta que el Amigo estuviera claro de nuevo. En aquel momento me fueron dadas palabras que le hablaron al Testigo en esa persona. Gracias a eso, las palabras que dije fueron oídas como la reprimenda que eran, aunque también como un mensaje de aliento para seguir adelante hacia una nueva libertad.

No existen muchos servicios más satisfactorios que visitar hogares, o familias o individuos. Ha sido la escuela en la que he aprendido con más intensidad cómo me siento cuando dependo en la guianza de Dios en vez de mi propio juicio, y me he esforzado más para llegar a depender de Dios con sencilla y honesta confianza. Por esta razón hay pocas cosas que le cuestan más al ministro fiel, aun si sales premiado con un sentido de gozo y con la certidumbre que todo salió bien: tanto el costo como el gozo son aspectos verdaderos de la experiencia. ¡Qué humildad y qué asombro al leer las descripciones de las visitas de Rebecca Jones o Elias Hicks a setenta familias en una semana! Su ejemplo también alienta. No me hace falta emular a estas personas en nada más que en la disposición de servir, mas su esfuerzo me hace preguntar, ¿estoy haciendo todo lo que de verdad debo hacer? Señor, ¿hay algo más?

Apuntes sobre las reuniones «públicas» de adoración como oportunidades

En estos días hay señales de interés entre muchos para abrir la adoración cuáquera más extensamente, y para ser más creativos sobre las «reuniones públicas» fuera de la seguridad que ofrece la casa de reunión. Vigilias silentes y reverentes son partes frecuentes de nuestro testimonio por la paz y la justicia. Algunas juntas han convocado a eventos comunitarios, activamente invitando a la adoración cuáquera, y a veces ofreciendo un poco de modesta instrucción sobre lo que valoramos en nuestra adoración silente y lo que hacemos durante la adoración. A menudo un motivo importante de tales eventos es abrir las puertas a aquellos que quizá puedan descubrir algún valor en la adoración cuáquera, si solo lo conocieran un poco.

Por encima de estas valiosas actividades, considero que más es requerido de nosotros. También somos llamados, pienso yo, a invitar a otros a encontrar a Cristo directamente, no solo como introducción al cuaquerismo para que entren en nuestras juntas, sino para alentarlos a volver a la Luz y seguirla. Esta experiencia de encontrar a Cristo directamente es muy distinta a escuchar que alguien lo cuente o lo explique.

Este reto de hablar abiertamente de nuestros encuentros con Dios o con Cristo da cierto temor y casi se siente como antinatural para

Amigos que en otros asuntos son muy audaces en abogar por los intereses espirituales por la paz, la justicia, la necesidad de cuidar la naturaleza, etcétera.[2]

Nos reta a preguntar: con toda nuestra búsqueda, ¿qué hemos encontrado? Pienso que la experiencia de la oportunidad según la hemos descrito abre una senda fructífera para seguir adelante. En algunos casos, he estado en oportunidades de esta índole con gente no-cuáquera que no sabían nada sobre el cuaquerismo. Dios estaba presente y nos guió a la oración y a una conversación no cohibida, profunda y conmovedora.

Me parece que las «reuniones convocadas»[3] deben ser vistas como oportunidades, con pocos o con muchos, en las que el papel del ministro radica en buscar la Vida Divina en los presentes, y depender en el Maestro Interior para que los toque, y para que envíe las palabras o la adoración que puedan hacer falta en ese momento. Expresar el

2 La renuencia para hablar abiertamente sobre estas experiencias en los sectores más liberales del cuaquerismo viene de varias raíces culturales. Primero, nos cohíbe una modestia tradicional cuáquera de hablar a la ligera sobre lo divino, un sentido de que este tema requiere gran reverencia y una consciencia clara de la dirección del Espíritu Santo. Segundo, en lugares como Inglaterra y Nueva Inglaterra, la expresión ferviente es bastante rara. La expresión abierta y profundamente sentida sobre nuestros encuentros con Cristo puede causar desconcierto. Se evita por temor a despertar sospechas de falsedad, y además porque sabemos que muchos entre quienes nos escuchan no comparten nuestra experiencia, ni la forma de expresar nuestras ideas teológicas. Esto forma parte del reto del ministerio de evangelio en estos días.

3 Las reuniones convocadas eran concertadas por un ministro, por lo general, durante un viaje. El ministro o el anciano consejero que lo acompañaba se comunicaba con la junta mensual local, explicaba el interés espiritual y la aprobación de su junta de origen, y pedía que se fijara una reunión de adoración para cierto día. Si había un grupo específico para quienes el ministro tenía interés espiritual (nuevos miembros, recién casados, aprendices, ministros y ancianos, etcétera) se les notificaba a ellos en particular. Era muy raro que una junta local negara tal petición de un ministro. Se tomaba muy en serio que Dios estaba requiriéndolo, y, por lo tanto, eso representaba una oportunidad para la junta local. Si el ministro o la ministra era dirigido a convocar una reunión de adoración en un lugar donde no había junta de Amigos, él o ella (y su acompañante) buscaba un lugar y anunciaba el día al público. Puedes imaginarte el caso de un ministro que había fijado una reunión, y aun así no recibió inspiración para mensaje alguno —¡qué gran prueba! En la disciplina antigua, un ministro reconocido también era permitido fijar reuniones dentro de los límites de la junta mensual o trimestral si había obtenido la aprobación de uno o dos ancianos consejeros. Obsérvese que, si un ministro viajero quería visitar los hogares de familias de la junta, le hacía falta el permiso de la Junta de los Ministros y Ancianos de la junta mensual antes de proceder, y generalmente se nombraba a acompañantes locales.

reto en esta forma me ayuda a retener en mente la dulzura, confianza y audacia que tal evento requiere, así como a ver la obra espiritual, intelectual, y emotiva requerida para predicar explícitamente el Evangelio según los Amigos lo entienden.

CAPÍTULO 25

Viajar en el ministerio

Muchos han escrito sobre uno u otro aspecto de la práctica de viajar en el ministerio, cosa que ha sido un ingrediente clave en el crecimiento y la salud de nuestro movimiento desde el principio. Aquí no me propongo escribir un tratado completo;[1] ni voy a enumerar las razones por las que hace falta una extensa renovación de la visitación bajo un interés espiritual para que el testimonio de los Amigos sobreviva y siga fiel. Solo quiero aconsejarte que te esfuerces en arraigar la acción en el amor, a que alientes la sencillez y la paciencia en el interés espiritual, y a que trates de liberarte de los convencionalismos del momento. ¡No des nada por sentado!

La raíz de la acción

Consideremos la raíz de la acción. Cuando salgas a visitar a una junta o varias, quizá tengas en mente un interés espiritual específico, quizá no. Sin embargo, al igual que cualquier acción basada en un sentido de interés espiritual por el ministerio, pienso que tu labor va a producir el efecto más beneficioso si esperas hasta descubrir dónde se conectan las fuentes del amor y de la vida divina con esta oportunidad antes de que te presentes en la obra.

Esto también es cierto cuando has recibido una invitación a que vengas para hablar sobre algún tema en un taller u otro tipo de convocatoria. Es aconsejable albergar sospechas sobre los temas que son muy fáciles, sobre lo que depende de esos logros y capacidades que

1 Véanse, por ejemplo, Samuel Bownas, *Descripción*, [accesible en raicescuaqueras.org]; Abbott and Parsons (2004); Baker and Makhino (2016); Glover (1997). Se daba por sentado que un ministro era llamado —a veces o a menudo— a visitar otras juntas u otras comunidades. Los beneficios positivos de tal servicio no eclipsan los momentos en que los ministros se dejaron atrapar al inmiscuirse en las controversias o las facciones locales, y así hicieron serio daño.

has usado tantas veces, sobre lo que puedes considerar como una transacción común y corriente. Por ejemplo, quizá te pidieron que visitaras y ofrecieras información o reflexiones sobre un tema muy específico, como la reunión de adoración, o el testimonio de paz, o algún aspecto de la práctica cuáquera, o alguna cuestión política o social, cualquier cosa sobre la que tienes conocimiento útil. Tómate el tiempo para explorar cómo esta invitación se relaciona a tu interés espiritual básico por la abundancia de Vida en el pueblo de Dios, y cómo se relaciona a intereses más específicos que llevas en ti como ministerio. Al esperar en Dios con esta pregunta muy presente, bien puedes descubrir que la decisión más recta es ofrecer lo que te pidieron; sin duda esto sucederá en la mayoría de los casos.

No obstante, esperar y preguntarte de antemano puede transformar tu entendimiento de la experiencia, aun cuando ofrezcas los frutos de tu experiencia o conocimientos que al principio fueron el motivo de la invitación. Quizás este proceso no cambie las palabras que escoges para tu presentación. Puede ser que solo se agudice tu consciencia de que en tal evento los espíritus de la gente están interesados y activos. Puede ser que nuevas e inesperadas aperturas vengan a los que están alerta; o temores y confusiones puedan llegar a ser visibles, cuyas consecuencias se extienden más allá del contenido o propósito de la ocasión específica. Tal vez solo te sea dada la oportunidad de sostener el alma enternecida en oración, o quizás otra oportunidad se presente. De todos modos, tu acción de centrar tu servicio en la Vida, y en un verdadero sentido de ternura hacia quienes encuentras, hacen más probable que la ocasión facilite un encuentro espiritual, además de las transacciones intelectuales y sociales que acontezcan. Cuando te llaman a tal evento, aunque sea un taller o una reunión muy ordinaria, ¡tu llamado significa que tienes que estar alerta!

Llaneza en el interés espiritual

Es importante preservar la llaneza o sencillez del interés que se nos ha encomendado. He conocido a ministros cuyo interés por la visitación se ha centrado primero y ante todo en estar presente, en venir solo motivados por el amor que sienten hacia los que visitan. Rufus Jones dijo que en los siglos XVIII y XIX viajar en el ministerio funcionaba como la sangre que circula dentro del cuerpo de los Amigos, conecta todas sus partes las unas a las otras, y lleva nutrición a toda extremidad. Muy a menudo, el efecto más imponente de estos Amigos viajeros era la mera llegada; el hecho sencillo de su presencia, basada en el sentir de la afinidad familiar en el Espíritu, daba un testimonio poderoso de la realidad que Dios estaba activo en sus vidas. Si fueron guiados a ofrecer enseñanza, oración, exhortación, consejos, de cierto era una bendición adicional, y muy deseada. Sin embargo, pienso que los Amigos de hoy están hondamente hambreados a causa de la carencia de la dádiva sencilla de la presencia en el amor.

Por eso te ruego que consideres la posibilidad de que en periodos cuando no cargas tarea específica, aun así, eres llamado a estar cerca de otros Amigos en el Amor evangélico, ya sea en sus hogares, o en una junta cercana o distante. En tales ocasiones, cuando he recibido la gracia de decir en voz alta que había venido solo por amor y sin propósito específico, esa sencilla declaración tuvo un efecto enternecedor. Después de todo, el propósito de toda nuestra labor es la vida más abundante y el incremento en el sentir de la hermandad y de la Presencia del Señor. Si haces posible que los Amigos sientan tales cosas, les has dado un gran servicio, aunque no hayas dicho ni una palabra.

William Taber, al escribir sobre su labor como Amigo liberado[2] con apoyo de la Junta Anual de Ohio, da una eficaz descripción de este sencillo servicio en el amor, en este caso para con su junta anual.

> Cuando empecé a asumir el interés espiritual [...] recibí la visión de que mi tarea más importante era acercarme a la Luz de Cristo en cada una de nuestras juntas y en cada individuo; y pedir a otros que compartieran conmigo la consciencia de esta Luz [...] Por eso, primero visitaba a miembros aquí y allá, para pedirles que me acompañaran en una obra continua de oración, reconociendo esta Luz y orando por su crecimiento en medio de nosotros, incluso mientras viajábamos o

2 «Amigo liberado»: Tradicionalmente, los Amigos se han referido a alguien como «liberado» o «soltado» para cumplir con un interés espiritual con el que la junta ha concurrido. En años recientes, ha tenido un significado nuevo. Una junta puede liberar a un Amigo de sus otros compromisos para servir en un llamado que la junta aprueba. Esto puede incluir proveer o recaudar fondos para ayudar con los gastos domésticos durante un periodo, o para los gastos de viaje. Sin embargo, este tipo de apoyo no siempre implica ayuda financiera.

trabajábamos. Durante varios años, consideraba que mi tarea más importante era permitirme ser atraído a individuos o grupos, para que pudiéramos entrar en la hermandad asombrosa donde dos o tres están congregados en Su Nombre,[3] y la Luz crece. En la visión de mi mente, cada reunión parecía un racimo de luz, y sus miembros eran chispas de luz; y fui enviado a circular entre esas chispas de luz, para que nuestro reconocimiento silente de la Luz, nuestra comunión en este nivel de consciencia, permitiera que esta Luz aumentara.[4]

El amor debe ser la raíz primaria incluso en un interés espiritual que tiene un «contenido» específico, por ejemplo, un tema sobre la paz o la justicia social, o un deseo de alentar la práctica de oración entre los Amigos. Nadie ha expresado esto con más poder que John Woolman, al escribir sobre su interés por los indios, cuando dice que el amor fue la primera moción; entonces se alzó un encargo de visitar entre los indios.[5]

Libertad

La mayoría de las veces en estos días, los viajes en el ministerio toman la forma de una invitación a un Amigo que tiene dones para asistir a una junta (mensual, trimestral o anual) para presentar una charla o un taller. Con discernimiento y oración apropiados, esto puede ser una valiosa forma de ministerio —y con demasiada frecuencia ha llegado a ser el paradigma, es decir, la forma típica de un evento—. A veces mi junta anual, Nueva Inglaterra, les ha informado a las juntas sobre la disponibilidad de Amigos dispuestos a visitar bajo un interés espiritual específico. Otras juntas anuales y organizaciones de los Amigos tienen comités parecidos. Esto es muy útil, tanto a las juntas como a los Amigos, porque es una manera de apoyar a los Amigos que tienen un interés espiritual o un don, y de estimular la circulación de dones entre las juntas. También estimula nuestra consciencia de las juntas que quizá tengan una necesidad particular de visitantes, a causa del aislamiento o de algún otro problema que está afectando a la junta.

3 Mateo 18:20. TR.

4 Taber, 1985, pp. 229–30.

5 Cita famosa del *Diario*: «El amor fue la primera moción y entonces se alzó en mí un encargo de pasar un tiempo entre los indios, con la esperanza de sentir y entender su vida y el espíritu en que viven, por si acaso pudiese yo aprender de ellos, o si mi obediencia entre ellos a la guía de la Verdad le pudiese ayudar a avanzar en alguna medida». Woolman, 2018, p. 111 [accesible en raicescuaqueras.org]. TR.

Sin embargo, nos hace falta algo además de este tipo de actividad centrada en la organización. Este sistema útil no ha causado una renovación de los viajes en el ministerio al estilo antiguo, en los que el ministro siente un llamado profético para acercarse a la Vida de Dios en cierto lugar, con o sin un mensaje específico. Esto es un elemento demasiado valioso de nuestra vida religiosa para dejarlo sucumbir. Cuando un Amigo se somete a la obediencia a Dios, es una oportunidad para una bendición inesperada para la junta visitada, para los Amigos como individuos, y para el visitante. Ni el visitante ni los visitados pueden anticipar lo que puede ocurrir, si de verdad están abiertos; y si aceptan la oportunidad con gratitud, el alimento espiritual puede ser abundante. Aun cuando no parezca que ningún evento notable ha ocurrido, vale la pena acordarnos que Dios puede visitarnos en cualquier momento, ya sea interiormente o por medio de otra persona, y es posible que hospedemos ángeles sin saberlo.[6] Así crecemos en los valiosos dones de la gratitud y la sencillez.

Por lo tanto, Amigo, si visitas para cumplir con una tarea en una junta, por ejemplo, para dirigir un taller o presentar un discurso, mantente alerta a la posibilidad de que haya una apertura para hacer algo más. Quizás esto sea quedarte más tiempo en un hogar, o convocar una reunión para la adoración, o visitar a Amigos necesitados, o a quienes tienen algún interés espiritual que deseas alentar, o a quienes quieres agradecer por algo que han hecho por ti. Además de los preparativos específicos que te hacen falta hacer para el taller o el discurso para lo que fuiste invitado, esfuérzate por pasar tiempo en oración, teniendo en mente la pregunta: *¿Hay algo más, Señor?*

Aunque las juntas y los libros de Fe y Práctica exhortan a que sus miembros visiten otras juntas, la mayoría de los Amigos no lo hacen, ni aun por mera curiosidad. Es incluso más raro que los Amigos emprendan la visitación sistemática bajo un interés espiritual, y parte de la causa bien puede ser un concepto erróneo sobre la forma en que la visitación debe llevarse a cabo. A partir de lo anterior, espero que el lector se sienta liberado de la noción de que no puede viajar a menos que tenga un mensaje o algún asunto específico para presentar a las juntas visitadas.

6 Hebreos 13:2.

Ahora vamos a considerar qué forma puede tomar el servicio en términos logísticos. He aquí cuatro cuestiones específicas: primero, decidir cuánto tiempo se debe dedicar al interés espiritual; segundo, asegurar que el viaje esté arraigado en la junta de membresía; tercero, mantenerse abierto a guianzas para mensajes poco usuales, por ejemplo, a individuos o grupos específicos; cuarto, viajar con un acompañante.

Tiempo

El viaje en el ministerio no tiene que durar por mucho tiempo. Es decir, un interés espiritual verdadero para salir en un viaje no requiere, necesariamente, que dediques semanas o meses de enfoque ininterrumpido en el interés. Hay muchos informes durante el apogeo del ministerio viajero que explican cómo los ministros quienes tenían un interés particular lo entretejían con las otras partes de la tela de su vida, al utilizar las noches o las tardes del domingo para la labor. Incluso un viajero de la talla de Elias Hicks a menudo cumplía con sus intereses espirituales en la visitación de familias o sus visitas a las escuelas de los Amigos con una serie de reuniones separadas durante el curso de semanas o meses, al intercalar su labor con «asuntos temporales cerca de casa».

Esto ha sido el modelo más común de mis propias visitas a las juntas. Por ejemplo, en el 2003 sentí una guianza fuerte para visitar juntas en Nueva Inglaterra. Presenté el interés espiritual a mi junta mensual. Durante el discernimiento que siguió, me pidieron apartar un domingo al mes para este interés, porque nuestra junta es pequeña, y la ausencia de cada miembro se nota. Mientras obedecía esa disciplina, todavía sentía que hacía falta más. Después de esperar con esta inquietud por cierto tiempo, encontré formas de asistir en días laborales a las reuniones de las juntas de ministerio y consejo de varias juntas mensuales.[7] Así aprendía más sobre cada junta, y podía hacer visitas

7 En la tradición no programada «la junta de ministerio y consejo» es el término tradicional para denominar el grupo de ministros y ancianos consejeros dentro de una junta (mensual, trimestral, o anual). En el pasado se consideraba como junta con cierta autonomía, no como otra comisión nombrada por la junta mensual. Sus responsabilidades se parecían a una comisión pastoral en la tradición programada. TR.

más profundas con unos pocos Amigos, más de lo que pudiera haber hecho si solo asistía a las reuniones de adoración del Primer Día.

Sin embargo, cuando es posible dedicar un periodo más extenso a un viaje en el ministerio, la intensidad y el enfoque sin interrupción pueden abrir la posibilidad de dones especiales, en particular, si tienes acompañantes con los que puedes reflexionar sobre la experiencia con franqueza y libertad. En años recientes, dos semanas acompañando a un Amigo llamado a visitar a los Amigos de Sudamérica, y una semana trabajando en Nueva Inglaterra con un ministro de otra junta anual, fueron vivencias inspiradoras, educativas, y colmadas de gozo: uno de nosotros comentó que «pasamos un buen momento *apostólico*». Aunque normalmente no sueles escribir un diario, en ocasiones como estas un cuaderno de apuntes puede ser inestimable tanto para la reflexión sobre la marcha como para refrescar la memoria después del viaje.

La relación con tu junta

Si bien la visitación proviene de un interés espiritual que se ha levantado en ti, también brota de la vida de la junta. Esto es cierto aun cuando en la junta hay cierta resistencia o desazón sobre el interés, o sobre el proceso mismo de viajar en el ministerio. Por lo tanto, es una disciplina primordial, por la que pronto sentirás gratitud, acordarte que vienes con los amorosos saludos de tu junta para la junta o las personas que visitas. También es importante estar consciente de que hace falta, cuando el interés quede cumplido, informar a tu junta, o si el interés se extiende mucho, informarles de vez en cuando en medio del servicio. Tu experiencia de otras juntas y de sus condiciones, intereses, retos, y actividades puede brindar nutrición valiosa a los Amigos de tu junta. Tus informes, además, ofrecen otra forma en que la junta puede sentir que tanto tu interés espiritual como el apoyo de la junta son válidos, y también comprender algo de tu propio crecimiento como resultado del servicio.

Muchos Amigos con intereses espirituales (por la paz, la labor en las cárceles, etcétera) tienen dificultad al tratar de conectar esta fuente de emoción e inspiración en sus vidas con la vida de su junta; además, sienten que la junta no sabe cómo reconocer esa labor como obra de la junta. Viajar bajo un interés espiritual, que requiere un acta de la junta y que incluye la expectativa de un informe al final, tiene valor como una manera en que las juntas pueden adquirir cierta experiencia con esta cuestión, y aprender a desear informes sobre intereses espirituales. Cuando la junta descubre cómo apoyar un interés por el ministerio del Evangelio (para lo que nuestra tradición tiene mucho consejo que ofrecer), también puede darse cuenta de que las lecciones que aprendidas alientan a buscar formas apropiadas para apoyar otros tipos de dones y llamados.

Con relación al proceso de claridad y supervisión para los Amigos que sienten un interés espiritual para viajar, solo deseo señalar que a veces estos procesos de claridad no exploran con profundidad suficiente cómo el interés está arraigado en la vida del ministro. No es raro que un Amigo sienta una guianza clara y fuerte para viajar, sin tener la suficiente madurez espiritual para poner el interés en acción como es debido. La integridad del mensaje depende de la manifestación de la obra del Espíritu; aun así, lo que le presta credibilidad y poder al mensaje es la integridad del ministro en otros aspectos de su vida. John Griffith relata un momento en el que los Amigos llevaron su exploración más allá del interés en sí, para examinar si su preparación incluía haber puesto su vida en orden para poder seguir la guianza con fidelidad:

> Prepararon un certificado, para dar constancia de su unidad con mi servicio en el ministerio y con el viaje que proponía hacer; expresaron el deseo de que mi labor pudiera resultar en la edificación de las iglesias a las que me llevaba mi destino, y de que regresara a ellos en paz; también dijeron que yo había arreglado mis asuntos exteriores de forma satisfactoria para la junta —porque yo había informado a los amigos cómo los había arreglado, al pensar que ellos debían estar seguros sobre esto, además de otras circunstancias. Fue mi deseo ferviente tener el pleno asentimiento consentimiento de mis hermanos en una empresa de tanta importancia.[8]

Hablar a la condición de los individuos

Los diarios y las tradiciones cuáqueras están llenos de ejemplos de Amigos que hablaron directamente a la condición de juntas o de

8 Griffith, 1779, p. 67.

Amigos específicos. Esto es de esperarse a veces, si parte del servicio del ministerio estriba en ayudar a la gente a ver dónde están y cuál es la condición de su vida espiritual. Un célebre ejemplo es el momento en que Anne Wilson, de visita en una junta, le habló directamente a un joven aprendiz de herrero, Samuel Bownas, quien estaba sentado en los bancos de atrás adormeciéndose en el silencio. Según Samuel escribió en su diario:

> Pero en un Primer Día cuando estaba en la reunión de Brigflatts, una joven de nombre Anne Wilson estuvo presente y predicó. Hablaba con mucha emoción, y mientras yo la miraba [...] me señaló con el dedo con gran intensidad, diciendo con mucho poder: «Un cuáquero convencional, tú vienes a la reunión igual que cuando la dejaste, y sales de la reunión igual que cuando viniste, sin mejoría alguna por haber venido. ¿Qué harás al final?» Esto encajaba tan bien a mi condición [...] que fui tumbado a tierra; y dirigiendo mi pensar hacia adentro, gritaba en secreto: «Señor, ¿cómo puedo enmendarme?»[9]

Muchos escritores de diarios describen momentos durante sus viajes cuando les tocó «trabajo duro» y se sintieron guiados a hablar de forma cortante sobre la condición de la junta, o del liderazgo, o de la apariencia de los jóvenes. En esa cultura, ancianos de lengua áspera hablando «sencillo» podían decir: «Amigo, tus palabras no tienen el aroma de la verdad».[10] La idea de llevar un mensaje profético a un individuo específico, especialmente asestando una reprimenda, no se ha conocido entre nosotros durante largo tiempo; hoy perturba la idea de que eso vuelva.

Por una parte, es muy fácil criticar, asumir el manto de «profeta»,[11] desdeñando decir «cosas halagüeñas»,[12] y gozando de los placeres de la rectitud autoimpuesta. Probablemente sea raro que alguien esté tan arraigado en el Espíritu con seguridad suficiente como para pronunciar tal mensaje de forma que toque la Semilla en la persona que lo recibe,

9 Bownas, 1839, p. 3. Véase en raicescuaqueras.org > colecciones > *Fe y práctica cristiana* 045.

10 En su diario, Job Scott habla con elocuencia sobre la manera en que una reprimenda dura puede ser dañina y contraproducente, y se enmascara como «habla sencilla» cuando en realidad puede tener raíces menos honrosas. Compárese con la anécdota del diario de Edward Hicks relatada en el capítulo 18.

11 Véase 2 Reyes 2:9–14. TR.

12 Isaías 30:10. TR.

sin ser un ejercicio meramente personal. Por otra parte, hablarles a las condiciones de esta manera es un riesgo significativo para la persona que habla. Tal franqueza atemoriza porque hay tantas maneras en que nos podemos equivocar. Quizá nos sea más fácil «decirle la verdad al poder»,[13] confrontar a un político a cuyas ideas nos oponemos, que confrontar condiciones deplorables entre nuestros Amigos. Preferimos hablar en generalidades, esperando que, si el zapato le sirve, la persona apropiada se lo va a calzar.[14] Esto reta mucho menos que lo que dice Anne Wilson. Tal vez no tenemos el valor suficiente para aceptar la responsabilidad cuando recibimos un mensaje muy directo para una persona o grupo específico. Quizá más experiencia con «oportunidades», y con la oración en grupos pequeños, pueda ofrecernos cierta tutela al respecto.

Considero que debemos abrirnos más a recibir este tipo de mensaje directo, aunque si somos fieles al encargo, no creo que estos mensajes vayan a ser mayormente advertencias o denuncias. He aquí un caso de mi propia experiencia. En un año, visité dos veces una junta en Nueva Inglaterra que conozco bastante y a la que tengo mucho cariño. Esta junta tiene como costumbre sentar a los niños en la reunión mientras el grupo se está congregando, y después de unos quince minutos salen para la Escuela del Primer Día. En las dos ocasiones ese año, me sentí fuertemente obligado a ponerme de pie y hablar antes de la salida de los niños. No me cabe duda de que los mensajes que recibí no eran solo para los niños, aunque en un mensaje fui guiado a hablarles a los niños, señalando cómo el mensaje se relacionaba tanto con ellos como con sus mayores. Al clausurarse la reunión, cuando todo el mundo se presentaba, sentí un nuevo requisito. Me sentí guiado a explicarle a la junta que había sido guiado dos veces a ofrecer mensajes antes de lo acostumbrado para que los niños estuvieran presentes. Un sentido de urgencia e interés espiritual me hizo preguntar: «¿Habría algún mensaje más allá de las palabras del mensaje?». Me parecía que ellos quizá debían preguntarse qué experiencia tenían sus niños de la adoración: ¿siempre era en el modo controlado, introductorio, o también tenían la experiencia de una reunión de adoración completa, aunque el silencio

13 Frase hecha frecuente en inglés; por casualidad la frase se originó como el título de un folleto publicado por Pendle Hill, centro de estudio cuáquero cerca de Filadelfia. TR.

14 Juego con un proverbio en inglés: «si el zapato te sirve, póntelo» TR.

y el ministerio pareciera demasiado para su entendimiento? Yo sentía con urgencia que esta junta buena y saludable en ese momento era llamada a probar algo nuevo.

Me preocupaba mucho que pareciera que yo estaba dándole consejos a la junta, cosa que hubiera sido un atrevimiento. No obstante, estaba muy consciente del sentido de la presencia del amor de Dios entre nosotros, y me sentía utilizado por el Espíritu, y acompañado por el Espíritu mientras hablaba. Me parecía que la junta recibió mis palabras sin ofenderse; al contrario, las recibió con gratitud, y después varios Amigos me dijeron que mi mensaje les pareció importante y amoroso. Creo que el elemento clave fue el sincero sentido de amor, y el impulso de ofrecer una vida más abundante —por eso, había una invitación positiva que llevaba una pregunta penetrante, en vez de una acusación de fallo seguida por un consejo prescriptivo. Si a veces nos llega un reto directo, creo que más a menudo va a tomar una forma que quizás habla de fallos; sin embargo, mayormente va a ofrecer una invitación al amor de Dios, y en ese espíritu va a tocar al testigo interior de Dios.

Acompañantes de viaje

En el modelo tradicional de los viajes en el ministerio, el ministro debe viajar con un acompañante aprobado. Esta práctica tiene raíces hondas, no solo en la costumbre cuáquera, sino también en el modelo apostólico del Nuevo Testamento de viajar en parejas para apoyo mutuo. La práctica tiene gran valor en muchos aspectos.

A menudo, un compañero que comparte el interés espiritual puede hacer gran parte de los arreglos logísticos para apoyar la labor del ministro —avisar a la gente con anticipación, supervisar los arreglos del viaje, apuntar números de teléfono, nombres, etcétera—. En la década de 1790 Job Scott comentó que este tipo de trabajo «tiene más importancia de lo que la mayoría piensa».

Además, tu acompañante puede ofrecer apoyo importante en la oración, antes, durante y después de la visita; además, es un amigo en quien se puede confiar. También, si el viaje dura largo tiempo, un rostro conocido puede ser un gran consuelo. Refiriéndome de nuevo a las cartas de Job Scott, después de expresar su empatía con su esposa que se queda en casa cuando él está de visita en los estados del sur, él comenta que por lo menos ella está en medio de su hogar y sus amigos, mientras él pasa día tras día llegando como forastero a una comunidad desconocida, busca albergue con los Amigos del lugar, participando con ellos en la adoración y quizás en la conversación bajo los requisitos de su don, y después tiene que levar el ancla y hacerlo todo una vez tras otra con nuevos grupos de personas que no conoce —una experiencia agotadora, aunque los Amigos sean tan acogedores como a menudo lo son.

Es común hablar de la persona bajo el interés espiritual como «el ministro», y del acompañante como «el anciano» (o anciano consejero); sin embargo, deseo señalar que esto debe entenderse como una descripción de las funciones que cada uno puede ejercer durante el viaje, tanto al actuar en obediencia a las guianzas como al apoyarse mutuamente. Los ministros que viajan juntos pueden desarrollar lazos hondos y brindar consuelo profundo y comentarios francos el uno al otro, y la historia cuáquera está colmada de parejas de este tipo que se apegaban como hermanos o hermanas.

El diario de Samuel Bownas describe muchas ocasiones, especialmente durante su juventud, en las que él y los demás ministros jóvenes que estaban viajando juntos se alentaban los unos a los otros por el camino.

> Asistimos a las juntas que íbamos encontrando en el camino, y descubrí que mi compañero estaba bajo un fuerte interés para decir algo en las reuniones, pero muy renuente y reacio de someterse al llamado. Le di el aliento que pude; y en la Junta de Tewksbury se puso de pie y habló muy para su propio aliento y el de los Amigos, y después fue así en cada reunión, hasta que llegamos a Bristol; y en verdad parecía más un ministro maduro que un recién nacido en la obra. En Bristol no cumplió a su satisfacción con el mensaje que le había sido encomendado, y se sentó con gran desaliento; aunque lo animé todo lo que pude, narrándole mis experiencias; y cuando llegamos de nuevo a las pequeñas juntas en el campo, lo pasó muy bien, acumulando fuerzas y experiencia en la obra.[15]

Durante un viaje de dos semanas a Cuba, en el que acompañé a un Amigo quien tenía un interés en visitar esas juntas tuve una experiencia

15 Bownas, 1839, p. 40.

muy satisfactoria con este tipo de trabajo en equipo. El interés era de él, y en cada junta yo trataba de ayudar para que él tuviera una oportunidad de hablar. Sin embargo, me sentía libre para actuar en aperturas que se me presentaban para yo servir, y en tales casos él me apoyaba sin reservas. En aquel entonces yo había tenido más experiencia que él viajando en el ministerio. Por eso, me parecía que, de cierta manera, al sentirme libre para actuar según era guiado le ayudaría a hacer lo mismo; y así resultó. Cuando nos preparamos para el viaje, conversamos sobre cómo íbamos a trabajar juntos —sobre qué puntos cada uno quería recibir consejos o afirmación, qué inquietudes cada uno tenía en mente acerca de nuestra visita, y también qué razones nos hacían confiar el uno en el otro. Durante el viaje, los dos nos ofrecimos comentarios informales y espontáneos, y dedicamos tiempo para conversaciones más formales: ¿cómo te ha ido recientemente? ¿Qué has notado? ¿Hay algo específico que debe ocurrir según piensas? ¿Existe algo que piensas que yo debería saber? Nuestra colaboración fue muy dulce, y los dos aprendimos mucho del otro, además de la lección básica aprendida en cada lugar que visitábamos: que se puede confiar en Dios cuando Él hace que los corazones humanos se abran mutuamente.

«Viajar en parejas» no es una regla rígida

Es muy sabio viajar en compañía, sea con un acompañante o más, y a veces es preciso insistir en ir acompañado. No obstante, los diarios y otras narraciones del pasado dan constancia de muchas ocasiones en las que un ministro con interés espiritual apropiado viajó solo, confiado en que la guianza y el consejo le serían dados cuando hicieran falta.

A menudo esto ha sido mi experiencia, especialmente cuando el servicio toma la forma de episodios discontinuos, como por ejemplo, visitas a una serie de reuniones del domingo extendidas durante varias semanas o meses. A veces es posible encontrar un acompañante antes de la visita, pero a veces no, y si el llamado al servicio urge, tienes que seguir cumpliendo tu deber. En tal caso, vale la pena que tú, como viajero, lleves en mente de antemano que tienes que estar en un estado mental de escucha, dispuesto tanto a aprender como a hablar —y dispuesto tanto a callarte como a hablar. Además, es posible que cuando llegues, algún Amigo particular aparezca como consejero y guía para ti, aunque no hubiera ningún arreglo de antemano. A menudo pedir oración provoca una respuesta cálida y presta. En muchos casos he encontrado alguien en la junta visitada que me ha brindado el tipo de cimiento que puede ofrecer un acompañante de viaje.

Por lo general, mis viajes han sido a juntas o a individuos dentro de mi junta anual, y he entretejido las visitas con el horario de mi empleo y con mi vida familiar. Por esta razón, lo más normal para mí es viajar solo. He aprendido mucho al usar el tiempo en camino para orar. En parte, la oración me libra de ideas preconcebidas, y me ayuda a anticipar el proceso de aprender y escuchar en la junta que visito con toda la sensibilidad posible. Por eso, el tiempo en soledad ha sido útil en mi propio entrenamiento y disciplina, y pienso que me ha hecho más «presente» a la junta de lo que pudiera haber estado si fuera acompañado. En cierto sentido, el encuentro es más directo. He aprendido a ejercer más cautela, esforzándome por reconocer cuando no estoy tan centrado como quisiera, por anticipar que acechan la ilusión o el autoengaño, y por descansar en la presencia de Dios para permitir que tales ilusiones se desvanezcan.

El honor de la Verdad

Si viaja solo, un ministro, tiene que practicar una disciplina interior en la que él o ella se mantiene activamente consciente de la responsabilidad y el papel de siervo. Esta disciplina debe basarse en la dirección pasada y presente recibida de los Amigos y del Espíritu con relación al ejercicio del don, y a mantenernos abiertos a recibir instrucción.

Pensando en esto, a menudo me acuerdo de la frase: «el honor de la Verdad». Declarar que eres mensajero en nombre de Dios y en unidad con tu junta acarrea este significado: estás declarando que tu servicio es evidencia de esa Verdad por la que tu comunidad aspira a vivir. Estás en posición de alentar o desanimar el florecimiento espiritual de aquellos entre quienes has sido enviado. No des motivo alguno para que nadie dude de que tu presencia y tu ejercicio emergen de una moción del amor divino, no sea que hagas tropezar a uno de estos tiernos,[16] no sea que tú mismo te extravíes del camino en que deseas andar, y que deseas ofrecer para que otros anden.

16 Marcos 9:42. TR.

Concluyo aquí con una cita de Stephen Crisp, que nos conduce de este al siguiente y último capítulo:

> Fui ejercitado, según mi capacidad, al visitar las asambleas del pueblo del Señor en los condados de Essex y Suffolk, donde estaba mi encargo; y al ayudar al pueblo del Señor según mi capacidad, tanto en sus asuntos espirituales como en los temporales según me dio entendimiento el Señor Dios de mi vida. Entregué la guía de mi espíritu a Él; y me abrió el entendimiento con relación a los asuntos de este mundo para que yo pudiera ser como bastón para con los débiles en estas cosas, y pudiera apoyar a la viuda y al huérfano, y abogar por justicia para con los pobres. En todo esto, no buscaba ni honra ni provecho, sino que lo hice todo de gracia, como de gracia recibí de Dios.[17] Y Él a quien servía era mi premio, y de tal manera que nada me faltaba. Por ello, ¿quién se negaría a alabar al Señor? y ¿quién se negaría a confiar en Su Nombre?[18]

17 Mateo 10:8. TR.
18 Crisp, 1850, p. 151.

CAPÍTULO 26

El gozo en el servicio

Estas cosas os he hablado, para que mi gozo esté en vosotros, y vuestro gozo sea cumplido.

—Juan 15:11

Jesús nos enseña a esperar gozo cuando lo seguimos, y cuando moramos en unidad con nuestros hermanos y hermanas por medio de su Espíritu. Tómate el tiempo necesario para sentir el gozo en el llamado al servicio, y en los momentos en que has servido con fidelidad. El ministerio del Evangelio cuesta mucho; no obstante, si llevas en ti este interés espiritual como es debido, te será senda de regocijo y de creciente paz. El aumento del gozo y de la certidumbre en la presencia confiable de Dios siempre se ha aceptado como evidencia de que el ministro ha sido fiel.

Es menester distinguir este gozo de un sentido de superioridad o arrogancia que es todo lo contrario al gozo del que habla Jesús. Durante el entrenamiento interior por el que pasamos llegamos a saber más y más cómo anclar nuestra vida y nuestro servicio en el amor divino, y nos damos cuenta de que nuestros temores poco a poco son reducidos y vencidos. Llegamos a un más agudo sentir del mal dentro de nosotros mismos, en nuestra sociedad, y en los que conocemos. Llegamos a tener más compasión, reconociendo las muchas formas en que somos propensos a equivocarnos, a engañarnos, a dejarnos limitar por nuestra personalidad, nuestro entendimiento, nuestra experiencia, nuestra cultura. Lo sentimos con más agudeza cuando reconocemos la opresión de la Semilla, y entonces llegamos a entender las palabras de Nayler cuando dijo que el espíritu que sentía «es concebido en la angustia, y nace sin que nadie le tenga lástima; tampoco murmura bajo la aflicción ni la opresión [...] los gozos del mundo lo matan [...] En eso tengo comunión con todos los que vivían en guaridas y parajes desolados de la tierra».[1]

Aun así, junto con esto recibimos un intensificado sentido de gratitud. Llegamos a desbordar en agradecimiento, y sentimos que la gratitud es la raíz principal de la oración y de la vida que rebosa. Al igual que Fox «nos regocijamos al ver los manantiales de vida brotando en todos»,[2] y estamos libres para gozarnos en la evidencia multitudinaria de la Vida y la Luz en los demás, en el mundo natural, y aun en nosotros mismos. Según lo dijo Lewis Benson: «Es una cosa maravillosa ser llamado al ministerio del Evangelio de Jesucristo».[3]

Abiertos a este servicio, y al seguir este llamado con creciente fidelidad y entrega, somos formados y reformados, tamizados y refinados, hasta que menos y menos obstáculos se interponen entre nosotros y nuestro sentido de la presencia divina en nosotros mismos y en los demás. No hay palabras de éxtasis que puedan expresar el consuelo, la paz, el deleite y el resguardo que sentimos en la presencia de Dios. Ahí entregamos nuestras vidas más y más al servicio de esta Vida en todos, con la espera, en la acción, el hablar y el silencio; ahí vivimos más y más inmersos en lo que expresamos con breves y poderosas palabras: Luz, Vida, Amor.

1 Nayler, *Fragmentos*, p. 74, [accesible en raicescuaqueras.org]. TR

2 Fox, *Diario*, p. 152, [accesible en institutoalma.org/Literatura]. TR.

3 Benson, 1979, p. 51.

Apéndice 1
Cartas escritas a dos juntas

A los Amigos en la Junta de Multnomah [1]y alrededores, sobre oración en pos de la unidad

Queridos Amigos,

Desde que estuvimos con ustedes hace unos pocos días, me he dado cuenta que no me voy a sentir libre cuando entro en la quietud hasta que no comparta algo más con ustedes. Esto es alentarlos en amor a que *oren en pos de la unidad* mientras siguen sus intereses espirituales. Pues, esta oración en pos de la unidad puede ser de por sí un interés espiritual, cuando no haya otra senda o guianza discernible. ¿Qué quiero decir con esto?

1. P*articipación imaginativa*. La oración puede tener muchas formas; algunas de estas están disponibles aun para quienes piensan que no saben orar. En un momento de reverente quietud, una atenta fijeza sin palabras es una poderosa manera de labrar, o mejor dicho, de abrirnos a *ser labrados*. Cuando estamos verdaderamente centrados, aunque sea por el más breve periodo, estamos enternecidos —es decir, vulnerables e instruibles—. Si traemos a ese lugar un anhelo o una necesidad que sentimos, esto puede llevarnos a un momento de descubrimiento y transformación, y de participación imaginativa en la comunidad que amamos y en el interés espiritual que estamos considerando.
2. *Consciencia intensificada*. Uno de los resultados de este tipo de contemplación es una *consciencia intensificada*. En ese lugar receptivo, donde tenemos capacidad de oír (o ver, o sentir) la verdad, a menudo recibimos entendimiento renovado. Quizá percibimos más detalles sobre la vida de la comunidad —o sobre

1 Junta Mensual de Multnomah, Portland, Oregon, Junta Anual del Pacífico del Norte.

nuestra propia participación— al ver conexiones o preguntas que antes no estaban manifiestas. Como siempre en tales periodos de sosegada apertura, cuando nos sentimos seguros o cimentados, puede ser que veamos claro las barreras que hay que derribar para que el crecimiento ocurra, o las nuevas cosas que debemos aprender, o las grietas que tenemos que subsanar. Un profundo fruto de este tipo de labor es un incremento en la libertad y la amplitud interior, la paz del germinar y madurar de la semilla; y una dádiva de agradecimiento. Aquí hay quietud, aunque también estamos en el taller de la creatividad turbulenta y orgánica, cuando en el silencio y la ternura todos los aspectos de nosotros mismos, de nuestras obras, y de nuestro mundo pueden entrar en fluido contacto. Acuérdense que Jesús dijo: «Mi paz os doy; yo no os la doy como el mundo la da».[2]

3. *Oración en pos de la unidad.* El Espíritu por el que somos guiados, y que subyace todos nuestros distintos intereses, anhela y nos persuade en pos de la unidad. Una atención frecuente a la comunidad, y una espera para sentir dónde yace esa unidad (por debajo de toda nuestra diversidad), es una dádiva a uno mismo y a la junta. Las dádivas no se obtienen por demanda ni por fuerza, sino que se reciben del amor. El tipo de oración por la que abogo es la oración en la que sostenemos con amor nuestro ser y todas las partes y acciones del cuerpo espiritual de la junta, y muy a fondo reconocemos que estamos profundamente conectados. Cuando este tipo de atención es un hilo constante en nuestra práctica, podemos ir descubriendo por experiencia la senda hacia un entendimiento, y desarrollamos la capacidad de ver la unidad y entonces vivirla en cierta medida. A veces es posible perder la visión de la unidad, no obstante, una vez que la hemos saboreado, sabemos que sí podemos encontrarla y sentirla de nuevo.

   Esta unidad puede expresarse de varias maneras, y bien puede crecer hasta hacerse una fuerte y compartida visión de la vida en comunidad. Lo hermoso aquí es que esta creciente comprensión, arraigada en oración y también en esfuerzo y buen pensar, puede ser una nueva forma de entender y compartir la vida del

2 Juan 14:27. TR.

Evangelio —acordándonos que las buenas nuevas son poder de Dios para obrar liberación.[3]

«Amarás al Señor tu Dios con todo tu *corazón*, y con toda tu *alma*, y con todas tus *fuerzas*, y con toda tu *mente*.»[4]

Cuando Darcy y yo salimos después de haber estado con ustedes, nos sentimos reconfortados y alentados por ustedes, y por sentir que entre ustedes habíamos sido fielmente guiados. Detalle curioso, el aliento vino como un anhelo de estar más preparados para la próxima oportunidad de servir. A menudo es así: actuar desde la debida actitud, y ser fiel según nuestra propia medida, nos nutre y sana; nos hace humildes en nuestro crecimiento, nos capacita para la próxima labor bajo la guía del Espíritu —y nos da esperanza y entusiasmo.

Sin embargo, muchos de ustedes hablaron de los problemas comunes de la acción que dispersa, y que puede estar tan mezclada con el miedo o la urgencia que la labor de cada uno, por muy buena que sea, se siente como algo privado, sin conexión vital con las actividades de los demás. Aun pensando en las conexiones lógicas entre «tu interés espiritual y el mío» no satisface la necesidad de conexión vital.

Me refiero a un tipo de oración que abre una senda hacia la unidad segura, en que nuestra acción e interés espiritual no nos *dispersa*, sino que en cierta medida nos *congrega* en el Espíritu —y cuando cumplimos con nuestra medida, más será otorgado.[5] Esta senda está fundada en anhelo y deseo, un sentido de necesidad, un amor a la justicia y la verdad, una vigilia y respuesta fiel a lo que nos es revelado. Tantas almas magnánimas nos han mostrado cómo esta senda puede ser descanso y renovación, y cuando estamos unificados en nuestro interior descubrimos formas de recogernos como comunidad unida, cuyas acciones en el mundo son diversas; brotan con poder de la obra de descubrimiento y unión en el Espíritu.

su amigo en el amor cristiano
Brian Drayton
Lyndeborough NH
18 de abril de 2015

3 Véase Romanos 1:16 TR.

4 Lucas 10:27. TR. Las cursivas son del autor.

5 Véase Junta Anual de Londres, *Fe y práctica cristiana*, 1959, 075, [accesible en raicescuaqueras.org]. TR.

Amigos, por cualquier cosa a lo que tengáis apego, por ahí mismo os vendrá el Tentador. Cuando él logra perturbaros, ahí mismo se aprovecha de vosotros y estáis perdidos. Arraigaos en lo que es puro después de veros a vosotros mismos, y ahí vendrá la Misericordia. Después de ver vuestros pensamientos y las tentaciones, no penséis, sino someteos. Ahí viene el Poder. Arraigaos en lo que muestra y devela, y ahí ya estará la fuerza. Arraigaos en la Luz y someteos a la Luz, y aquel otro será acallado y desaparecerá. Ahí viene el sosiego.

— George Fox, Epistle 10[6]

Ser de nuevo un cuerpo unido que da testimonio: Una carta a los Amigos de Nueva Inglaterra

Queridos Amigos,

Vamos a evitar hablar en falso sobre nuestra condición como pueblo. Jeremías dice: «Los falsos profetas con liviandad 'sanaban' el quebranto de mi pueblo, diciendo: 'Paz, paz,' pero ¿dónde está esa paz?»[7] A menudo nosotros los Amigos en Nueva Inglaterra actuamos y hablamos como se expresan los miembros de una asociación o grupo para propósitos comunes seculares, no como miembros de un solo cuerpo unido por una vida común, ni como un pueblo recogido por la obra de un preciado y santo Espíritu. También hablamos y adoramos juntos anhelando unión, paz en medio de nuestras labores e intereses espirituales, y frente a nuestras vidas y nuestra época.

Amigos, ayudémonos continuamente los unos a los otros a recordar que la unidad no es un logro, sino un proceso, un proceso viviente, que requiere el alimento y el cuidado apropiado. Un cuerpo viviente mantiene su salud frente a fuerzas erosivas, arrasadoras, avasalladoras por medio de constante crecimiento, nutrición, descanso y acción creadora. El resultado es un sentido de bienestar, de florecimiento, que manifiesta un cuerpo y una mente en equilibrio. Cuando vivimos como miembros de un solo cuerpo espiritual, y ese cuerpo está floreciendo, nosotros y ese cuerpo daremos evidencia: paciencia, amor,

6 Fox, *Cartas y Epístolas de George Fox*, 010, [accesible en raicescuaqueras.org. TR.

7 Jeremías 6:14. Sigue la traducción de Brian Drayton basada en la Septuaginta.

tolerancia mutua; fervor para buenas obras, valentía frente a dudas o problemas, compasión, sencillez, honestidad, educabilidad, gozo. Si acaso alguien examina nuestra condición y reconoce estas cosas vivas en nosotros, reconoce que se puede corroborar que son consistentes en nuestro caso, entonces podremos esperar con cierta confianza que nuestro florecimiento está arraigado en la vida de Dios fluyendo en nosotros, en lo que el evangelio de Juan denominó el Verbo, que es el poder creativo y sanador de Dios.

A decir verdad, esto es el Evangelio, el poder de Dios que obra en pro de nuestra liberación, la de cada uno, aunque también nos hace saber cómo y dónde somos uno, cómo y dónde podemos confiar en esa unidad. El mandamiento final de Jesús ordena que sus amigos se amen los unos a otros, como él los había amado, pero en su oración en la última cena pidió que todos fueran uno, así como Jesús y el Padre eran uno, y que todos fueran uno con el Hijo y el Padre.[8] Cuando a diario la espera silente y a la expectativa llega a caracterizarnos como pueblo, entonces estamos participando en el proceso de desafío y transformación que nos prepara y equipa para la unidad que Jesús pidió en oración. Hasta que nuestra adoración no obre un cambio para que produzcamos los frutos del Espíritu, y para que llevemos las señales evidentes de los que han encontrado un poder viviente dentro de sí y más allá de sí —hasta entonces nuestra adoración todavía se quedaría corta.

Al adorar en verdad[9] día tras día, podremos evitar la confusión entre los beneficios de esta poderosa vida común y la esencia de tal vida. Cimentados en esa unidad, podemos hablar con poder, actuar con resistencia, despertar a los dormidos, e invitar a otros a la gran labor de vivir con justicia y creatividad y sin miedo, en equilibrio con las fuerzas de la naturaleza de las que dependen nuestros cuerpos y nuestras culturas. Pero no podemos fabricar ese poder, esa verdad, esa audacia si no vivimos en unidad. Por lo tanto, ahora, en un momento en que sentimos que nuestra unidad es frágil, practiquemos la unidad al esforzarnos por el bienestar y la fidelidad de los demás.

En los años recientes, los Amigos de Nueva Inglaterra como pueblo están más acostumbrados a reconocer que hay diversidad de dones

8 Véase Juan 15:12 y 17:22. TR.

9 Juan 4:24. TR.

entre nosotros, aunque todavía no nos hemos adentrado bastante hondo en esta labor. Somos llamados a más, a que actuemos en la expectativa de que todos pueden ser mayordomos fieles, por amor al don y por amor de los unos a los otros. Cuando somos diligentes en nuestra propia fidelidad, mientras más y más adoramos en verdad, más y más conscientes llegaremos a ser de que nuestros propios llamados están entretejidos con la vida común, y descubriremos más formas, no solo para afirmar esa conexión, sino también para afirmar y promoverla en formas concretas y específicas. Vamos a recibir los intereses espirituales con gozo como la evidencia de la acción de Dios en nuestra época, en nuestra medida. Vamos a estar entusiasmados en nutrir estos dones y apoyarlos en oración, amando el interés espiritual de nuestro prójimo como si fuera nuestro. A menudo, vamos a retarnos a nosotros mismos y los unos a los otros, preguntándonos ¿qué cosas concretas he hecho para acoger los dones de otros? —hasta regocijarme al sentir el crecimiento de la vida de Dios en él o ella, y sentirme nutrido por eso.

Amigos, recordemos cómo Isaías reprendió al pueblo de su época:

> Porque este pueblo es rebelde, hijos mentirosos, hijos que no quisieron oír la ley del SEÑOR; que dicen a los videntes: No veáis; y a los profetas: No nos profeticéis lo recto, decidnos cosas halagüeñas, profetizad mentiras; dejad el camino, apartaos de la senda, quitad de nuestra presencia al Santo de Israel.[10]

Isaías fue enviado a un pueblo en el que la enseñanza espiritual y ética se habían rebajado a la infidelidad. Los profetas convencionales se habían dedicado a dar al pueblo lo que pedía —complacencia y consuelo, en vez de hablar la verdad que le hacía falta a su época conflictiva, en lugar de señalar la senda hacia la vida en armonía con Dios que lleva a la armonía de los unos con los otros. Qué habría ocurrido si el pueblo, anhelando la salud espiritual, se hubiera enfrentado a esos falsos maestros, tomando la iniciativa profética al decir:

> Ayúdennos a conocer y vivir mejor en la vida del Santísimo; dígannos la verdad en que podemos ser libres. David cantó: «Estos confían en carros, y aquéllos en caballos; mas nosotros invocaremos el nombre

10 Isaías 30:9–11.

> del Señor nuestro Dios»,[11] con el deseo de aprender de Dios el camino de la vida. ¡Queremos que esto mismo sea nuestra verdad! ¡Sean ustedes fieles en su labor, para ser nosotros fieles en la nuestra!

¿Qué pasaría si pudiéramos aprender a escuchar así, proféticamente, las mociones de la vida divina en los demás?

Pablo escribe: «Ni el ojo puede decir a la mano: No te necesito, ni tampoco la cabeza a los pies: No tengo necesidad de vosotros».[12] Adentrémonos en este sentido: nos necesitamos los unos a los otros, de la misma manera que un cuerpo necesita todas sus partes. Y Cristo, la cabeza, necesita nuestros pies y manos y ojos —y estos necesitan la cabeza, y la vida que circula y nutre todos nuestros miembros en un río revivificador—. Partiendo de esta necesidad mutua y esta experiencia de la vida común, un cuerpo que da testimonio es nutrido y crece en fuerzas.

Cualquier declaración o afirmación de la unidad expresa la esperanza, o anuncia nuestra condición, pero tales palabras no pueden crear ni sustituir la vida compartida, la realidad del organismo espiritual.

La vida del Evangelio es una, así como Dios es uno, y por eso todo el pueblo de Dios es uno, porque moran en esa vida. A veces, cuando es difícil ver o sentir la unidad, tenemos que aceptar esto por fe. Podemos dar un testimonio valioso, si a diario nos esforzamos a sentir dónde yace esa unidad, y también la ponemos en acción como parte de nuestra disciplina de siervos de esa Vida. Jesús prometió que encontraríamos gozo en esta unidad, una realidad que en ciertos momentos podemos declarar por nuestra propia experiencia.

En el amor cristiano, su amigo,
Brian Drayton
4 de agosto, de 2012

11 Véase Salmos 20:7. TR.
12 1 Corintios 12:21.

Apéndice 2:
Muestra de un informe anual presentado a una junta mensual

Informe anual presentado a la Junta Mensual de Weare enero de 2017

Queridos Amigos,

A continuación, rindo cuenta de la labor realizada en ejercicio de mi interés espiritual por el servicio del Evangelio, y lo que puedo anticipar del próximo año. Como de costumbre, agradezco cualquier dirección de la junta o de otros que reciben este envío; también me agradaría brindar más información o reflexión sobre cualquier asunto en este documento.

Me queda claro que el interés por el ministerio del Evangelio sigue activo en mí. Veo que sigo sintiéndome atraído o impulsado hacia el ministerio de encender la llama, y sigo anhelando el sentir renovador y presente de Cristo —a veces reconocido, a veces en secreto— obrando en nuestra vida y labor cotidiana, y en nuestro mundo. Sin embargo, en la incertidumbre de nuestra época me parece que nuestra Sociedad tendrá menos y menos que ofrecer al mundo a no ser que algunos (¡muchos!) Amigos emprendan la labor de entender y poner en palabras los retos y las oportunidades que nos rodean a la luz del Evangelio según los Amigos lo han entendido. Por supuesto, la primera tarea para todos nosotros es estar presente y al corriente dentro del mundo en que vivimos día tras día, y en ese lugar buscar dónde podemos encontrar y entender a Dios. No obstante, para edificar la vida común, y para apoyarnos los unos a los otros en nuestras jornadas espirituales, nos hace falta hablar de nuestra experiencia, de nuestros descubrimientos, de nuestras esperanzas y cargas, y de cómo todo esto encaja en nuestro papel en la trama de la salvación —nuestra respuesta, cada vez más libre y veraz, a Dios que hasta aquí nos ha recogido como uno.

I. El año pasado

A. Viajes en el ministerio

Durante el año pasado, he sido atraído a varios lugares y varias oportunidades. Estos incluyen:

1. Una visita en febrero para adorar con la Junta Mensual de Keene, una junta pequeña con fuerte hermandad, pero con incertidumbre sobre su futuro a largo plazo. Aprecian mucho las visitas, empero se les aconseja a los Amigos que se pongan en contacto de antemano, porque el lugar donde se reúnen varía durante el mes.
2. En marzo, junto con Noah Baker Merrill organicé una reunión sobre viajar en el ministerio en el Centro de Amigos en Barnesville [sede de los Amigos Conservadores]. Fue una ocasión sólida, y pienso que útil para muchos asistentes.

   Después de haber facilitado allí varios encuentros de ese tipo, le informé al Comité del Centro de Amigos (que supervisa la sede a nombre de la Junta Anual de Ohio) que me parecía que algunos otros Amigos debían compartir en la labor de convocar reuniones para Amigos activos en el ministerio. Después de dos años, el comité encontró a alguien para 2017, y, de esa manera, pude dejar a un lado este evento anual como un interés continuo, a no ser que venga alguna apertura fresca. Tal vez el Comité desarrolle un «equipo» de Amigos para llevar en sí este interés, y que yo participe —he sugerido algo parecido—. Debo confesar que dejar esta labor a un lado resultó angustiante para mí, pero me quedó bastante claro que debía hacerlo — por amor a la obra—. Para este año, por lo menos, Marge Abbott de la Junta Anual del Pacífico del Norte, y Honor Woodrow de Nueva Inglaterra se responsabilizarán el fin de semana — ¡emocionante expectativa!
3. En abril, viajé en el ministerio en Nueva Inglaterra con Lloyd Lee Wilson, acompañados por Susan Wilson. Informé detalladamente sobre este viaje en aquella fecha (informe que puedo enviar a quien lo pida).

4. En junio, visité la Junta Mensual de Durham para la adoración, seguida por una reunión de Amigos ministros de las Juntas Trimestrales de Falmouth y Vassalboro, cumpliendo con mi minuta de viaje. Fue una buena reunión, con unos diez Amigos presentes y agradecidos —según me pareció— por la oportunidad. Existe cierta probabilidad de que este grupo continúe en el futuro, aunque todavía ningún Amigo ha asumido la responsabilidad para convocarlo.
5. En septiembre, visité la junta mensual de Hanover, para la adoración, y asistí a la reunión de Amigos ministros de la Junta Trimestral del Noroeste. La reunión fue bien concurrida, y fue la primera vez que yo había asistido después de convocar el grupo hace tres años. Los Amigos de la Junta Trimestral habían invitado a Amigos de otras partes de la junta anual, y había personas de varias otras juntas trimestrales; esto contribuyó a cierto aliento mutuo.
6. En octubre, asistí a la Junta Mensual de Friendship en la Junta Anual de Carolina del Norte (Conservadora). Dirigí el retiro de la junta mensual, y asistí a la adoración el domingo. Por la tarde del domingo, serví como asesor a un foro sobre el reconocimiento de dones y la práctica de inscripción de ministros. Al igual que en la Junta Anual de Nueva Inglaterra, esta práctica aún consta en su disciplina, pero las juntas más liberales, con miembros de múltiples tradiciones del cuaquerismo, se sienten incómodas con la práctica, y carecen de buena información sobre su propósito y su posible valor. ¡Fue un evento muy animado! Me hospedé con Lloyd Lee y Susan Wilson; buena ocasión de hermandad y aliento mutuo.
7. En diciembre, Darcy y yo visitamos la Junta Mensual de Dover, bajo un sentir que algo de aliento podría ser de valor para ellos, en medio de un periodo de cierta controversia; asistimos a la adoración y a la sesión de asuntos, y pienso que les dimos cierta ayuda, aunque fuera solo con nuestra amistosa presencia.

También asistí a otras juntas mientras viajaba en mi trabajo o vacaciones, e.g., varias veces a la Junta Mensual de Fresh Pond y a la Junta Mensual de Ámsterdam cuando estuve allí de vacaciones. También he tenido oportunidades con muchos Amigos individuales, y trato de mantenerme alerta a guianzas de este tipo, aunque siempre tengo que superar cierta timidez para iniciarlas; aunque sé por experiencia (¡por fin!) que el propósito es sentarse juntos en la Presencia, y si hacemos eso, el encuentro es una bendición.

B. Publicaciones

1. *Un lenguaje para el terreno interior.*[1] Esto por fin se publicó en la primavera; por lo tanto, este proyecto está terminado (aunque continua otra labor que brota del mismo). A partir de la última reunión de Tract Association, por lo menos la mitad de los ejemplares ya había sido distribuida. Reseñas del libro han sido publicadas en Friends Journal, "Book Musings" de la Conferencia General de los Amigos, *Quaker Religious Thought*, *Quaker Life*, y el boletín de Barclay Press —de modo que, gracias al esmero de Tract Association, todas las ramas del cuaquerismo norteamericano han tenido noticias del libro, y también en Gran Bretaña. He recibido información de que varias juntas, tanto en Nueva Inglaterra como en otras partes, lo están usando en grupos de estudio. Gracias al apoyo de muchos A(a)migos, parece que este proyecto ha sido útil. Aproximadamente durante este mismo periodo varios libros se han publicado que complementan, o en cierta manera son colaboradores sin intención consciente —quizá los más notables sean *Our Life is Love* por Marcelle Martin, *A Quaker Prayer Life* por David Johnson, y *A Sustainable Life* por Doug Gwyn. Esta coincidencia demuestra que hay una sed intensa de recursos cuáqueros para profundizar la vida espiritual entre los Amigos. Todos estos libros recompensarán al lector atento.

   Cuando emprendí el proyecto de *Lenguaje* había conversado con Fran Taber sobre la posibilidad de escribir una biografía de Bill Taber, y he mantenido esa posibilidad abierta durante

1 Drayton, y Taber, 2016.

todos estos años. Sin embargo, cuando fui a Barnesville en marzo y tuve una oportunidad de sentarme con Fran, me quedó claro que no debía emprender el proyecto de la biografía. La Junta Anual de Ohio por fin completó el acta memorial de Bill durante en año pasado que constituye una biografía breve, aunque completa y expresa aprecio por la vida y el servicio de Bill. Esto parece suficiente por ahora. Al igual que la decisión sobre la labor en Friends Center, no fue fácil dejar a un lado el proyecto de «los documentos de Taber», sentí claridad sobre la decisión, y Fran sintió lo mismo.

2. *Reseñas de libros*. Al igual que en años pasados, he escrito varias reseñas de libros para *Friends Journal*, y también para "Book Musings" de la Conferencia General de Amigos.
3. *Blog*. El año pasado comencé a escribir Amor Vincat (amorvincat.wordpress.com), un blog cuáquero. Aunque había pensado en ese proyecto durante años, en la junta anual de 2016 durante una oportunidad con Eric Edwards (según informé el año pasado), recibí la claridad de que había llegado el momento de concentrarme en escribir ensayos breves sobre la espiritualidad cuáquera y temas relacionados. He podido publicarlo regularmente durante varios meses, cada dos semanas. (Esperaba escribir con más frecuencia, pero hasta el momento esto es lo que ha sido posible.)
4. *Obras de Dewsbury*. (Véase más abajo, II. B. 1.).

C. *Prophetic Climate Action Working Group (Grupo de trabajo para la acción profética sobre el clima)*

He participado en un grupo de Amigos que se formó durante la junta anual, que adoptó la siguiente misión:

> Somos un grupo de trabajo llamado a un testimonio profético, desafiados por la realidad del cambio climático que afecta profundamente esta tierra y todos sus habitantes. Creemos que la profecía consiste en las palabras y acciones a las que Dios llama a individuos y comunidades — para que vivan en la tensión entre la Mancomunidad de Dios en la Tierra y el mundo humano tal como existe—, invitando a otros a la posibilidad de adentrarse en una nueva manera de estar juntos.

Este grupo se ha reunido con regularidad y está encontrando su camino hacia adelante. Convocamos una reunión en Framingham en noviembre para Amigos bajo este interés espiritual de todas partes de la junta anual, pero estoy muy seguro que en este momento nuestro papel no es ser una entidad dentro de la junta anual (como por ejemplo las comisiones de Ministerio y Consejo, o Testimonio sobre el Cuidado de la Tierra), sino mantener nuestra integridad como una hermandad de Amigos bajo un interés espiritual —una entre muchas (espero yo) que se formarán para aliento mutuo, dirección, y búsqueda espiritual mientras cada miembro trata de seguir sus guianzas.

II. Proyectos para el próximo año

Como siempre, me gustaría recibir comentarios y dirección de la junta sobre mis planes o prioridades.

A. Viajes

Sigo sintiendo que mi labor de visitar juntas e individuos debe enfocarse en Nueva Inglaterra, según se abra el camino, con interés específico en el cambio climático, y en alentar el ministerio del Evangelio. Albergo esperanzas y expectativas de que las reuniones de Amigos en el ministerio por fin ocurran este año en las Juntas Trimestrales de Connecticut Valley, Dover, Rhode Island/Smithfield, y Sandwich; una reunión ha sido concertada para el 13 mayo, con la ayuda y el apoyo de Jerry Sazama y Benigno Sánchez-Eppler.

También se me ha pedido aceptar otras responsabilidades específicas:

1. *Putney*: participar como asesor en la Junta Mensual de Putney para ayudar en su discernimiento sobre el proceso de reconocimiento de ministros en Nueva Inglaterra. Esto ocurrió el 8 de enero, y me pareció una ocasión útil.
2. *Junta Trimestral de Salem*: participar en un programa para esta junta al final de enero —Greg Williams y yo seremos líderes de una sesión sobre los dos testimonios que la Junta

Anual adoptó en 2016, sobre el privilegio blanco y sobre el cambio climático.

3. *Earlham School of Religion*: presentar el ciclo de Conferencias Willson en marzo —es un evento anual, que este año consistirá de dos discursos públicos y un taller, con material tomado de Lenguaje para el terreno interior.
4. *Ohio Valley Yearly Meeting*: dirigir un retiro para esta junta anual a fines de abril.

B. *Publicaciones*

En este momento solo me he quedado con dos proyectos entre manos:

1. Sigo trabajando en mi proyecto de compilar y publicar las obras de William Dewsbury (1621–1688). Según informé el año pasado, he proyectado que será una labor de cinco años, y a mi edad siento que debo añadir: «si Dios quiere», ¡aunque, por supuesto, esto es aplicable a los proyectos a cualquier edad! Este es el segundo año de los cinco proyectados. El progreso ha sido más lento de lo esperado; sin embargo, he vuelto a trabajar más sistemáticamente. Dentro de un mes habré transcrito todo el texto de sus obras publicadas en 1691, además de varios documentos sueltos. El próximo paso es buscar otras obras publicadas después del 1691 (por ejemplo, en revistas de historia cuáquera), y transcribir los escritos que nunca se publicaron (principalmente cartas).
2. Seguiré con el blog *Amor Vincat*.
3. Además, espero seguir escribiendo reseñas de libros de vez en cuando.

C. *Grupo de Trabajo para la Acción Profética sobre el Clima*

Por lo visto, mi participación continuará, y sigo claro que mi enfoque principal es hacer lo que pueda para alentar a las juntas a que reflexionen en serio sobre este testimonio y los retos espirituales que representa.

D. Ministerio y Consejo de la Junta Anual

En la última sesión de la junta anual, me pidieron servir como secretario de actas de esta comisión. No me he sentido libre a asistir durante los últimos dos años, pero en este periodo de pruebas y (confío) de renovación entre nosotros, quizá Ministerio y Consejo sea capaz de encontrar una senda hacia un sentido más claro de su servicio en la vida de la junta anual, y la nueva presidenta de la comisión lleva esto en sí como su propio interés espiritual. Tengo esperanzas de poder ofrecer cierta ayuda. Emprendo esto con ciertas dudas, porque va a requerir mucho tiempo. Por otra parte, tenemos que hacer las obras que nos son impuestas mientras dure el día[2] y confiar en la guianza de Dios para mantener la sencillez.

Este año cierro con versículos del Salmo 71, que me han servido de tanto aliento recientemente.

Oh Dios, me enseñaste desde mi juventud,
Y hasta ahora he manifestado tus maravillas.
Aun en la vejez y las canas, oh Dios, no me desampares,
Hasta que anuncie tu poder a la posteridad,
Y tu potencia a todos los que han de venir.[3]

2 Juan 9:4 Reina-Valera 2015 TR.

3 Salmos, 71:17–18.

Guía de Estudio

Sugerencias generales

La primera edición de este libro a menudo fue utilizada para estudios en grupo. Ofrecemos preguntas organizadas por secciones que pueden ayudar en el estudio del libro. He aquí dos recomendaciones generales:

A. Cada Amigo o grupo de Amigos tendrá sus propias preguntas y puntos de vista al empezar la lectura. Un buen método para facilitar la conversación del grupo que fue desarrollado por Joanne y Larry Spears[1] quienes recomiendan que, al leer cada fragmento seleccionado, consideres dentro de ti mismo las siguientes preguntas; después el grupo podrá conversar sobre las respuestas de cada uno.

1. *Concepto principal*: ¿Cuál es el concepto principal del autor en la sección estudiada?
2. *Nueva luz*: ¿Qué nueva luz encuentro en esta lectura?
3. *Verdad*: ¿Concuerda este pasaje con mi experiencia?
4. *Significación*: ¿Qué significa este pasaje para mi vida?
5. *Problemas*: ¿Qué problemas encuentro en este pasaje?

B. El autor, frecuentemente, emplea citas bíblicas y de fuentes cuáqueras. Si el tiempo lo permite, cada una de estas puede ser un enfoque de estudio y reflexión. Recomendamos los siguientes acercamientos al texto.

1. *Lectio divina o lectura reflexiva*. Lee el pasaje con atención por lo menos dos veces. Después húndete en el silencio, y cuando te sientas centrado, permite que se abran tus reflexiones e interpretaciones. Presta atención en cómo te hace sentir el pasaje; esto puede incluir reacciones físicas tales

1 Spears, *Friendly Bible Study*.

como relajamiento o tensión en los músculos de la cabeza, el cuello, el diafragma, las piernas —dondequiera que la tensión generalmente se manifiesta en ti. Después presta atención a las imágenes que se presentan— ya sean derivadas del pasaje mismo, o imágenes tuyas estimuladas por el pasaje. Después piensa en el contenido, es decir, qué es lo que expresa el pasaje, y qué significado tiene para ti, incluyendo conexiones con otras ideas que has leído o pensado antes. ¿Qué te hace recordar? ¿Ilumina alguna parte de tu experiencia? ¿Se relaciona a una pregunta que has considerado antes? ¿Qué preguntas se te presentan después de reflexionar sobre el pasaje? Finalmente, piensa en las consecuencias para la práctica o la acción. ¿Sientes el deseo de indagar más en algún tema? ¿O de hablar con alguien? ¿O te conduce hacia una acción específica?

2. *Sitúa la cita en su contexto*. El autor ha tratado de hacer posible que el lector pueda encontrar la fuente de las citas. El lector en español tiene acceso al contexto de las citas bíblicas y a unas pocas obras cuáqueras ya traducidas al español, mayormente accesible por la Internet. Cuando sea posible encontrar la fuente, puedes aprender más sobre su significado dentro de su contexto original, y también sobre lo que contribuye a tu entendimiento de este libro sobre el ministerio del Evangelio. ¡También puedes permitir que estas citas te inviten a explorar autores nuevos!

Preguntas sobre la Introducción

1. En años recientes se ha discutido mucho el mensaje del cuaquerismo, y cómo expresarlo como parte de la divulgación hacia los nuevos interesados o como información para los nuevos miembros. En la Introducción el autor describe su entendimiento del mensaje del cuaquerismo. ¿Qué te sorprende? ¿Qué te perturba? ¿Qué te ayuda? ¿Cómo concuerda o coincide con tu propio entendimiento?
2. El autor sugiere que la composición de la Sociedad de los Amigos cambió dramáticamente durante el siglo pasado, con

el resultado que en su propio desarrollo como Amigos los nuevos cuáqueros tienen dificultad para utilizar los recursos de la espiritualidad cuáquera tradicional. ¿Por cuáles sendas llegaron a ser cuáqueros los miembros de tu junta mensual? ¿Cómo aprenden sobre cuaquerismo los nuevos miembros de tu junta? ¿Cómo se parece el cuaquerismo de tu junta al cuaquerismo de otras juntas en tu junta anual? ¿Qué diferencias hay?

3. El autor cita la *Apología* de Robert Barclay: «Nosotros sí creemos y afirmamos que algunos son llamados más específicamente a la obra del ministerio, y, por lo tanto, son capacitados por el Señor para este propósito aquellos que son responsables de enseñar, exhortar, amonestar, supervisar y cuidar a sus hermanos».[2] ¿Cómo interpretas esta cita? ¿Estás de acuerdo? ¿Por qué? ¿O por qué no? ¿Contiene el *Libro de fe y práctica* de tu junta anual esta cita, o algo parecido?
4. ¿Cómo define el Evangelio este autor? ¿Cómo expresarías esta definición en tus propias palabras? Compárala con tu propio entendimiento del Evangelio.
5. El autor afirma que es cristiano y usa lenguaje cristiano (al igual que la mayoría de los Amigos de hoy y en el pasado). ¿Esto te dificulta leer el libro? ¿Lo hace más fácil? ¿Más interesante? ¿Por qué? ¿Qué implica esto respecto al entendimiento del cristianismo según este autor? Si no te sientes cómodo con el lenguaje y las ideas cristianas, ¿tienes formas de escuchar y reinterpretar tales ideas y lenguaje?

Parte I. Cimientos

1. *Dilemas*. El autor menciona varios problemas que dificultan ser religioso, y específicamente cuáquero, en nuestra época y cultura. ¿De qué manera ves que estos problemas afectan tu vida y la vida de tu junta? ¿Cómo se relaciona este capítulo con el reto de la proclamación del «mensaje cuáquero» hoy en día?

2 Barclay, *Apología*, X, xxvi, [accesible en raicescuaqueras.org].

2. *El reto de la santidad*. El autor propone que al nivel más básico somos retados a la santidad, y que el cuaquerismo se desarrolló como una forma de enfrentarnos a este reto. ¿Cómo entiendes este reto? Este punto de vista supone una meta o dirección para la madurez espiritual. ¿Qué significa la madurez espiritual para ti? ¿Cómo se compara con la del autor? ¿Cómo se relaciona todo esto con el testimonio cuáquero de la integridad?
3. *El ministerio vocal*. ¿Qué tipos de ministerio vocal ocurren en tu junta? ¿Hay tipos de mensaje que desearías escuchar con más o con menos frecuencia? ¿Estás de acuerdo con la opinión del autor acerca del ministerio vocal como un interés espiritual que uno puede llevar en sí durante largo plazo? ¿Por qué o por qué no? ¿Conoces a alguien que parece sentir esta responsabilidad?
4. En estos capítulos el autor dice que el crecimiento es producto de haber seguido el interés espiritual por el ministerio. ¿Esta idea te sorprende, te desafía, te intriga? ¿Puedes relacionarlo o compararlo con algo en tu propia experiencia? ¿Qué beneficios o celadas pueden resultar de esta manera de pensar sobre el crecimiento en el ministerio del Evangelio, o en cualquier otro interés espiritual que se lleva en sí por largo tiempo?
5. El autor sugiere que «el amor» es el motivo y mensaje fundamental de todo ministerio del Evangelio, y cita a John Woolman: «De una purificación interior bajo la que el discípulo ha quedado firme y fiel, brota un vivo y fructífero deseo por el bien de los demás. No todos los fieles son llamados al ministerio público, mas para los que sí lo son, el llamado es a predicar sobre lo que han saboreado y tocado espiritualmente. Hay varias formas externas de adoración, y dondequiera que haya verdaderos ministros de Jesucristo, el ministerio surge de la obra de su espíritu en los corazones, primero purificándolos y así dándoles una tierna comprensión de la condición de otros». [3]

   En este pasaje, ¿qué te parece extraño? ¿Qué te llama la atención?

   ¿Piensas así sobre lo que sucede en la adoración y la oración? Cuando tú u otros hablan en la reunión, ¿sientes que el motivo es

3 Woolman, *Diario*, 2018, p.9, [accesible en raicescuaqueras.org].

el amor? ¿Qué significa para ti la frase «un vivo y fructífero deseo por el bien de los demás»?

6. El autor dice que, según los Amigos entienden, un interés espiritual no es un mero propósito o tarea, sino que es para todo individuo un paso necesario en su senda espiritual: es parte de lo que significa la «fidelidad» mientras el interés pervive. ¿Qué resultados positivos se derivan de este punto de vista? ¿Cómo le atañe a la comunidad y además al individuo? Pensemos en esto a la luz de Romanos 14; o del ensayo de Thomas Kelly sobre «la simplificación de la vida»;[4] o el papel de las «guianzas» en la vida de John Woolman.[5]

Parte II. Crecimiento en el don

1. *La vida devocional y los recursos*. El autor sugiere que alguien cuyo interés espiritual por el ministerio tiene varios recursos a su disposición que apoyan el crecimiento espiritual del ministro en su servicio, también enriquecen su ministerio. Cuatro de estos recursos incluyen: 1) experiencia en el ejercicio del don; 2) oración; 3) las Escrituras; y, 4) la tradición de los Amigos. ¿Qué papel desempeñan estos recursos en tu propia práctica espiritual? ¿Cómo influyen en la adoración y actividades de tu junta? ¿Hasta qué punto provee cada uno de estos recursos un lenguaje común o un punto de referencia mutuo para tu comunidad espiritual? ¿Cómo pudiera el aliento de dones en el ministerio en tu junta relacionarse con tus respuestas?
2. *Los dones de la junta*. ¿Cómo presta atención tu junta a los dones? ¿En qué forma se comunica la junta con los miembros con relación a aquellos dones que tienen y sobre los que ellos deben ejercer mayordomía? Si la junta no cumple con estas responsabilidades, ¿por qué no? ¿Qué beneficios obtiene la junta de su práctica? ¿Goza tu junta de abundancia espiritual?
3. *Ancianía*. ¿Qué significado tiene la función de los ancianos consejeros para ti? ¿Dónde aprendiste tus ideas o impresiones de

4 Kelly, *Un testamento de devoción*, p. 87.

5 Woolman, *Diario*, 2018, [accesible en raicescuaqueras.org].

los ancianos? Después de leer sobre los ancianos en este libro, ¿puedes identificar algunos individuos en tu junta que quizá tengan este don? Sin esos individuos ¿cómo sería diferente la junta?

4. *Una comunidad de ministros*. ¿Qué hay de nuevo para ti en el capítulo 17? ¿Interesante? ¿Inquietante? En tu junta, ¿existen procesos establecidos para que los individuos que sienten el mismo interés espiritual se reúnan y se ayuden los unos a los otros a hacer su labor mejor? ¿Están incluidos en esto aquellos que tienen dones de ministerio vocal o ministerio del Evangelio? Si no es así, ¿por qué?
5. *Alentar los dones del ministerio*. ¿Qué métodos formales tiene tu junta mensual o junta anual para identificar y alentar dones en el ministerio? En tu rama del cuaquerismo, ¿todavía existe la práctica antigua de «inscribir» o «reconocer» ministros? ¿Para qué propósito piensas que se estableció esta práctica? ¿Qué cuestiones o problemas ven en tal práctica los Amigos en tu junta o región?
6. ¿Qué reflexiones despiertan en ti las actas de la reunión en 1698 de ministros y ancianos en Chesterfield (final del capítulo 17)?

Parte III. Temas especiales

1. ¿Cuál es la relación entre el capítulo 18 sobre ser sumergido en la simpatía y el capítulo 13 sobre la guía del Espíritu Santo? ¿Qué teología subyace en estos capítulos? ¿Aceptas esta teología? Si no, ¿cuál es tu entendimiento de cómo se desarrolla y se mantiene la unidad en las juntas?
2. El autor escribe sobre varios aspectos de las atracciones sentimentales en el capítulo 21. En tu experiencia entre los Amigos, ¿has visto fenómenos como los que él describe? En tu opinión, ¿qué cuestiones espirituales entran en juego?
3. ¿Has tenido la experiencia de una «oportunidad» como la que el autor describe? ¿En qué lugares inesperados has participado en la adoración? ¿Cómo han afectado tales experiencias tu espiritualidad,

tu entendimiento de la adoración, o tus relaciones con individuos o con una junta?

4. ¿Has participado en un viaje en el ministerio — ya sea visitando o recibiendo un visitante? ¿Qué interés espiritual motivó el viaje? ¿Cómo apoyó ese viaje la junta mensual del viajero? En tu junta anual, ¿cuán a menudo ocurren viajes en el ministerio?

Apéndices

1. *Cartas a las juntas*. En otras publicaciones, el autor ha comparado la unidad en la vida de una junta con la homeostasis por la que los cuerpos físicos mantienen su salud, y ha señalado que: «la unidad no es un producto, sino un proceso; 'vivir en unidad' es otra manera de describir la vida de vigilia que es el meollo de cómo responden los Amigos a la presencia del Maestro Interior. Por lo tanto, cuando sentimos la desunión, estamos reconociendo los efectos de una interrupción en el fluir de la Vida divina entre nosotros». ¿Cómo es este proceso en tus juntas (mensual o anual)? ¿Cómo pudiera el ministerio descrito en este libro servir como una manera de apoyar el proceso de unidad?

   Si llevas en ti un interés espiritual de cualquier tipo, ¿acaso la idea que todos los intereses verdaderos están unidos en su raíz cambia cómo piensas de los demás Amigos cuyos intereses conoces? ¿Pudiera afectar la manera en que la junta cuida todos los intereses espirituales que brotan de su vida? ¿Cómo?

2. *Informe anual a la junta*. ¿Cómo se manifiesta el cultivo de la responsabilidad en la vida de tu junta, en términos prácticos? ¿Extiende la junta este tipo de cuidado a todos los Amigos cuyo interés espiritual ha llamado la atención de la junta? ¿Qué impacto tiene? Si carece de impacto, ¿por qué?

   Si tu junta ha desarrollado sus propias prácticas en este asunto, ¿han informado a otros en tu junta anual, o más ampliamente? ¿Qué ha aprendido tu junta de otras juntas sobre este aspecto?

Bibliografía

Abbott, Margery Post. *Walk humbly, serve boldly: Modern Quakers as everyday prophets*. San Francisco: Inner Light Books, 2018.

Abbott, Margery Post and Peggy Senger Parsons (eds.). *Walk worthy of your calling: Quakers and the traveling ministry*. Richmond IN: Friends United Press, 2004.

Baker, Marian and Priscilla Makhino. *Traveling in the ministry: Let your light shine*. Philadelphia: Tract Association of Friends, 2016.

Barbour, Hugh. *The Quakers in puritan England*. New Haven: Yale University Press, 1964.

Barclay, A.R. *The inner life of the religious societies of the commonwealth: considered principally with reference to the influence of church organization on the spread of Christianity*. London: Hodder & Stoughton. 1876.

Barclay, Robert. *Apología de la verdadera teología cristiana*. raicescuaqueras.org > Autores >.

Barclay, Robert. *An Apology for the true Christian divinity* [1678]. Glendale, PA: Quaker Heritage Press, and Warminster, PA: Peter D. Sippel, 2002.

Bauman, Richard. *Let your words be few: Symbolism of speaking and silence among seventeenth-century Quakers*. Cambridge: Cambridge University Press, 1983.

Beamish, Lucia K. "Consecrated ministry." *Friends quarterly*, 14(8):343–52, 1963.

Beamish, Lucia K. *Quaker Ministry: 1691–1834*. Oxford: by the author, 1967.

Benson, Lewis. "On being moved by the Spirit to minister in public worship." New Foundation Publications. No. 4, pp. 48–51. Gloucester, England: George Fox Fund, 1979.

Book musings. Philadelphia: Quakerbooks of FGC [Conferencia General de Amigos] https://quakerbooks.org/blogs/news/book-musings

Bownas, Samuel. *An account of the life, travels, and Christian experiences of Samuel Bownas, a minister of the Gospel in the Society of Friends*. In Evans, W. and T. Evans (eds.). Friends Library, vol. 3, pp. 1–70. Philadelphia: Printed by Joseph Rakestraw, for the editors, 1839.

Bownas, Samuel. *Una descripción de las cualificaciones necesarias para un ministro del Evangelio* > raicescuaqueras.org > Autores>.

Bownas, Samuel. *A description of the qualifications necessary to a Gospel minister.* Preface by William P. Taber, Jr. Wallingford, PA: Pendle Hill Publications, 1989.

Braithwaite, Bevan. *A Friend of the nineteenth century*. By his Children. London: Hodder and Stoughton, 1909.

Brayshaw, A.N. *The Quakers: Their story and message*. London: Friends Home Service Committee, 1969 [1953].

Brinton, Howard H. *Prophetic ministry*. Pendle Hill Pamphlet 54. Wallingford, PA: Pendle Hill Publications, 1950.

Brinton, Howard H. "Friends for seventy-five years." *The Bulletin of the Friends Historical Association*. 49(1):3–20, 1960.

Brinton, Howard H. *Quaker journals: Varieties of religious experience in the Religious Society of Friends*. Wallingford, PA: Pendle Hill Publications, 1972.

Burns, P.J. and T.H.S. Wallace (eds.). *The concurrence and unanimity of the people called Quakers, as evidenced by some of their sermons.* Camp Hill, PA: Foundation Publications, 2010.

Burnyeat, John. *The truth exalted in the writings of that eminent and faithful servant of Christ, John Burnyeat into this ensuing volume as a memorial to his faithful labours in and for the truth*. London: Thomas Northcott, 1691.

Capper, Mary. *A memoir of Mary Capper, late of Birmingham, a minister of the Society of Friends*. Philadelphia: Association of Friends for the diffusion of religious and useful knowledge, 1860.

Conran, John. *A journal of the life and Gospel labours of John Conran, of Moyallen, in Ireland, who died in the year 1827*. Philadelphia: Henry Longstreth, 1877.

«Consejos y cuestionamientos.» raicescuaqueras.org > Colecciones > Temas > Consejos y cuestionamientos>

Crabtree, Sarah. *Holy nation: The transatlantic Quaker ministry in an age of revolution*. Chicago: Chicago University Press, 2015.

Crisp, Stephen. *The Christian experiences, Gospel labours and writings of that ancient servant of Christ, Stephen Crisp*. Philadelphia: The Friends' Library XIV: 134–278, 1850 [1894].

Dale, Jonathan. *Beyond the spirit of the age: Quaker social responsibility at the end of the twentieth century*. London: Quaker Home Service, 1996.

Dewsbury, William. *The faithful testimony of that antient servant of the Lord, and minister of the everlasting Gospel William Dewsbery; his books, epistles and writings, collected and printed for future service*. London: Andrew Sowle, 1689.

Doncaster, Phebe. *John Stephenson Rowntree: His life and work*. London: Headley Brothers, 1908.

Drayton, Brian. "Notes on the Friends practice called 'recording gifts in the ministry.'" Unpublished, 1988.

Drayton, Brian. *Treasure in earthen vessels: Letters to Corinthians and New Englanders on Christian unity*. Worcester, MA: Mosher Book and Tract Fund, New England Yearly Meeting, 1997.

Drayton, Brian. "Darwin's journals — and yours." *Hands On!* 27 (1):18–20, 2004.

Drayton, Brian. *Getting rooted: Living in the Cross; a path to joy and liberation*. Pendle Hill Pamphlet 393. Wallingford, PA: Pendle Hill Publications, 2007.

Drayton, Brian. *James Nayler speaking*. Pendle Hill Pamphlet 413. Wallingford, PA: Pendle Hill Publications, 2011.

Drayton, Brian. *Amor vincat*. 2020, www.amorvincat.wordpress.com

Drayton, Brian and William P. Taber, Jr. *A language for the inward landscape: spiritual wisdom from the Quaker movement*. Philadelphia: Tract Association of Friends, 2016.

Dymond, Joseph John. *Gospel ministry in the Society of Friends: A series of letters*. London: Edward Hicks, Jun, 1892.

Emmott, Elizabeth B. *Loving service: A record of the life of Martha Braithwaite*. London: Headley Brothers, 1896.

Ferris, David. *Resistance and obedience to God: Memoirs of David Ferris (1707–1779)*. Martha Paxson Grundy (ed.). Philadelphia: Friends General Conference, 2001.

Forbush, Bliss. *Elias Hicks: Quaker Liberal*. New York: Columbia University Press, 1956.

Fox, George. *Cartas y Epístolas de George Fox*. raicescuaqueras.org > Autores > George Fox >

Fox, George. *Uno hay y es Jesucristo*. raicescuaqueras.org > Autores > George Fox >

Fox, George. *Diario de Jorge Fox*. Philadelphia: Friends Book Store, 1939. http://institutoalma.org/Literatura

Fox, George. *The Journal of George Fox*. John L. Nickalls (ed.). Cambridge: Cambridge University Press, 1952.

Friends Journal. Philadelphia: Friends Publishing Corporation. https://www.friendsjournal.org/issue-archive/

Glover, Sue. *Go and the Lord God with Thee!* York: Sessions Book Trust, 1997.

Graham, John W. *The Quaker ministry*. Swarthmore Lecture. London: The Swarthmore Press, 1925.

Graham, John W. *Psychical experiences of Quaker ministers*. London: Friends Historical Society, 1933.

Graves, Michael P. *Preaching the inward light: Early Quaker rhetoric*. Waco, TX: Baylor University Press, 2009.

Griffith, John. *Journal of John Griffith*. Philadelphia: Joseph Crukshank, 1780 reprint.

Grubb, Sarah Lynes. *A brief account of the life and religious labors of Sarah Grubb*. Philadelphia: The Tract Association of Friends, 1863.

Grundy, Martha Paxson. *Tall poppies: Supporting gifts of ministry and eldering in the monthly meeting*. Pendle Hill Pamphlet 347. Wallingford, PA: Pendle Hill Publications, 1999.

Grundy, Martha Paxson. *Early Friends and ministry*. Boston: Beacon Hill Friends House. BHFH-1011, 2012.

Gwyn, Douglas. *A sustainable life: Quaker faith and practice in the renewal of Creation*. Philadelphia: QuakerPress FGC, 2014.

Harvey, T. Edmund. "Our Quaker ministry since the cessation of recording." *Friends Quarterly Examiner*, 80:187–92, 1946.

Hibbert, Gerald K. *A Plea for a deeper ministry*. London: Friends' Book Centre, 1933.

Hicks, Edward. *Memoirs of the life and religious labors of Edward Hicks*. Philadelphia: Merrihew & Thompson, Printers, 1851.

Hoag, Joseph. *Journal of the life of Joseph Hoag, an eminent minister of the Gospel in the Society of Friends*. Auburn, NY: Knapp & Peck, Printers, 1861.

Instituto ALMA: Alcanzando al mundo alrededor. Coalición para Ministerios entre Hispanos. 2020, www.institutoalma.org

Jenkins, James. *The records and recollections of James Jenkins*. J. William Frost (ed.). Texts and Studies in Religion, vol. 18. New York: The Edwin Mellen Press, 1984.

Johnson, David. *A Quaker prayer life*. San Francisco: Inner Light Books, 2013.

Junta Anual de Londres. *Fe y práctica cristiana en la experiencia de la Sociedad Religiosa de los Amigos*. 1960. raicescuaqueras.org > Colecciones > Antologías >

Junta Anual de Londres, "Consejos y Cuestionamientos", 1964, #702 Núm. 2. raicescuaqueras.org> colecciones > consejos y cuestionamientos >

Junta Anual de Londres. *Historia de los consejos y cuestionamientos*. 1968. raicescuaqueras.org > Colecciones > Temas > Consejos y cuestionamientos >

Kelly, Thomas R. *A Testament of Devotion*. New York: Harper & Row, 1941.

Kelly, Thomas R. *Un testamento de devoción*. Worcester, MA: New England Yearly Meeting, 2012.

London Yearly Meeting of the Religious Society of Friends. *Faith and practice in the experience of the Society of Friends.* London: London Yearly Meeting, 1960.

London Yearly Meeting of the Religious Society of Friends. *Church Government*. Ch. 16, "Advices and queries." London: London Yearly Meeting, 1968.

Martin, Marcelle. *Our life is love: The Quaker spiritual journey*. San Francisco: Inner Light Books, 2016.

Nayler, James. *Selections from the writings of James Nayler*. Brian Drayton (ed.). Worcester, MA: Mosher Book and Tract of New England Yearly Meeting, 1994; 2001, 2nd ed.

Nayler, James. *The works of James Nayler*, vol. II. Glenside, PA: Quaker Heritage Press, 2004. www.qhpress.org/texts/nayler/

Nayler, James. *Fragmentos de los escritos de James Nayler*. Worcester, MA: Mosher Book and Tract of New England Yearly Meeting, 2008.

Nayler, James. *Fragmentos de los escritos de James Nayler*. raicescuaqueras.org > Autores > James Nayler > 2008.

New England Yearly Meeting of Friends. "Minute of exercise and queries for Ministry and Counsel." https://neym.org/minute-exercise-and-queries-ministry-counsel

New Garden Monthly Meeting of Friends, Ohio, 1904. "Hannah Stratton." *The Friend*, vol. 84, no. 12, p. 92, 1910.

North Carolina Yearly Meeting (Conservative). "On vocal ministry." *Journal of the North Carolina Yearly Meeting (Conservative)*, vol. 1, 2000.

Nuttall, Geoffrey F. *To the refreshing of the children of light*, Pendle Hill Pamphlet 101. Wallingford, PA: Pendle Hill Publications, 1959.

Nuttall, Geoffrey F. "The Minister's devotional life." *In the Puritan Spirit*. London: The Epworth Press, pp. 246–54, 1967.

Ohio Yearly Meeting. *So that you come behind in no gift: Ohio Yearly Meeting's gathering on eldering*. Barnesville, OH, Ohio Yearly Meeting, 1996.

Pelikan, Jaroslav. "Christianity as an enfolding circle [conversation with Jaroslav Pelikan]." *U.S. News & World Report*. 106(25):57. July 26, 1989.

Penington, Isaac. *The works of Isaac Penington: A minister of the Gospel in the Society of Friends: Including his collected letters*, vols. 1 to 4. Glenside, PA: Quaker Heritage Press, 1995–97. www.qhpress.org/texts/penington/

Penn, William. *The rise and progress of the people called Quakers*. Reprint edition. Richmond, IN: Friends United Press, 1980.

Penn, William. *El origen y progreso del pueblo llamado cuáquero*. raicescuaqueras.org > Autores > William Penn >

Punshon, John. *Alternative Christianity*. Pendle Hill Pamphlet 245. Wallingford, PA: Pendle Hill Publications, 1982.

Raicescuaqueras: Traducciones al español de textos de la Iglesia de los Amigos. Susan Furry y Benigno Sánchez-Eppler, traductores y editores. www.raicescuaqueras.org

Routh, Martha. *Memoir of the life, travels, and religious experiences*. York England: W Alexander & Son, 1822.

Rowntree, John S. "Gospel Ministry in the Society of Friends." *Friends Quarterly Examiner* (1904):415–436.

Scott, Job. *The works of that eminent minister of the Gospel, Job Scott, late of Providence, Rhode Island*. Two volumes. Philadelphia: John Comly, 1831.

Scott, Job. *Essays on Salvation by Christ and the debate which followed their publication*. Glenside, PA: Quaker Heritage Press, 1993.

Skidmore, Gil (ed.). *Strength in weakness: Writings by Eighteenth-Century Quaker Women*. Oxford: Rowman & Littlefield Publishers, 2003.

Spears, Joanne and Larry. *Friendly Bible study*. Philadelphia: Friends General Conference. http://www.read-the-bible.org/FriendlyBibleStudy.htm

Steere, Douglas. *On listening to another*. New York: Harper and Row, 1955.

Taber, William P. "Quaker ministry: The inward motion and the razor's edge." 1996. https://amorvincat.files.wordpress.com/2016/01/taber-razors-edge.pdf

Taber, William P. "The theology of the inward imperative: Travelling Quaker ministry of the middle period." *Quaker Religious Thought*, vol. 50, article 2 (1980):3–19.

Thomas, A.L. J. *Bevan Braithwaite, A friend of the nineteenth century*. London: Hodder, 1919.

West, Jessamyn (ed.). *The Quaker reader*. Wallingford, PA: Pendle Hill Publications, 1990.

Whitman, Walt. *Prose Works*. "Notes (such as they are) founded on Elias Hicks." Philadelphia: David McKay, 1892. Bartleby.com, 2000. http://www.bartleby.com/229/5021.html

Wilson, Lloyd Lee. *Essays on the Quaker vision of Gospel order.* Wallingford, PA: Pendle Hill Publications, 1993.

Wilson, Lloyd Lee. "Accountability and vocal ministry." *Journal of the North Carolina Yearly Meeting (Conservative)* 1:8–10. 2000.

Wilson, Lloyd Lee. *The Exercise of spiritual authority within the meeting*. Philadelphia: School of the Spirit Ministry, 2014.

Wilson, Louise. "Vocal ministry of one Friend." *Journal of the North Carolina Yearly Meeting (Conservative)* 1:6–7, 2001.

Wilson, Thomas, and James Dickinson. *Journals of the lives, travels, and gospel labours of Thomas Wilson and James Dickinson*. London: C. Gilpin, 1847.

Woolman, John. *Journal and major essays of John Woolman*. Phillips P. Moulton (ed.). Richmond, IN: Friends United Press, 1989.

Woolman, John. *El diario de John Woolman*. Traducción: Loida E. Fernández G., Susan Furry, Jorge Hernández, Benigno Sánchez-Eppler; *y Petición por los pobres*. Traducción: Susan Furry, y Benigno Sánchez-Eppler. Richmond, IN: Friends United Press, 2018.

Agradecimientos

ES UN GRAN GOZO acordarme de los amigos quienes me han ayudado en el camino con este libro, en la primera edición, la segunda, o ambas. Primero y ante todo agradezco a Darcy Drayton, esposa y amiga espiritual, cuyo amor, inteligencia y testimonio me han nutrido e instruido. También le agradezco el diseño de la carátula (en todas las ediciones). Además, le doy las gracias a los queridos Amigos de la Junta Mensual de Fresh Pond: Bruce Neumann y Pat Moyer, Will y Lynn Taber, Bill How y Nancy Shippen. Y otros muy amados quienes leyeron, comentaron, aconsejaron, criticaron y apoyaron: Jan Hoffman, Cathy Whitmire, Linda Chidsey, Marty Grundy, Elizabeth (*Minga*) Claggett-Borne, Marian Baker, Eric Edwards, Lloyd Lee Wilson, Rosemary Zimmerman, Susan Smith, Fran Taber, y Bill Taber. Soy uno entre muchos que podemos decir que la amistad y el ministerio de Bill cambiaron mi vida.

Gracias también a Brent Bill y Jana Llewellyn por su aliento y buena labor editorial.

Estoy muy agradecido con Susan Furry y Benigno Sánchez-Eppler por su trabajo de traducción. La frase italiana dice *traduttore, traditore* —traductor, traidor—, pero eso no es cierto en el caso de estos dos Amigos, a quienes he conocido por décadas, como amistades y como compañeros de trabajo en el Evangelio. En su servicio al Señor, haciendo accesible escritos cuáqueros en inglés para lectores en español, han hecho una obra muy destacada en sus intentos de sentir el espíritu que mueve a los escritores cuyos textos traducen. Como fruto de su destreza, percepción, y labor continua, a menudo han aclarado y apuntalado este libro para los lectores en español —¡y a menudo me han ayudado a entenderlo mejor que como lo entendía cuando lo escribí!

Los traductores se unen a mi agradecimiento por el esfuerzo y paciencia de Argentina Argelia Santa Ana, cuya labor editorial con esta traducción resultó imprescindible.

Todos estos Amigos me han proporcionado ayuda vital, y he tratado de merecer el beneficio de su sabiduría y cuidado. Sin embargo, cualquier deficiencia que encuentres en este libro es mía y no de ellos.

Además de mi gratitud para con estos Amigos, quiero elevar mi oración, deseando que esta obra sea de aliento y apoyo para los Amigos, especialmente para los jóvenes, y para los Amigos en su primera etapa de ministerio, no importa su edad en años. Quiera Dios que disfruten su gozo en sus labores, y con gratitud al Señor. ¡Eso quiero para mis queridos y entrañables hermanos y hermanas!

Sobre el autor

Brian Drayton, de la Junta Mensual de Weare en New Hampshire, es un ecologista botánico. Trabaja en la investigación sobre la pedagogía de las ciencias. Ha viajado mucho en el ministerio del Evangelio entre los Amigos. En juntas mensuales, trimestrales y anuales, así como en centros de estudio, ha ofrecido talleres, retiros y conferencias sobre una variedad de temas en la historia y el pensamiento cuáquero, y lleva en sí el interés espiritual específico de alentar a los Amigos en el ministerio. Ministro Reconocido en la Junta Anual de Nueva Inglaterra, Drayton ha escrito numerosas obras, entre otras: *James Nayler Speaking* (Pendle Hill Pamphlet #413), *Getting Rooted* (PHP #393) y, con William Taber, *A Language for the Inward Landscape* (2016). Tuvo a su cargo la edición e introducción de *Fragmentos de los escritos de James Nayler* (2007, inglés 2001). Redacta el blog *Amor Vincat* (¡Que el amor tenga la victoria!) amorvincat.wordpress.com.

www.ingramcontent.com/pod-product-compliance
Lightning Source LLC
LaVergne TN
LVHW010608100826
845148LV00014B/2892

* 9 7 8 1 7 3 3 4 1 2 6 6 7 *